고요한 아침의 땅

삼척

고요한 아침의 땅
삼척

역사공간

책머리에

*

역사는 나를 알기 위한 것이다. 나를 알기 위해서는 나와 가장 가까운 역사부터 알아야 한다. 자신의 일기장이 가장 소중한 역사책이며, 가족의 역사를 기록한 족보가 그 다음이다. 그리고 자신이 살고 있는 지방의 역사가 중요하다. 이를 바탕으로 우리나라의 역사인 한국사를 배우고, 나아가 세계사를 이해해야 한다. 나의 역사문학 기행을 내가 살고 있는 삼척에서 시작하는 것은 바로 이같은 이유 때문이다.

삼척은 나의 고향이 되었다. 직장을 따라 나의 고향을 떠나 삼척에서 생활한 것이 어언 30년이 넘으면서 나는 이제 삼척사람이 다 되었다. 고향처럼 따사로운 삼척을 사랑하는 것은 삼척을 정확하게 아는 것에서 출발한다. 삼척에 살면서 이곳을 알게 되었고, 그것을 많은 사람들과 공유하면서 진심으로 삼척을 사랑하기 위해 삼척에 대한 이야기를 책으로 묶게 되었다.

삼척은 우리나라 어느 곳에서도 멀리 떨어진 곳이다. 그래서 외로운 곳이 아니라 오히려 따사롭고 아름다운 곳이다. 삼척에는 산이 있고 바다가 있고 강이 흐르는 작은 들판이 있다. 그 속에 다른 곳에서는 볼 수 없는 삼척만의 아름다운 자연과 문화가 있다. 삼척의 아름다운 자연과 정겨운 문화, 부드러운 인심을 담고자 하였다. 많은 사람들이 이 책을 읽고 삼척을 알고 사랑하는 마음이 싹틀 수 있었으면 하는 것이 나의 바램이다.

＊＊

삼척은 유구한 역사와 아름다운 자연, 그리고 뿌리 깊은 문화를 가진 도시이다. 따라서 책을 역사와 건축, 미술, 민속 자연으로 나누어 구성하였다.

먼저 삼척의 역사를 총론에서 개괄적으로 언급하였다. 삼척에 처음으로 사람이 살기 시작한 것은 선사시대부터이다. 구석기시대부터 사람이 살았다는 것은 삼척이 인간이 살기 좋은 곳이라는 뜻이다. 선사시대 인간이 살기 좋았던 곳은 현대에도 살기 좋은 곳이라는 의미이다. 세상이 아무리 바뀌어도 인간이 살기 좋은 조건의 본질은 변하지 않는다. 원삼국시대에는 삼척에 실직국이라는 나라가 있었으며, 삼국시대 이후로 지형적인 영향으로 삼척은 군사요충지로서의 역할을 담당하였다.

역사 부분에서 삼척과 관련된 인물들을 소개하였다. 삼국시대 인물인 이사부는 동해안 시대를 연 인물이다. 삼척항에서 출항하여 우산국을 점령함으로써 동해의 해상왕이 되었으며, 삼척을 동해안의 중심지로 자리매김하도록 하였다. 이승휴는 제왕운기를 편찬한 민족의 역사가이다. 천은사에서 집필한 제왕운기는 우리나라의 시조를 단군으로 하는 정통론을 확립하였을 뿐만 아니라 발해를 우리나라의 역사 속에 편입함으로써 중국의 동북공정에 적극적으로 대응할 수 있는 근거를 마련하였다. 삼척은 고려의 멸망과 조선의 건국이 만나는 기구한 운명을 간직하고 있다. 준경묘와 영경묘는 조선 건국의 시작이며, 공양왕릉은 고려의 완전한 멸망을 상징한다. 이처럼 두 나라의 상반된 운명은 삼척이 가지는 역사성을 다시 한번 확인시켜준다.

건축 부분은 관동팔경 가운데 최고의 경관을 자랑하는 죽서루와 산에 있어서 산을 닮은 너와집과 굴피집으로 구성하였다. 죽서루는 삼척의 상징인 동시에 우리나라를 대표하는 누각이다. 관동팔경 가운데서도 관동제일루로 지칭되면 최고의 경관을 자랑하는 곳이다. 숱하게 많은 시인 묵객들이 시와 글씨, 그림을 남긴 곳이어서 옛 선인들의 혼도 함께 감상할 수 있는 곳이다. 두렁집은 산간지역에 자리하고 있는 삼척을 대표하는 집이다. 두렁집이라는 용어는 집의 실내가 마루를 중심으로 주위에 방들이 있다 하여 붙여진 이름이다. 두렁집은 화전민들이 살았던 곳으로 지붕의 재료를 기준으로 너와집과 굴피집으로 구분된다. 너와집은 소나무를 쪼개서 만든 널판으로 지붕을 이은 것이며, 굴피집은 상수리 나무나 참나무의 껍질을 벗겨 지붕을 이은 것이다.

미술 부분에서는 글씨로 성난 파도를 물리친 서예가 허목과 민중을 위한 민화 작가 황성규와 이규황의 예술세계 속으로 들어가 보았다. 삼척 육향산에 있는 척주동해비는 미수 허목이 삼척부사로 와서 글을 짓고 전서체로 글씨를 써서 세운 비석이다. 척주동해비는 단순한 비석이 아니라 해일의 피해를 막아주는 퇴조비로 허목의 대표작일 뿐만 아니라 우리나라 서예사에서 가장 중요한 위치를 차지하고 있다. 민화는 민중을 위하여 민주화가에 의하여 그려진 그림이다. 민화는 예술을 위한 예술이 아니라 삶을 위한 예술이다. 민화는 작가가 알려져 있지 않은 것이 특징인데 삼척에는 민화 작가 가운데 유일하게 이름이 알려진 인물이 석강 황승규와 연호 이규황이 있다. 이처럼 자신의 이름을 밝힌 것은 자신의 작품에 대한 자신감을 반영한 것이다. 실제 이 두 작가의 작품은 우리나라 민화 가운데 최고의 걸작으로 손꼽힌다.

민속에서는 우리나라 성 풍속의 메카인 해신당과 미륵을 기다리는 마음으로 매향을 한 맹방과 봉황산 미륵불을 찾아갔다. 해신당은 성 숭배를 대표하는 곳이다. 매년 두 차례에 걸쳐 남근을 깎아 놓고 풍어와 다산, 그리고 마을의 안녕을 기원하는 곳이다. 한편 삼척은 미륵 신앙이 발달한 곳이다. 고려시대에는 미륵의 하생을 기원하며 강물과 바다가 만나는 곳에 향나무를 묻었다. 매향은 향나무를 오랫동안 땅에 묻어 침향을 만드는 것인데, 미륵이 하생하는 날 공양하기 위한 것으로 미륵을 기다리는 마음의 상징이다. 그리고 삼척 봉황산에는 민중을 닮은 미륵불이 있다. 세 기의 미륵은 원래 화기를 막기 위해 세운 석인상이었지만 민중들은 그것을 소원을 들어주는 친근한 마을 미륵으로 숭배하였다.

삼척의 자연은 우리나라 어느 지역보다 아름답다. 삼척은 석회암 지대로 땅속에 있는 석화암이 물에 녹으면 동굴이 되고, 땅 위에 있는 석회암이 녹으면 돌리네가 된다. 삼척에는 많은 동굴이 있지만 현재 일반인에게 개방된 동굴은 환선굴과 대금굴이다. 그리고 삼척 일원에는 돌리네가 산재해 있다. 갈대기 모양을 한 붉은 밭이 그것이다. 특히 여삼리는 마을 전체가 하나의 돌리네이다. 미인폭포는 생성 방식이 미국의 그랜드 캐니언이다. 규모는 비록 비교가 되지 않지만 생성 과정과 바위 색, 아름다움은 동일하다. 그리고 미인폭포 위에는 임을 향한 안타까운 사연이 숨어 있다.

＊＊＊

아름다운 삼척을 소개할 수 있는 책이 나오기까지 많은 사람들의 도움이 있었다. 귀한 사진을 보내주신 심영진님과 이상명님, 사진 편집을 도와주신 이상윤님, 원고를 다듬어 주신 김재관님, 그리고 좋은 책으로 편집해 주신 오신곤님, 책 출판의 용기를 주신 주혜숙님, 이 모든 분들의 정성이 나의 부족함을 메워 주었다. 특히 김양호 삼척시장님과 김태수 삼척시립박물관 관장님은 책을 증보하는데 물심양면으로 적극적인 도움을 주셨다. 2006년 책이 출판된 이후 증보의 필요성을 느끼고 있었으나 용기를 내지 못하고 있었는데, 두 분의 적극적인 격려와 지원은 이사부를 새롭게 보완하고, 이후 변화를 반영할 수 있는 기회가 되었다.

　　가족은 언제나 나의 버팀목이었다. 친가와 처가의 부모님은 늘 그랬듯이 변함없이 격려해 주셨으며, 아내 김해숙과 사학도인 아들 민재, 건축학도인 딸 윤지는 이제 조언을 구할 수 있는 동지가 되었다. 특히 아흔을 바라보고 계시는 어머니는 여전히 가장 기쁜 마음으로 밤을 새워 여러 번 이 책을 읽으실 것이다. 자식으로서 부모님께 작은 기쁨을 드릴 수 있다는 것이 이 책 출판의 가장 큰 보람이다.

2015년 11월
빨간 양철 지붕집 학산재에서 **차장섭**

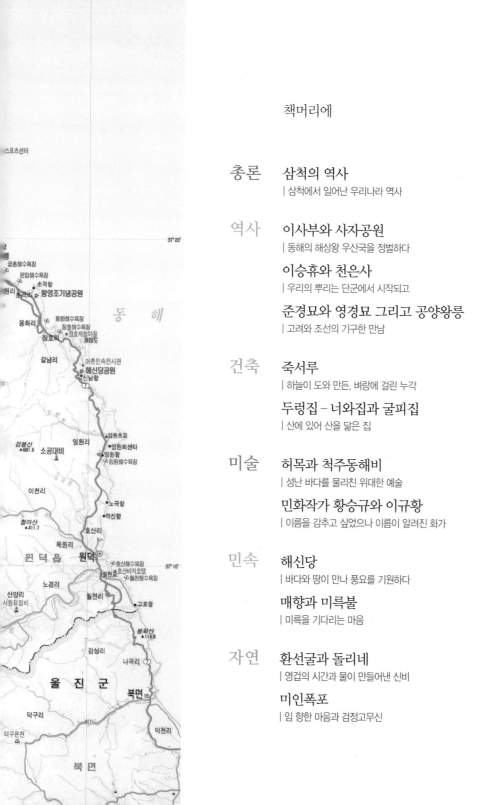

1
-
총론

總
論

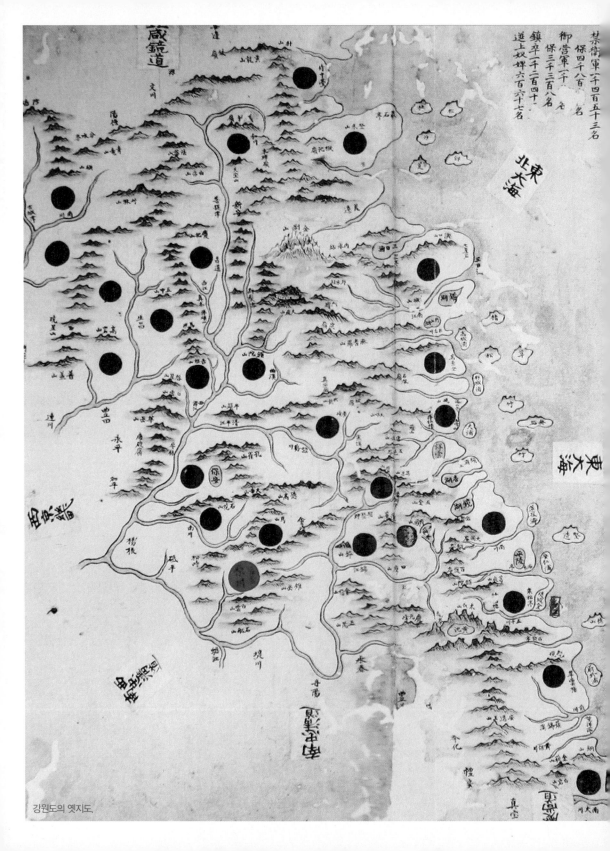

강원도의 옛지도.

삼척의 역사

삼척에서 일어난 우리나라 역사

삼척의 역사는 우리나라의 역사와 그 맥을 같이한다.

삼척은 지리적으로 한반도의 중동부 해안에 자리하고 있어 중앙정부와는 거리가 멀리 떨어져 있었지만 역사 속에서는 항상 중요한 역할을 담당하고 있었다. 삼척을 비롯한 영동지방은 일찍이 선사시대부터 사람이 살기 시작하였으며, 원삼국시대에는 실직국이라는 성읍국가가 있었다. 삼국시대에는 고구려와 신라의 접경지대로서 중요한 역할을 담당하였으며, 통일신라시대에는 정치ㆍ경제ㆍ사회ㆍ문화적으로 수도인 경주 다음 가는 중심지였다. 통일신라말ㆍ고려초에는 다른 어느 지역보다 강력한 호족세력이 왕건의 후삼국통일에 주도적인 역할을 하였다. 한편 삼척은 고려의 멸망과 조선의 시작이 함께 하는 곳이기도 하다. 고려 마지막 왕인 공양왕이 삼척 궁촌에서 최후를 마친 것은 명실상부하게 고려가 삼척에서 끝이 났음을 나타내며, 삼척 미로에 있는 조선 태조 이성계의 조상 산소인 준경묘와 영경묘는 조선이 삼척에서 시작되었음을 상징적으로 보여준다.

한반도의 남부와 북부가 접하는 중심에 자리했다는 지리적 특징은 삼척이 군사적 요충지로 매우 중요하다는 것을 의미했다. 삼국시대 고구려와 신라의 접경지대였던 삼척은 군사적으로 중요한 역할을 하였다. 그리고 삼척은 동해 바다의 중심부에 자리하여 우리 민족이 바다로 나아가는 데 중심 역할을 했을 뿐만 아니라 동해를 통해 침입하는 일본 세력을 방어하는 역할을 담당하였다.

이처럼 우리나라의 역사 속에서 그 어느 지역보다도 중심적인 역할을 담당한 삼척의 역사를 일관해보는 것은 우리나라의 역사를 바르게 이해하는 지름길이다.

선사유물의 보고

삼척에 사람이 살기 시작한 것은 구석기시대라고 추정된다. 삼척은 선사시대 인들이 거주할 수 있는 적절한 환경을 갖추고 있다. 선사시대인들은 바닷가나 하천 유역을 중심으로 거주하기 시작하였다. 삼척은 동해안을 끼고 있을 뿐만 아니라 오십천, 마읍천, 가곡천 등 하천이 다수 분포되어 있고, 지질이 석회암 층이어서 다수의 석회암동굴이 형성되어 있다. 따라서 삼척 지역에 구석기를 비롯한 선사유적·유물이 발견될 가능성은 다른 어떤 지역보다 높다. 지금까지 삼척에서는 두 곳의 구석기 유적이 발견되었다. 한 곳은 삼척시 증산동으로 이곳은 동해시 추암동과 경계선에 위치하여 석영제 구석기가 수습되었다. 이곳은 구릉지대로 동해바다를 한눈에 조망할 수 있다. 또 다른 곳은 삼척시 원덕읍 산양리 축천마을로 뒷산 구릉에서 구석기가 수습되었다.

민무늬토기항아리. 철기시대. 높이 21.8cm, 송정동 출토, 관동대박물관 소장.

신석기시대의 유적은 아직 삼척 지역에서는 발견·확인되고 있지 않다. 그러나 지금까지 영동 지역에서 발견된 신석기유적의 입지를 고려하면 삼척 지역에서도 관련 유적·유물 분포 가능성은 많을 것으로 추정된다. 특히 오십천·마읍천·추천·마천·가곡천 등의 하천유역이 주목된다.

청동기시대의 유물은 다수 채집되었다. 삼척시의 청동기유적은 삼척시 교동, 성북동 갈야산 유적, 남양동 남산유적, 정상동 봉황산 유적, 월암산 유적, 근덕면 교가리, 원덕읍 장호리, 원덕읍 호산리, 원덕읍 옥원 3리 송실마을 등 여러 곳에서 발견·조사되었다. 이처럼 많은 청동기 유적이 발견되는 것은 삼척시 전역에 청동기시대인들이 거주하였음을 의미한다.

　하지만 삼척시의 선사유적에 대한 발굴·조사는 제대로 이루어지지 않고 있다. 지금까지 정식으로 선사시대 유적이 발굴·조사된 것은 거의 없다. 이는 앞으로 본격적인 학술조사가 이루어진다면 좀 더 많은 선사유적·유물이 출토될 가능성이 있음을 시사한다.

성읍국가 실직국의 고도古都

삼국시대 이전 곧 원삼국시대에 삼척에는 실직국悉直國이라는 성읍국가가 있었다. 이것은 『삼국사기三國史記』, 『고려사高麗史』, 『신증동국여지승람新增東國輿地勝覽』

삼척 갈야산 출토 토기, 높이 19.2cm, 관동대박물관 소장.

등의 기록에서 확인된다.

실직국의 영역은 삼척을 중심으로 하여 북쪽으로는 강릉의
예국(하슬라)과 국경을 마주하고, 남쪽으로는 경상북도 포항
시 청하에 이르는 동해안 해안지역에 자리하고 있었다. 이는
『삼국사기』의 기록에서 확인할 수 있다. 파사이사금 23년
(102) 8월에 음집벌국과 실직국이 서로 국경을 다투었다는
기록이 남아 있다. 삼척의 실직국과 국경분쟁을 일으킨 음
집벌국은 지금의 경상북도 경주시 안강읍에 자리했다. 따라
서 실직국과 음집벌국이 국경을 다툰 지역은 현재의 포항시
청하와 신광 지역이라고 생각된다. 그리고 실직국의 영역이
남쪽으로 청하까지 이르고 있었음은 실직국이 신라에 복속된
이후 신라가 이곳에 실직주를 설치하였는데 그 영역이 이와 같다는
사실에서도 확인된다. 이는 1988년에 발견된 울진봉평신라비의 기록을 보면
알 수 있다.

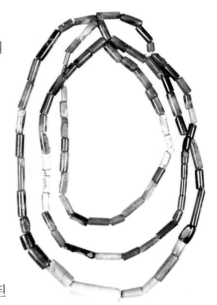

목걸이, 철기시대, 송정동 출
토, 관동대박물관 소장.

이처럼 삼척의 실직국이 삼척에서부터 청하에 이르는 광활한 동해안 지역을
장악할 수 있었던 요인은 세 가지로 요약된다.

첫째, 주변국가의 사정이다.

당시 동해안의 북쪽에는 강력한 세력의 국가가 존재하지 않았다. 그리고 남
쪽의 신라도 현재의 경주를 중심으로 하여 형성된 소국에 불과하였다. 이처럼
당시 실직국 주변에는 실직국을 위협할 정도의 강력한 국가가 존재하지 않았
다. 따라서 실직국은 그들의 영역을 별다른 저항없이 확장할 수 있었다.

둘째, 지리적인 여건이다.

삼척에서 포항에 이르는 동해안의 지리적 환경은 해안평야로 이어져 있다.
따라서 삼척을 장악하면 그 남쪽으로 포항에 이르는 동해안은 쉽게 장악할 수
있었다. 이는 삼국시대 고구려와 신라의 국경마찰에서도 삼척을 장악한 국가
가 동해안 전지역을 장악했음을 통해서도 확인할 수 있다.

셋째, 삼척의 실직국은 당시 동해안 유일의 해양 국가였다.

실직국의 중심지였던 삼척은 오십천 하구에 자리한 동해안에서 가장 좋은 자연 항구였기 때문에 해상활동을 하는 데 유리한 위치를 차지하고 있었다. 실직국은 이 같은 항구를 바탕으로 하여 활발한 해상활동을 하였던 것으로 생각된다.

실직국은 파사이사금 23년에 신라에 항복하였다. 그런데 실직국이 신라에 항복을 하였으나 초기의 신라가 실직국을 지배한 형식은 완전한 정복이라기보다는 맹주국으로 조공을 받는 관계였다고 추측된다.『삼국사기』「지리지地理志」

출자형 금동관. 삼국시대, 높이 21.4cm, 추암동 출토, 관동대박물관 소장.

에 실직국의 옛 영역이었던 청하 이북의 영덕, 영해, 울진지방을 '본래 고구려 땅이다'라고 기술하고 있다. 2세기 초부터 이 지역을 신라가 명실상부하게 지배하였다면 신라 땅으로 기술하는 것이 옳다. 그런데 5세기 중엽에 잠시 지배한 고구려를 기준으로 이 지역을 '본래 고구려 땅이다'라고 기술하고 있는 것은 이 지역에 신라에 조공을 바치는 실직국이 존재하고 있었음을 암시한다.

실직국은 신라에 편입된 뒤에도 5세기 중엽 고구려의 영역에 편입되기까지 약 350여 년간 독자적인 세력을 형성하고 있었다.

최근 북평산업단지에서 발굴된 출자형 왕관은 바로 실직국의 존재를 확인시켜주는 좋은 자료로 판단된다. 실직국이 신라의 지배를 받게 되면서 삼척 지역은 신라의 문화권에 포함되었다. 근래에 삼척을 중심으로 발굴되고 있는 고분들에서 출토되는 신라계통의 토기와 마구, 장신구들은 이러한 사실을 뒷받침해준다.

군사 요충지

삼척은 군사요충지였다. 남북으로 한반도의 중간에 위치하면서 남북에 자리했던 나라들의 각축장이 되었다. 지리적으로 원산에서 삼척을 거쳐 포항에 이르는 동해안은 해안평야이다. 그런데 그 가운데 자리한 삼척은 산악지대이다. 따라서 북쪽에 있는 나라가 삼척을 장악하면 그 남쪽으로 포항에 이르는 동해안은 쉽게 장악할 수 있었으며, 남쪽에 있는 나라가 삼척을 장악하면 그 북쪽으로 원산에 이르는 동해안을 쉽게 점령할 수 있었다.

삼척이 군사요충지였음은 고구려와 신라의 국경마찰에서 확인된다. 삼척은 신라의 영역에 속해 있다가 5세기에 고구려의 강역으로 편입되었다. 고구려는 남진정책의 일환으로 한반도의 남쪽으로 세력을 확장하였다. 450년(눌지왕 34)에 고구려와 신라는 삼척에서 처음으로 군사적 충돌을 하였고, 468년(자비왕 11)에 삼척은 고구려에 편입되었다. 고구려는 실직을 점령한 후에 군·현을 설치하여 다스렸다. 이는 중앙집권적인 통치방식으로, 실직국의 자주권은 완전히 상실되고, 각 군·현은 중앙에서 파견된 관리가 다스렸다. 고구려는 동해안 전체를 장악한 후에 강릉에 하슬라주何瑟羅州를 설치하고 그 밑에 실직군을 속하게 하였다.

신라는 장수왕의 남진정책으로 상실한 동해안 지역을 5세기말 전후에 회복하였다. 실직은 다시 신라의 영토로 편입되었으며, 505년(지증왕 6)에는 실직주가 설치되었다. 지증왕은 친히 국내의 주·군·현의 제도를 정하고 실직주를 설치하고, 이사부異斯夫를 그 군주로 삼았다. 실직주의 영역은 삼척에서 영덕 남쪽의 청하까지 이어지는 동해안의 긴 해안 지역이었다. 524년(법흥왕 11년)

에 세운 울진봉평신라비에 실직주 및 현·촌명과 관직명이 기록된 것으로 보아 삼척·울진·영덕이 실직주의 영역이었음을 알 수 있다.

이후 삼척은 삼국시대와 통일신라시대에 군사적인 요충지 역할을 담당하였다. 신라에는 지방군으로 6정停이라는 6개의 군단을 설치하여 국토를 진수鎭守하도록 하였는데, 삼척에 실직정이라는 군단을 설치하였다. 통일신라 이후 지방의 행정조직을 9주·5소경 체제로 바꾸고 지방군으로 10정을 두었다. 삼척은 하서주河西州에 소속되었으며, 658년(태종무열왕 5)에 실직정을 파하고 하서정을 설치하면서, 삼척에는 별도의 북진北鎭을 설치하였다. 영동 지역에서 강릉이 행정의 중심지였다면 삼척은 군사의 중심지였다.

삼척 지역은 국경 지역으로 군사적으로 중요한 위치를 차지했던 만큼 외적의 침입도 많았다. 삼척 지역에 대한 외적의 침입은 북방의 거란·몽골의 침입과 동해안 왜구의 침입으로 구분된다.

북방으로부터의 외적 침입은 먼저 고려시대 성종·현종 연간에 있었던 거란의 침입을 들 수 있다. 그러나 이때 삼척 지역에서는 별다른 전투가 없었던 것으로 생각된다.

고종 연간에는 몽골의 침입이 있었다. 이때 삼척에서는 이승휴李承休가 요전산성에서 이들에 대항하였으며, 두타산성에서는 이성계의 선조인 목조穆祖 이안사李安社가 항전하였다. 몽골군이 영동 지역을 침입한 것은 몽골의 4차 침입으로 1253년(고종 40)이었다. 몽골군이 동해안을 따라 계속 남진하여 상황이 다급해지자 삼척지방의 수령과 주민들은 삼척의 요전산성蓼田山城에 집결하여 몽골군의 침략에 대비하였다. 이때 『제왕운기帝王韻紀』의 저자인 이승휴는 과거에 급제한 후 삼척으로 귀향하였다가 몽골군의 침략으로 임시 수도인 강화도로 가는 길이 막혀 삼척에 머물고 있으면서 몽골에 항전하였다. 그리고 조선 태조 이성계의 4대조인 이안사는 본거지인 전주를 떠나 170여 호의 족단族團을 거느리고 현 삼척시 미로면 활기리 일대에 정착해 있었다. 이안사는 몽골이 침입해오자 두타산성으로 들어가 이들의 침입을 방어하였다.

오화리산성은 오십천과 동해
바다가 만나는 언덕에 자리
하고 있다.

　동해안을 통한 왜구들의 침입도 많았다. 이처럼 왜구들의 침입이 많았던 원
인은 동해안의 해류가 일본에서 동해안의 삼척 지역으로 바로 흘렀기 때문이
다. 왜구들의 침입은 특히 공민왕 이후 극성을 부렸는데, 이들은 동해안 연안
으로 들어와 농민들을 약탈하는 등 큰 피해를 입혔다. 『고려사』에 나타난 영동
해안 지역의 왜구의 침입을 살펴보면 공민왕 때 두 차례, 우왕 때 세 차례 등

으로 나타난다. 이들 왜구의 침입을 방어 했던 곳이 오십천 하구에 있는 요전산성이었다.

조선시대에도 삼척은 군사적으로 중요한 역할을 담당하였다.

태조 6년(1397)에 삼척진三陟鎭을 설치하고 그 우두머리를 첨절제사僉節制使라 하여 부사府使가 겸직하였다. 세종 3년(1421)에는 삼척진의 첨절제사를 병마사兵馬使로 개명하여 부사府使가 겸직하였다. 세종 4년에는 삼척진 병마사를 다시 개편하여 병마수군첨절제사로 하고 부사가 겸직하였으며, 이로부터 삼척진은 강릉진관鎭管에서 분리되었다.

세조 12년(1466)에는 부사가 겸직하고 있던 삼척진병마수군첨절제사를 분리시켜 단독으로 진장鎭將을 두었다. 『경국대전經國大典』에서는 삼척포가 수군첨절제사 진鎭으로 편성되면서 안인포(강릉), 고성포, 울진포, 월송포(평해) 등 네 개의 만호영萬戶營을 거느리게 하였다. 그 후 조선전기에는 별다른 변화가 없었으나 성종 21년(1490) 안인포의 만호영이 대포로 이전되었다. 임진왜란과 병자호란의 양란을 거쳐 군제가 문란해진 인조 대 이후로는 진관을 설치하되 방어사防禦使 · 진영장鎭營將 등을 두어 지휘하도록 하는 군제가 성립되었다. 현종 13년(1672)에는 영장營將을 처음 두고 삼척포첨절제사가 겸직하게 하여 영동 9개군의 병권을 관장하였으며, 다음 해인 현종 14년에는 삼척영장三陟營將이 토포사討捕使를 겸직하게 하여 영동 9개 군과 울릉도의 치안을 담당하게 하였다.

삼척이 군사적 요충지라는 의식은 한말 일제시대 항일운동으로 승화되어 나타났다. 삼척은 한말과 일제시대 전국 어느 지역보다 활발한 항일운동이 전개된 곳이다. 삼척지방의 항일투쟁사는 을미사변으로 영동의병嶺東義兵이 일어난 것을 시작으로 하여 1913년 임원리 임야측량사건으로 일어난 농민항쟁이 있었으며, 3·1운동의 여파로 삼척보통학교 학생들의 만세시위가 있기도 하였다. 또 1921년에는 태평양회의 때 삼척보통학교 학생들의 선전활동과 학생시위가 있었고, 1920년대 이후 삼척의 사회단체인 청년동맹, 신간회, 농민조합, 노동조합들의 항일운동이 전개되었다.

1895년 관동창의군關東倡義軍은 유생 의병장들에 의해 주도된 위정척사 성격의 반외세·반침략을 위한 투쟁이었다. 을미사변과 단발령에 항거하여 일어난 관동창의군은 민용호를 의병장으로 하여 원산 등을 공격하여 일본군과 싸웠으며, 삼척에서 마지막 전투가 있었다.

1913년의 원덕 임원리사건은 일제의 경제적인 수탈에 대한 농민들의 저항운동이었다. 일본이 토지를 폭력적으로 수탈하기 위해 토지조사사업을 하면서 사유림을 부당하게 국유지에 편입시키는 일이 있었다. 이에 항의하여 임원리에서 농민항쟁이 있었으며, 일본은 이를 폭력적으로 진압하고 유림들을 탄압하면서 산양서원을 불태웠다.

1919년 3·1운동 때 삼척보통학교의 시위와 태평양회의를 계기로 일어난 시위는 나라를 상실한 민족의 원한을 풀고자 보통학교 학생마저도 궐기했던 국권회복의 운동이었다. 이러한 저항운동은 1930년대를 전후하여 청년동맹, 신간회, 농민조합, 노동조합 등의 비밀 지하단체의 항일투쟁으로 연계되어 일제식민통치에 항거하는 독립운동의 성격을 띠었다.

이처럼 삼척지방에서 일어난 항일운동은 중앙이나 어떤 외부의 지시에 의한 것이 아니라 자생적으로 조직되고 계획되어 일어난 운동으로 지역의 민족정신과 자주의식을 짐작케 한다.

고려가 멸망하고 조선이 시작된 곳

삼척은 고려가 마지막을 다한 곳이다. 조선을 건국한 태조 이성계가 고려의 마지막 왕인 공양왕을 삼척에서 교살絞殺하였다.

태조 이성계는 1394년(태조 3) 3월에 간성에 유배되어 있던 폐왕廢王 공양왕과 그의 두 아들을 삼척에 안치하였다. 그러나 당시 동래현령 김가행金可行과 염장관鹽場官 박중질朴仲質 등이 공양왕과 그 친속의 운명을 장님에게 점친 것을 계기로 반역을 도모한다고 하여, 그 해 4월에 중추원부사 정남진鄭南晉과 형조의랑 함부림咸傅霖을 삼척에 보내 공양왕 삼부자를 교살하였다. 이처럼 삼척은 고려 멸망의 상징성을 가진 곳이다.

삼척은 또한 조선의 건국이 시작된 곳이기도 하다. 전주의 유력한 토착세력이었던 이성계의 4대조 목조 이안사는 관기官妓 문제를 계기로 170여 호의 자기 세력을 거느리고 삼척으로 이주하였다. 1236년(고종 23) 가을 무렵 전주를 떠나서 다음 해 봄에 삼척에 도착하여 현재 삼척시 미로면 활기리 일대에 정착하였다. 이들의 최종 목적지는 의주였기 때문에 삼척에 머물면서 배를 건조하

태조 이성계가 하사한 홍서대. 1753년(영조 29) 삼척부사 이협이 발견해 홍서대각을 짓고 봉안하였다.

며 준비를 하였다. 그리고 1253년(고종 40) 겨울 혹은 그 이듬해 봄에 삼척을 떠나 의주로 이주하였다. 이들은 약 17년간을 삼척에 거주하였다.

목조 이안사는 삼척에 머무는 동안에 평창 이씨인 효공왕후孝恭王后와 결혼하였다. 그런데 이 효공왕후의 모친 돌산군부인突山郡夫人 정씨는 삼척을 본관으로 하는 삼척 김씨 김인궤金仁軌의 외손녀였다. 따라서 삼척은 목조 이안사의 장모인 돌산군부인 정씨의 외향으로 효공왕후의 외외향外外鄕인 셈이다. 태조 이성계는 1393년(태조 2)에 이와 같은 인연으로 삼척부로 승격시키고 홍서대紅犀帶를 하사하였다.

또한 이안사는 부모 이양무李陽茂 부부가 사망하여 삼척에 장사지냈는데, 그것이 준경묘濬慶墓와 영경묘永慶墓이다. 지금 삼척에는 목조 이안사의 아버지 이양무의 장례와 관련하여 '백우금관白牛金棺'의 전설이 전해오고 있다.

이안사가 부친상을 당하여 묘지를 구하려고 사방을 헤매다가 노동蘆洞에 이르러 나무 밑에서 쉬고 있었다. 한 도승이 지나다 걸음을 멈추고 혼잣말로 '참좋은 대지로다. 개토제開土祭에 소 일백 마리를 잡아 제사지내고 관을 금으로 만들어 제사지내면 5대 안에 왕王이 출생하여 이 나라를 제압하고 창업주가 될 명당이로다'하고는 사라졌다.

이 말을 들은 이안사는 집으로 돌아와 생각에 골몰하였으나 가난한 살림살이에 소 백 마리와 금으로 만든 관을 구할 길이 없었다. 마침내 궁리를 한 끝에 소 백 마리는 흰소 한 마리로 대신하고 금관은 황금색인 귀리 짚으로 대신하였다. 이렇게 장례를 치른 후 이양무의 5대손인 이성계가 마침내 왕이 되어 조선을 건국하였다.

근대 산업의 발상지

삼척은 우리나라 근대 산업의 중심지였다.

삼척 지역은 풍부한 지하자원과 수산자원을 바탕으로 일찍부터 근대공업이 발달하였다. 그러나 삼척 지역의 산업화는 일본의 식민지 수탈정책의 일환으로 시작되었다. 일본은 일찍부터 이 지역에서 생산되는 지하자원 및 수산자원을 기반으로 하는 공장을 건립하고, 여기에서 생산되는 생산품을 삼척항과 묵호항을 통하여 일본으로 수탈해가고자 하였다. 그들의 북삼중화학공업단지 조성 계획은 삼척탄광에서 생산되는 석탄을 연료로 하여 삼척화력발전소를 세우고, 이 전기를 이용한 비료공장인 석회질소 북삼화학과 양양철광에서 생산된 철광석으로 철을 생산하는 제철공장, 그리고 삼척 지역에 풍부한 석회석을 바탕으로 하는 시멘트공장을 가동하고자 하였다.

삼척 지역에서 발달한 중화학공업은 삼척에서 생산되는 지하자원과 관련이 있었다. 삼척에는 이곳에서 생산되는 철광석을 제철하기 위한 삼화제철공사가 있었다. 제철공장은 무릉계곡 부근인 삼화와 양양에서 생산되는 철광석을 제철하기 위한 공장으로 현재의 동해시에 1943년에 건립되었다. 해방 이후 철광석 생산이 중단되면서 공장은 문을 닫았지만 오랫동안 용광로는 빈 공장터를 지키고 있었다. 남한 유일의 제철공장이었던 삼화제철소의 용광로는 현재 포항제철이 만든 박물관의 유물로 남아 우리나라 제철 역사의 한 자리를 지키고 있다.

삼척 지역에서 생산되는 석회석을 원료로 하는 시멘트공장과 화학공장이 건립되었다. 시멘트공장으로 삼척시멘트제조공사가 삼척시 사직동에 1937년 기공되어 1942년에 준공되었다. 연간 5만 톤을 생산하여 건설현장에 제공되었다. 해방 이후에도 공장은 가동되었을 뿐만 아니라 지속적으로 증설하여 현재 동양시멘트로 운영되고 있다. 동양그룹의 가장 중요한 모기업인 셈이다. 화학공장으로 북삼화학공사와 백연화학공업주식회사가 있었다. 북삼화학공사는 석회질소비료공장으로 1939년에 준공에 되었으며, 백연화학공업주식회사는 탄산칼슘을 생산하던 공장이었다.

동해 바다에서 생산되는 수산자원을 바탕으로 유지공장이 설립되었다. 1930

년대 동해 바다에서는 정어리가 무진장으로 생산되었다. 이를 바탕으로 1931년에 협동유지회사가 현재의 삼척항이 있는 정라진 7만평의 대지에 건립되었다. 이로써 삼척항은 공업지대뿐만 아니라 동해안 어업기지의 역할도 담당하였다.

이 공장은 1939년 동양화학공사를 확대되어 소다를 생산하기도 하고, 2차대전 중에는 항공기 제조용 마그네슘 생산을 하는 군수공장의 역할도 하였다. 해방 후에는 동양시멘트 회사에 인수되어 스레이트 생산과 시멘트 포장지를 생산하였다.

일제시대 이후부터 삼척이 우리나라 중화학공업의 중심지가 될 수 있었던 것은 풍부한 자원과 함께 편리한 해상 교통이었다. 지리적으로 삼척 동해안은 일본과 가까운 곳에 위치해 있었을 뿐만 아니라 수심이 깊어서 좋은 항구를 만드는 데 유리하였다. 일제는 이 같은 조건을 활용하여 삼척항과 묵호항을 통하여 한반도의 자원을 수탈하였다. 그리고 삼척에서 생산된 무연탄을 수송하기 위해 일찍부터 철도를 개설하였다.

1937년 일본이 조선무연탄주식회사로부터 광업권을 인수하여 삼척개발주식회사를 설립하고, 삼척탄광, 북삼화학과 함께 삼척철도를 건설하기 시작하였다.

1939년에 도계에서 묵호항까지 철도가 개통되었다. 그 후 철도는 도계에서 현재의 태백시 철암까지 연장되었으며, 1944년에는 북평역에서 삼척역까지 철도가 완공되었다. 일제시대 이 철도는 삼척에서 생산된 무연탄을 일본으로 가져가기 위한 수탈의 철도였다. 한편 일본은 삼척에서 생산된 무연탄과 시멘트를 비롯한 공산물을 일본으로 원활하게 수송하기 위해 삼척에서 포항까지 동해안을 따라가는 동해선 철도공사를 시작하였다. 그러나 1945년 해방이 되면서 중지되었다. 지금도 삼척에서 궁촌까지는 그 당시의 철도의 흔적이 남아 있다.

삼척은 해방 이후 우리나라 최대의 군郡이었다. 당시 제주도 도지사보다 삼

삼화제철소 전경(1950년).
지금은 대규모 아파트 단지
로 변했다.

척군수가 더 힘이 있다고 할 정도로 군의 면적이나 경제 규모면에서 삼척군은 우리나라 최고의 군이었다. 경제적인 면에서 삼척 지역은 해방 후 남북이 분단되면서 남한 유일의 중화학공업단지였으나 삼척 지역의 근대 공업이 점차 내리막길을 걷기 시작하면서 삼척의 경제는 위축되었다. 철광석을 비롯한 지하자원과 수산자원이 고갈되고, 우리나라 타지역과의 교통망도 발달하지 못하였기 때문에 삼척 지역의 중화학 공업은 쇠퇴하게 된다.

일제는 삼척 지역에서 생산된 상품을 일본으로 가져가기 위한 교통망의 확충에만 노력을 기울였을 뿐, 한반도 국내에 공급하기 위한 교통에는 소홀하였다. 지하자원을 비롯한 자원을 수탈해가는 데만 급급하여 자원이 고갈된 후의 대체산업에도 소홀하였다. 그 결과 해방 이후 삼척 지역의 중화학공업은 삼척 지역에 무진장으로 매장된 석회석을 바탕으로 하는 시멘트공장을 제외하고는 쇠퇴할 수밖에 없었다.

또한 삼척군에서 세 개의 시市가 분리되어 나감으로써 삼척의 위세가 축소되었다. 1980년 4월에는 삼척군 북평읍과 명주군 묵호읍을 합하여 동해시가 독립하여 분리되었다. 이듬해인 1981년 7월에는 삼척군 장성읍과 황지를 합하여 태백시가 독립하여 분리되었다. 1986년 1월 삼척읍은 삼척군으로부터 분리되어 삼척시로 승격하였다. 그리고 1995년 삼척시와 삼척군이 통합하여 삼척시가 되었다.

우리나라 에너지, 석탄의 공급원

삼척은 국내 최대의 석탄생산지로 우리나라의 에너지 공급원이었다. 석탄은 우리나라에서 생산되는 유일한 에너지로 우리나라 경제발전의 원동력이었다. 석탄은 식물이 말라 죽은 후 완전히 물에 잠겨 공기와의 접촉이 차단되고 부식이 진행되지 않으면서 지압과 지열을 받아 생성된다. 석탄 중 무연탄은 탄화가 가장 잘 되어 불꽃이 짧고 연기가 나지 않으며, 화력이 강하고 일정한 온도를 유지하면서 연소하는 석탄으로 가장 일반적인 것이다.

　삼척에서 석탄개발은 일제의 자원 수탈정책에 의해 전략적으로 이루어졌다. 일제가 수탈한 광물 가운데 무연탄은 해군 함정의 전략적 연료와 제강용 환원제 등으로 꼭 필요한 자원이었다.

　1936년 남한 지역 최대 탄전이라 할 수 있는 삼척 지역 탄광개발이 시작되었다. 일제 군부는 조선총독부가 삼척탄전을 개발하는 것은 역부족이라고 판단하고 일본의 재벌을 동원하여 삼척개발주식회사를 설립하였다. 일본은 삼척탄광에서 생산되는 석탄을 연료로 하여 삼척화력발전소를 세우고, 이 전기를 이용한 비료공장인 석회질소 북삼화학과 양양철광에서 생산된 철광석으로 철을 생산하는 제철공장, 그리고 삼척 지역에 풍부한 석회석을 바탕으로 하는 시멘트공장을 가동하고자 하였다.

　삼척지역은 산맥에 둘러싸여 채탄개발과 수송이 어려운 산악지대였다. 그러나 석탄이 아쉬운 일본으로서는 동해안까지만 나오면 바다를 통해서 운송할 수 있는 이점이 있었다. 따라서 일본은 삼척탄광의 개발과 묵호항의 개항, 도계－묵호항 구간의 철도개설을 위해 일본의 철도기술, 항만기술, 탄광기술을 총동원하였다. 아울러 탄광이민정책을 통해 식민지 백성의 노동력을 착취하였다.

삼척탄광은 생산량이 국내 최대인데다. 탄질까지 좋아서 개광하자마자 남한 지역 최대 탄전지대로 명성을 굳혔다. 삼척탄광에서 생산된 석탄은 '삼척탄'이라는 이름으로 그 절반 이상은 묵호항을 통해 일본으로 반출되었으며, 나머지는 북삼화학공업단지와 인근 지역 업체의 공업원료 및 동력원으로 사용되었다. 즉 1936년 삼척탄광이 개발되면서 1939년에 삼척개발주식회사 북삼화학공장이 준공되었다. 1942년에 삼척읍 사직리에 오노다시멘트주식회사 삼척공장이 완공되고, 1943년 삼화제철소가 설립되어 상호 연계하면서 삼척 지역의 전반적인 공업발전을 가져왔다.

해방 이후 삼척 지역에서 생산된 석탄은 우리나라 경제발전의 원동력이 되었다. 삼척에서 생산된 석탄이 화력발전소에 공급되면서 전력공급이 원활해졌고, 이는 자원의 수입대체 효과를 가져 왔을 뿐만 아니라 국가의 기초 에너지원으로서 한국 경제성장의 원동력이 되었다. 탄광지대를 흘렀던 검은 강물이 한강으로 흘러들어 한강을 오염시킨 것이 아니라 한강의 기적을 이룬 한국 산업발전의 주춧돌이 된 것이다.

해방과 함께 남북이 분단되면서 삼척탄광의 역할은 더욱 커졌다. 일제시대 개발되었던 주요 석탄 탄광의 대부분이 북한 지역에 집중되어 있었으며, 남한에서 무연탄을 생산할 수 있는 주요탄광은 삼척탄광을 비롯한 11개에 불과하였다. 국내 석탄 생산의 80퍼센트를 북한이 담당하고 있던 상황에서 분단은 남한 석탄 에너자원의 심각한 부족 현상을 가져왔다.

북한의 전력공급의 중단으로 남한의 에너지원이 절대 부족현상을 빚으면서 남한에서는 탄광개발 붐이 일어났다. 1951년에는 전쟁의 와중에도 새로운 광

옛날 삼척석탄탄광 전경. 삼척은 남한 지역 최대의 석탄탄광이었다.

업법이 제정되어 공포되면서 탄광개발이 이어졌다. 험악하고 황량한 산골짜기에 위치한 삼척탄광 지역이 남한 지역 최대 탄전으로 급부상하면서 삼척탄광 지역에는 석탄 노다지를 찾아오는 사람들로 넘쳐났다. 너도나도 노다지의 꿈을 가지고 일명 '쫄딱 구덩이'라고 불리는 소규모 탄광을 해보겠다는 사람들이 모여 들면서 삼척탄광 지역은 사람들로 넘쳐났다.

한편 전국 각지에 에너지를 공급하는 젖줄인 철도도 개통되었다. 일제의 삼척탄광개발은 석탄 수탈이 목적이었기 때문에 도계, 장성에서 묵호항까지만 철도가 개설되어 있었을 뿐이다. 삼척에서 서울이나 부산방면으로의 교통망은 모두 막혀 있었다.

1956년 철암에서 영주까지 철도가 개통됨으로써 영동선 철도가 비로소 중앙선과 연결되었다. 1962년에는 묵호에서 강릉 경포대를 연결한 철도와 백산 역에서 태백 황지역까지 철도가 개통되었다. 1970년에는 태백 황지에서 정선, 영월, 제천을 연결하는 태백선이 개통됨으로써 삼척 지역에서 생산된 무연탄 은 우리나라를 움직이는 에너지원이 되어 전국으로 공급되기에 이르렀다.

삼척탄광 지역은 앞뒤 온통 산으로 둘러싸인 협곡이었다. 그래서 사람들은 '하늘이 좁아 손바닥 하나면 하늘을 가린다'고 하기도 하고, '앞 뒷산에 줄을 걸어 빨랫줄로 쓴다'는 말이 생겨났을 정도였다. 그러나 그곳에 검은 노다지 를 따라 사람들이 모이면서 돈도 함께 모여들기 시작하였다. 삼척탄광 지역은 1960년대 초부터 1980년대 초까지 '개도 돈을 물고 다닌다'고 할 만큼 호황을 누렸다. 광부들의 수입도 높아 '탄광노동자 신분증만 뒷주머니에 차면 농촌처 녀 서로 시집오겠다고 줄을 섰다'는 말까지 유행하였다.

삼척탄광 지역에서 생산되는 석탄은 우리나라 경제발전의 검은 주춧돌인 동 시에 에너지 위기 극복의 주역이었다. 석탄은 해방과 동시에 남북이 분단되면 서 첫 번째 에너지 위기, 그리고 1973년 중동전쟁으로 인한 제1차 석유파동과 1978년 제2차 석유파동으로 직면한 에너지 위기를 무사히 넘기는 결정적인 역할을 담당하였다.

아울러 서민들의 값싼 에너지원으로, 국민들에게 연탄이 공급되자 자연스레 산림녹화에도 기여하게 된다. 또한 산업화의 과정에서 부족한 전력을 화력발 전으로 해결함으로써 초기 산업화를 주도하면서 한국 경제발전의 주역을 담당 하였다.

1980년에 들어서면서 석탄사업은 사양화의 길을 걷게 되었다. 사양화의 원 인은 크게 국내외적인 요인으로 구분할 수 있다. 국내적으로 1966년 극심한 연탄 파동 이후 정부는 에너지의 소비패턴을 연탄에서 석유로 옮겨가는 정책 을 펴기 시작하였다.

또한 1980년대에 들어오면서 가스와 같은 청정연료가 공급되면서 연탄의 수요는 더욱 급격하게 줄어들 수밖에 없었다. 그리고 석탄을 생산하는 탄광은

삼척의 미래를 상징하는 새 천년 도로의 일출.

채굴장이 점점 더 땅 속 깊은 곳으로 들어감으로서 생산원가가 상승하였다. 반면 국외적인 요인으로 석유 파동 이후 국제 원유가격이 하락·안정화되면서 석탄의 경쟁력이 상실되었다. 결국 1980년대 후반 '석탄산업합리화'라는 태풍이 석탄산업을 몰락시키면서 삼척의 역할은 역사 속으로 사라질 수밖에 없었다.

도계 미인폭포에서 발원하여 삼척을 관통하는 오십굽이의 오십천 강물이 다시 맑아졌다. 역설적으로 오십천 강물이 맑아지는 만큼 탄광지대 경기는 쇠퇴하고 있는 것이다. 이제 굶주림을 면하기 위한 최후의 수단으로 선택한 탄광에서 이른바 '막장인생'을 살았던 광부들은 진폐라는 직업병을 안고 또 다른 막장을 찾아 하나 둘씩 떠나갔다. 팔도에서 사람들이 모여 들었기에 '팔도공화국'이라고 불릴 만큼 북적거리던 탄광촌은 폐허가 되었고, 사람들이 떠나간 그 자리 오십천에는 광산개발로 검게 오염되어 떠나갔던 났던 물고기만 다시 돌아오고 있다.

32 ● 고요한 아침의 땅 삼척

계속되는 삼척의 역사

원삼국시대 실직국의 고도古都였던 삼척은 군사 요충지로서 삼국시대부터 조선시대, 일제시대에 이르기까지 역사적으로 중요한 지리적 조건을 가지고 있었다. 또한 자연적으로 바다와 산악의 풍부한 지하자원과 수산자원이 바로 삼척의 경제적 기반이 되었다. 특히 지하자원을 바탕으로 한 광공업은 우리나라 경제발전의 원동력이 되었다.

이제 삼척은 관광도시로 변화를 추구하고 있다. 넓은 바다와 백두대간의 중심으로 하는 청정 자연환경과 동굴을 비롯한 풍부한 관광자원, 유구한 역사가 만들어놓은 문화유산을 토대로 삼척은 관광도시로 한걸음씩 나아가고 있다. 오늘도 삼척은 우리나라 역사의 한 축이 되어 과거에서 현재로 달려왔듯이 미래를 향해 현재를 살아가고 있다. 앞으로 넓은 동해바다가 있고 뒤로는 백두대간이 병풍처럼 감싼 삼척은 관광도시라는 이름으로 역사의 새로운 한 페이지를 적어갈 것이다.

2
_

역사

歷
史

異斯夫像

辛卯新白
東江楨五畵 謹寫

이사부 영정.

이사부와 사자공원

동해의 해상왕 우산국을 정벌하다

이사부는 우산국을 정복함으로써 동해의 왕이 되었다. 우리나라는 삼면이 바다로 둘러싸인 반도국가이다. 바다는 우리민족이 탁월한 기상을 펼치던 무대이다. 우리나라 역사 속에서 바다를 정복하는 것은 세상을 정복하는 것이다. 따라서 우리나라 각 바다에는 그 지역을 장악하였던 해상왕이 있다. 서해의 해상왕은 장보고다. 장보고는 우리나라 해양진출의 영웅이다. 남해의 해상왕은 이순신이다. 이순신은 우리나라 해양 수호의 영웅이다. 그리고 동해의 해상왕 이사부는 우리나라 역사에서 처음으로 바다로 진출한 해양 진출의 원조이다.

이사부의 생애

이사부는 신라의 왕족 출신으로 17대 내물왕의 4세손이다. 당시 지증왕이 내물왕의 증손이며, 법흥왕이 내물왕의 4세손임을 고려하면 이사부는 신라 왕족 가운데 가장 핵심적인 인물이었음을 알 수 있다. 그의 이름은 이사부異斯夫라 칭하는 것이 일반적이지만 태종苔宗이라 불리기도 하고, 삼국유사에는 이종伊宗, 단양적성비에는 이사부지伊史夫支 등으로 표기되어 있다. 성씨는 신라의 왕족이기 때문에 당연히 김씨金氏이지만 당시에는 성씨를 사용하지 않았던 시기였기 때문에 성씨를 붙이지 않고 이사부라고 불렀다.

이사부는 신라가 비약적으로 발전하는 데 기틀을 마련한 인물이다. 지증왕은 503년에 '신라新羅'라는 국호를 확정하였다. 신라는 '덕업일신德業日新 망라사방網羅四方'의 의미를 가지는 것이다. 덕업일신德業日新은 내치內治를 말하는 것으로 대내적으로 날마다 새롭게 덕업을 쇄신한다는 의미이다. 그리고 망라사방網羅四方은 외치外治를 말하는 것으로 대외적으로 영토를 확장해 나가는 것이다. 이사부는 신라의 의미에 부응하여 국가체제를 정비하고 대외적으로 영토를 확장하는데 크게 기여하였다.

이사부가 처음으로 역사에 등장하는 것은 505년(지증왕 6)에 실직주 군주에 임명되는 것이다. 『삼국사기』 4권 지증마립간 6년 2월조에 다음과 같이 기록되어 있다.

실직주悉直州를 설치하고 이사부로 하여금 군주軍主로 삼았다. 군주라는 이름은 여기에서 비롯되었다.

실직주는 지금의 삼척으로 신라가 주군현州郡縣의 지방제도를 처음으로 실시할 때 가장 먼저 주가 설치된 곳이다. 주州는 중앙의 정예군단인 정停이 주둔하는 최전방의 전진기지이며, 군주軍主는 정예군단인 정을 통솔하면서 지역의 군정과 행정을 총괄하는 임무를 띠고 있었다. 이처럼 이사부가 신라 최초의 주인 실직주 군주로 임명된 것은 신라가 동해안 지역을 최우선시하면서 삼척을 동해안 진출의 전진기지로 인식하고 있었기 때문이다.

지증왕은 7년 후인 512년(지증왕 13)에 주州를 실직에서 지금의 강릉인 하슬라로 옮기고 이사부를 하슬라 군주로 삼았다. 그리고 20대의 젊은 장수 이사부는 불복하는 우산국于山國(지금의 울릉도)를 정복하였다. 원래 우산국은 지리적인 이유로 신라에 귀복하지 않고 있었으며, 주민들이 사나워서 힘으로는 정복할 수가 없었다. 이에 이사부는 계교로써 항복받을 수 있다고 생각하여 나

이사부 사자공원.

무로 사자獅子를 많이 만들어 전선에 가득 싣고 그 나라 해안을 내왕하면서 항복하지 않으면 맹수를 풀어 밟아 죽이겠다고 위협하니, 그들은 마침내 항복하고 말았다.

법흥왕이 즉위하면서 이사부의 활동은 위축되었다. 법흥왕은 골품제도를 채택하여 방계혈족의 왕위 계승권을 박탈하였다. 법흥왕은 왕을 중심으로 하는 3대 가계를 성골聖骨 귀족으로 규정하고, 그 범위를 벗어난 방계혈족을 진골로 규정하여 구별하였다. 이사부는 법흥왕과 같은 내물왕의 4세손으로 진골로 분류되었으며, 법흥왕과는 정치적으로 라이벌 관계에 있었던 것으로 짐작된다.

진흥왕이 즉위하면서 이사부는 정치적 실권자로써 대내외적으로 상당한 활동을 하였다. 법흥왕의 대를 이은 진흥왕은 7세에 왕위에 올랐다. 따라서 왕태후가 섭정을 하였으며, 이사부는 정치적 실권자로써 국정의 중요 업무를 수행하였다. 법흥왕대의 칩거에서 벗어난 이사부는 약 20여년 동안 진흥왕을 보필하면서 신라의 영토 확장에 지대한 공을 쌓았으며, 이같은 군사 업무 이외에 일반적인 정치 분야에서도 상당한 역할을 담당하였다.

이사부는 541년(진흥왕 2) 병부령兵部令이 되었다. 당시 병부령은 단순한 국방과 군사적 업무를 책임지는 병부의 책임자에 그치는 것이 아니라, 상대등·시중을 겸할 수 있는 최고 요직 가운데 하나였다. 그 뒤 이사부는 562년(진흥왕 23)까지 정치·군사의 실권을 장악하였다. 특히 진흥왕대에 단행된 군제확장을 실질적으로 주도하였다. 병부령 1인을 추가하고 중앙군단으로 대당大幢을 설치하고 지방군단으로 10정停을 배치하였다.

545년(진흥왕 6)에는 왕에게 국사편찬의 필요성을 역설하였다. "국사國史라는 것은 군신의 선악을 기록하여 그 잘잘못을 만대에 보이는 것인데, 사기史記를

이사부 축제.

만들어 놓지 않으면 후대에 무엇으로써 사실을 볼 수 있겠습니까?"라면 국사 편찬을 건의하였다. 국사의 편찬은 국왕의 정통성을 확보하여 왕권을 보다 강화하고 국가의 기틀을 마련하는 것이었다. 이에 진흥왕은 대아찬 거칠부居柒夫 등에게 명하여 『국사國史』를 편찬하게 하였다.

550년(진흥왕 11) 1월 백제가 고구려의 도살성道薩城을 함락하고, 3월에는 고구려가 백제의 금현성金峴城을 점령하는 등 양국의 충돌이 계속되었다. 이사부는 이 틈을 이용하여 이 두 곳을 공략하여 점령한 뒤, 성을 증축하고 1,000명의 군사를 주둔시켜 성을 지켰다. 이어 금현성 탈환을 위해 재차 침입한 고구려의 군대를 다시 격파하고 그들을 추격하여 크게 승리하고 개선하였다.

단양신라적성비丹陽新羅赤城碑에 의하면, 549년(진흥왕 10) 전후에 이사부는 두미豆彌와 비차부比次夫, 그리고 김유신의 할아버지인 무력武力 등을 이끌고 한강 상류지방을 경략하여 신라 영토를 크게 넓혔다.

신라는 낙동강 유역을 그들의 영토로 편입하기 위해 부단한 노력을 하였다. 이사부는 화랑도의 기원이라 할 수 있는 풍월주風月主를 통해서 우수한 인재를 등용하였다. 화랑도가 시행되기 전에 미남을 뽑아 풍월주라 부르는 화랑제도와 유사한 낭도조직을 운영하였다. 이사부는 탁월하고 참신한 인재의 등용을 통해 군사조직을 확충하였다. 이는 신라가 정복활동을 통해 영토를 확장하는 데 핵심적인 역할을 하였다.

마침내 이사부는 유명한 화랑 사다함과 함께 562년(진흥왕 22년)에 대가야를 공격하여 정벌하였다. 9월 대가야가 반란을 일으키자, 그는 왕명을 받고 출정하였다. 이때에 사다함斯多含이 5천 명의 기병을 이끌고 전단문旃檀門에 치달아 백기를 세우니 성중의 모든 사람들이 어찌할 바를 몰랐다. 이를 본 이사부가 돌격하여 성을 함락시켰다. 즉 이사부는 대가야 정벌을 위하여 치밀하게 준비하여 먼저 부장인 사다함으로 하여금 5천명의 기병으로 진격하여 대가야의 예봉을 꺾은 다음에 본진을 투입하여 완전히 대가야를 복속한 것이다. 이를 계기로 신라는 낙동강 하류지역을 완전히 장악하였으며, 이들과 연결된 왜의 세력을 한반도에서 제거할 수 있었다.

　이처럼 이사부는 20대였던 지증왕대에 우산국 정벌을 통해 신라가 동해안의 패권을 차지하는 계기를 마련하였으며, 60, 70대인 진흥왕대에는 한강 유역과 낙동강 유역을 정벌하여 신라가 획기적으로 영토를 확장하는데 가장 중요한 역할을 담당하였다. 이사부는 신라의 왕족으로써 출중한 무예와 지력를 바탕으로 신라가 비약적으로 도약하는데 주도적 역할을 한 인물이었다.

이사부 우산국 정벌

이사부의 우산국 정벌은 신라가 동해안을 장악했다는 의미와 함께 해상으로 진출했다는 의의를 가지고 있다. 당시 우산국은 작은 섬나라였지만 강력한 해상세력을 형성하고 있었다. 울릉도에 전해 내려오는 설화를 통해서 그같은 사실을 확인할 수 있다.

　우산국이 왕성했던 시절은 우애왕이 다스릴 때였다. 왕은 기운이 장사요 신체도 건장하여 바다를 마치 육지처럼 주름잡고 다녔다. 우산국은 작은 나라지만 근처의 어느 나라보다 바다에서는 힘이 세었다. 당시 왜구는 우산국을 가끔 노략질 하였는데 그 본거지는 주로 대마도였다. 우해왕은 군사를 거느리고 대마도로 가서 대마도의 수장을 만나 담판을 하였다. 그 수장은 앞으로 우산국을 침범하지 않겠다는 항복문서를 바쳤다. 우해왕이 대마도를 떠나올 때 그 수장의 셋째 딸인 풍미녀를 데려와서 왕후로 삼았다. 우해왕은 풍미녀를 왕후로 책봉한 뒤 선정을 배풀지 않을 뿐만 아니라 사치를 좋아하였다. 풍미녀가 하는 말이면 무엇이든지 들어주려 하였다. 우산국에서 구하지 못하는 보물을 풍미녀가 가지고 싶어 하면, 우해왕은 신라에까지 신하를 보내어 노략질을 해오도록 하였다. 신하중에서 부당한 일이라고 항의하는 자가 있으면 당장에 목을 베거나 바다에 처넣었으므로 백성들은 우해왕을 매우 겁내게 되었고 풍미녀는 더욱 사치에 빠졌다. "망했구나". "풍미녀는 마녀야". "우해왕이 달라졌어" 이런 소문들이 온 우산국에 퍼졌다. 신라가 쳐들어오리라는 소문이 있다고 신하가 보고를 하였더니, 우해왕은 도리어 그 신하를 바다에 처 넣었다. 왕의 마음을 불안하게 하는 자는 모두 죽었다. 이를 본 신하들은 되도록 왕을 가까이 하지 않으려 하였다. 풍미녀가 왕후가 된지 몇 해 뒤에 우산국은 망하고 말았다.

비록 설화이지만 우산국이 얼마나 강력한 해상세력으로 군림하였는지를 충분히 짐작할 수 있다. 당시 우산국은 '어느 나라보다 바다에서 힘이 세었고', 우산국의 왕인 우해왕은 '바다를 육지처럼 주름잡고 다닐 정도'로 용맹스러운 해상왕이었다.

울릉도 사자바위.

이사부는 지증왕 13년(512)에 우산국을 정벌하였다. 『삼국사기三國史記』에 기록된 우산국 정복 기사는 다음과 같다.

우산국이 항복하여 해마다 토산물을 조공으로 바쳤다. 우산국은 명주溟洲의 정동쪽에 있는 섬으로 혹은 울릉도라 한다. 사방이 100리로 지형이 험한 것을 믿고 항복하지 않았다. 이찬 이사부가 하슬라何瑟羅 군주가 되어 말하기를 "우산국 사람들은 어리석고 사나워서 위협으로 복종시키기 어려우니 계략으로 항복시키는 것이 좋겠다"라 하고 목사자木獅子를 많이 만들어 전함에 나누어 싣고서 우산국 해안에 이르러 거짓으로 이르기를 "너희가 만약 항복하지 않으면 이 맹수들을 풀어 너희를 밟아 죽이겠다"고 하니 우산국 사람들이 두려워 바로 항복하였다.

이사부는 강력한 해상세력으로 군림하고 있던 우산국을 힘보다는 계략으로 굴복시켜야 한다고 생각하였다. 그래서 목사자를 만들어 배에 싣고 가서 "항복하지 않으면 이 사자를 풀어 놓겠다"고 위협하였다. 울릉도에 전해지는 설화에 의하면 당시 사자의 입에서 일제히 불을 뿜기도 하여 우산국의 군사들은 사기가 죽어 항복하고 말았다. 희고 큰 깃발을 투구바위에 올리고 나팔바위에 항복하는 나팔을 울렸다. 이사부는 나무 목사자 한 마리를 울릉도에 두고 갔는데 그것이 화석이 되어 골개 앞에 사자바위가 되었다고 한다.

이사부의 목사자 이야기는 이후 우리 민족에게 중요한 역사적 상징이 되었다. 사나운 것으로 대변하는 사자를 통해서 우리 민족의 용맹과 기개를 표시하였다. 신라의 다섯 가지 향악鄕樂 가운데 사자의 탈을 쓰고 춤을 추는 가면극인 산예狻猊가 이사부의 목사자로부터 시작되었다. 함경남도 북청에서 전승되어 오는 북청사자놀이의 연원도 이사부의 사자이며, 강릉의 단오제 때 대성황사 12신위 가운데 하나로 모셔진 사자도 이사부의 사자이다.

출항지 삼척 오분항

이사부가 우산국을 점령하기 위하여 출항한 항구는 삼척항이었을까? 이사부가 우산국을 정벌한 것은 512년으로 이 해는 이사부가 하슬라 군주가 된 해였다. 하슬라는 지금의 강릉이다. 이를 근거로 이사부가 우산국을 정벌할 때 출항지가 강릉이라는 주장이 있다. 그러나 이사부가 우산국을 정벌을 위해 출항한 곳은 실직 곧 삼척이다. 이는 역사·지리적으로 분명하게 입증된다.

　신라가 505년 실직주를 설치하고 동해안 지역에 대한 군사적인 지배를 강화하면서 512년에는 주를 실직에서 하슬라로 옮기고 이사부를 하슬라 군주로 임명하였다. 그리고 그해 이사부는 우산국을 정벌하였다. 신라가 주를 실직에서

이사부 출항지 기념탑.

하슬라로 옮기면서도 군사조직인 정停의 주력부대는 실직에 잔존시키고 하급
자를 별도의 실직군주로 임명하여 하슬라 군주 이사부의 통솔을 받게 하였다.
이는 신라가 하슬라를 동해안의 행정중심도시로, 실직을 군사중심도시로 특화
시키면서 하나의 체계로 관리하기 위함이었다. 행정중심도시 하슬라와 군사중
심도시 실직에 대한 관계는 삼국시대부터 통일신라와 고려를 거쳐 조선에 이
르기까지 계속된다.

　신라가 동해안 지역 가운데 가장 먼저 삼척 즉 실직에 군사적 전진기지의 성
격을 띤 주州를 설치한 것은 이 지역의 지정학적 중요성 때문이었다. 삼척은 동
해안 해상교통로를 독점적으로 확보하여 지배할 수 있는 최적의 자연조건을
가지고 있었다. 삼척은 대규모의 신라군선이 정박할 수 있는 넓은 자연항구를
가지고 있었다. 즉 오십천 하구에 형성된 현재의 오분항이 바로 그곳이다. 신

독도

라는 일찍이 선부船府라는 관청을 두고 국가적인 차원에서 상당한 규모의 수군과 병선제조 능력, 운용능력을 가지고 있었다. 삼척의 오십천 하구와 오분항은 신라의 동해안 진출에 가장 중요한 기항지였다.

그리고 신라의 군사가 주둔하였던 성곽 유적은 오화리산성으로 추정된다. 오화리 산성은 신라가 삼척에 실직주를 설치하던 초기에 조성된 산성으로 동해안 지역 군사거점 가운데 가장 중요한 곳이다. 그리고 산성의 입지와 규모가 다른 산성에 비해 훨씬 뛰어나고 압도적이다.

이처럼 삼척은 훌륭한 항구의 조건을 구비하였으며, 해양진출기지로 적합하고 방어망을 구축하는데 용이한 곳이었다. 또한 바로 백두대간을 배후에 두고 있어서 선박을 건조하고 무기 등 해전에 필요한 도구를 제작하는데 유리한 자연환경을 갖추고 있었다. 아울러 해류와 바람을 이용하여 항해는 물론이고 울릉도 지역을 목표로 삼아 항해하기에 적절한 곳이다. 백두대간에 올라서면 육안으로 울릉도를 볼 수 있을 뿐만 아니라 육지 가운데 울릉도와 가장 가까운 거리에 위치하고 있었기 때문에 삼척은 울릉도로 항해 하는데 가장 유리한 지리적 조건을 갖추고 있었다.

우산국 정벌의 의의

이사부의 우산국 정벌은 역사적으로 우산국이 일찍부터 우리의 영토였음을 말해주는 것이다. 독도를 둘러싼 영유권 문제로 우리나라와 일본이 마찰을 빚고 있는 현실에서 이사부의 우산국 정벌은 가장 중요한 역사적 의미를 가지고 있다.

독도는 신라에 정복되기 이전부터 울릉도와 더불어 우산국을 형성하고 있었다. 우산국은 오늘날 울릉도, 독도 등을 포함하는 도서지역과 그곳을 둘러싼 바다를 장악하고 지배하였던 해상국가였다. 우산국을 이사부가 512년에 정복함으로써 이들 지역은 신라의 영토가 되었고, 이후 고려와 조선을 거쳐 현재에 이르기까지 우리나라의 영토가 되었다. 따라서 이사부의 우산국 정벌은 독도 영유권 문제 해결의 가장 중요한 근거가 된다.

이사부의 우산국 정벌은 일찍이 우리나라가 해양강국임을 증명하는 것이다. 삼면이 바다로 둘러싸인 반도국가인 우리나라는 바다가 세계로 진출할 수 있는 루트이다. 일찍이 우리나라에서는 바다를 통해 영역을 확대해 나가는 진취적 기상을 가지고 있었다. 서해의 해상왕으로 불리우는 장보고는 신라인의 해상 활동 능력을 적극 활용하여 강력한 군대와 많은 선박을 보유하고 신라·당·일본을 잇는 해상교통로를 장악하였다. 남해의 해상왕은 이순신은 우리나라 해양 수호를 통해 나라를 구원한 영웅이다.

이사부는 우리나라를 상징하는 바다인 동해의 해상왕이다. 우리나라 동해는 21세기에 들어와 유럽의 지중해처럼 그 중요성이 점점 강화되고 있다. 급변하는 세계질서 속에서 중심에 서있는 곳이 바로 동아시아이며, 그 중심이 바로 동해이다. 독도를 둘러싼 분쟁은 역설적으로 동해의 중요성을 상징적으로 보여주는 것이다. 일찍이 동해를 장악한 이사부의 활약상은 우리나라가 동해의 중심에 있음을 보여주는 것이며, 이사부가 동해 해상왕이 될 수밖에 없는 이유이기도 하다.

이사부 테마파크와 이사부 사자공원

삼척시는 명실상부한 이사부의 도시로 그 위상을 확고히 하고, 이사부의 개척 정신과 얼을 이어받기 위해 다양한 활동을 전개하고 있다. 2007년 삼척시민 주도로 '이사부장군기념사업회'가 창립되었으며, 2008년부터는 '삼척 동해왕 이사부 역사문화축전'을 개최하고 있다. 매년 여름 개최되는 이사부 역사문화 축전에서는 독도를 중심으로 하는 우리의 해양영토수호 의지를 굳건히 하고

이사부 사자공원의 측면.

다양한 체험과 공연, 전시를 통해서 청소년들에게 해양 개척의 모험심을 길러 주고 있다. 특히 행사의 일환으로 개최되는 학술 세미나에서는 이사부와 관련된 다양한 역사적 사실을 고찰하여 하나씩 밝혀내는 성과를 거두고 있다.

2009년에는 이사부 국가표준영정 조성사업을 추진하여 이사부 영정이 2011년에 국가표준영정 제83호로 지정받는 성과를 거두었다. 표준영정의 조성은 이사부 선양사업을 보다 폭넓고 빠르게 진행시켰을 뿐만 아니라 한국조폐공사에서 앞면에는 이사부의 얼굴이 나오게 하고 뒷면에는 독도 모형을 조각한 '이사부기념메달'을 제작하여 배포하기에 이르렀다.

삼척시는 신라 장군 이사부의 개척정신과 얼을 이어받은 가족형 테마공원 이사부 사자공원을 조성하였다. 공원이 조성된 삼척시 증산동은 동해안의 아름다운 절경을 가장 가까이서 감상할 수 있는 곳이다. 이사부 사자공원에는 전

망 타워, 천국의 계단, 사계절 썰매장, 어린이 놀이터, 야외공연장, 산책로 등이 갖춰졌다. 이사부 역사문화축제에서 제작된 사자상들이 동해의 푸른 바다를 배경으로 공원 곳곳에 자리하고 있어서 공원에서 우산국을 정벌하였던 이사부의 용맹한 지략을 느낄 수 있다.

삼척시에서는 이사부 테마파크를 구상하여 추진하고 있다. 이사부 테마파크는 끊임없이 계속되고 있는 일본의 독도와 동해 침탈야욕을 분쇄하고, 우리의 독도를 중심으로 하는 해양영토 수호의지를 보여줄 수 잇는 교육현장이다. 이사부가 우산국 정벌을 통해 울릉도와 독도를 우리 영토로 편입한 이래 오늘날까지 지속적으로 실효적 지배를 해오고 있다는 역사성을 강조하기 위해 이사부 테마파크의 조성은 절실하다. 이같은 시대정신과 국민적 여망을 담은 이사부 테마파크는 이사부와 고대 해양활동, 울릉도와 독도 수호의 역사, 독도의 생태와 수중자원, 동해 사료관, 한국의 해양영웅 등의 다양한 주제로 구성될 것으로 생각된다. 이사부 테마파크의 위치는 오십천 하구인 오분동과 현재의 삼척항 일대가 될 것이다. 오분동은 이사부가 우산국을 정벌하기 위해 출항한 항구가 있던 곳일 뿐만 아니라 오화리산성은 당시의 군사적인 유적으로 추정된다. 그리고 삼척과 육향산을 중심으로 하는 지역은 삼척 포진성이 있었던 유서 깊은 곳이다. 산성과 포진성의 발굴을 통하여 정확한 역사적 위치를 파악하고 이를 바탕으로 산성과 진동루 등 유적이 복원된다면 이사부 테마파크는 이사부 정신 선양과 영토수호의 상징이 될 것이다. 그리고 이를 기점으로 해양주권의 시대와 환태평양 시대가 열릴 것으로 기대된다.

동해바다와 목사자.

천은사의 가을.

이승휴와 천은사

우리의 뿌리는 단군에서 시작되고

이승휴는 지금의 천은사天恩寺에서 『제왕운기』를 편찬하였다.

천은사는 삼척시 미로면 내미로리 두타산 동쪽에 있다. 삼척시내에서 오십천을 따라 올라가다가 미로면 다리를 건너기 바로 전에 오른쪽으로 꺾어 들어가면 내미로리이다. 글자 그대로 깊고 깊은 산중이다. 멀리 두타산이 보이고 산줄기를 타고 내려와 쉰움산이 연꽃처럼 피어 있다. 그 쉰움산 속에 천은사가 있다.

오랜 벼슬살이에 지친 이승휴는 그의 외가이자 고향인 이곳 삼척의 미로에 은거하였다. 그러나 세상을 등진 것은 아니었다. 벼슬하는 동안에 조정에서 직접 국왕과 신료들을 상대로 자신의 소신을 펼쳤다면 삼척에 은거하면서부터는 그 상대를 역사로 바꾸었다. 현재라는 순간에서 벗어나 역사라는 영원 속으로 삶의 무대를 바꾼 것이다. 역사를 무대로 그가 토해낸 언어가 바로 『제왕운기』다.

원나라의 간섭 시기라는 반식민지적 성격을 지닌 고려 말에 우리 민족에 대한 절실한 사랑을 키웠다. 우리의 민족·국가·문화가 역사에서 영원히 사라질지도 모른다는 위기감에서 그는 우리의 역사를 기록했다. 첩첩이 산으로 둘러싸인 삼척 미로 두타산 아래에서 광대한 공간인 세상을 보고, 영원한 시간인 역사를 관통하였다.

삼척의 인물 - 이승휴

이승휴의 자字는 휴휴(休休, 호는 동안거사動安居士 혹은 두타산거사頭陀山居士이다. 경산 가리현 출신으로 가리 이씨加利李氏 시조이다. 이승휴의 행적은 강원도 삼척에서 잘 나타난다. 경산 가리현은 지금의 경상북도 성주인데 그곳에서는 이승휴의 연고를 찾아볼 수 없다. 그는 일생의 대부분을 외가인 삼척의 두타산 구동龜洞에서 보냈다. 고려 당시에는 지금과 같은 친가와 외가의 차별이 없었다. 따라서 이승휴는 일생의 대부분을 보낸 삼척을 고향으로 하는 삼척사람이다.

이승휴는 고려의 격동기를 살았다. 그가 살았던 시기는 몽골의 침입, 무신정권의 붕괴, 원나라의 간섭 등 고려가 급격한 변화를 겪은 시기였다. 최씨 무신정권 시기인 1224년(고종 11)에 태어나 원나라의 정치적 압제에 시달리던 1300년(충렬왕 24)에 일생을 마쳤다. 여덟 살 때 시작된 몽골의 침입은 20년 동안 계속되어 젊은 시절 내내 전쟁의 고초를 겪어야 했다. 그리고 최씨 정권이 붕괴되고 무신정권이 몰락하는 정변의 회오리 속에서 관직 생활을 시작하였다.

고려가 몽골에 굴복하자 일어선 삼별초의 난에 휘말리기도 하고, 이어지는 원나라의 간섭시기에 정치적인 활약을 펼치던 끝에 좌절의 쓴맛을 보기도 하였다. 이승휴는 격심한 정치적 변화와 이민족의 침략 및 외세의 정치적 간섭이라는 민족적 시련을 온몸으로 부대끼며 살다간 인물이었다.

이승휴는 강화도에서 수학修學하였다. 그는 9세에 독서를 시작하여 12세에 원정국사 방장方丈에 들어가 명유名儒 신서申偦에게 『좌전左傳』과 『주역周易』 등을 익혔다. 열네 살에 아버지가 돌아가시자 어머니는 친정인 삼척으로 돌아가고, 이승휴는 홀로 남아 먼 친척인 종조모에게 의탁하였다. 당시 자신의 불우한 처지를 견디기 힘들어 방황하면서 헛되이 술에 빠져 주광酒狂이라는 별명을 얻기도 하였다. 그러나 그는 이를 극복하고 최충의 사학 9재九齋 가운데 하나인 낙성재樂聖齋 도회소都會所에서 수업을 하면서 많은 사람들과 교유하였다. 그중에서 당대의 으뜸으로 손꼽히던 문인 학자 최자崔滋로부터 능력을 인정을 받게 된 것은 그의 일생에 있어서 큰 전환점이었다. 마침내 최자가 고시관이 되어 주관한 과거에 급제하여 청운의 꿈을 펼칠 기회를 잡게 된다. 이승휴의 나이 29세 되던 해 봄의 일이었다.

하지만 이승휴는 혈기 왕성한 30대의 젊은 시절을 삼척에 묻혀 보내야만 했다. 그는 급제의 기쁨을 안고 홀어머니가 있는 삼척으로 금의환향하였다. 그러나 몽골군의 침입으로 인하여 강화도로 돌아가는 길이 막히고 말았다. 이승휴는 강화도로 돌아가지 못하고 삼척의 요전산성에서 몽골군에 대항하였다. 그후 다시 강화도로 돌아가고자 하였으나 그를 이끌고 돌봐주던 최자와 종조모 모두 세상을 떠나 더 이상 의탁할 만한 곳이 없어졌다. 그는 결국 강화도로 돌아가지 못하고 두타산 기슭 구동에서 몸소 농사를 지으며 홀어머니를 봉양하였다.

그러나 이승휴의 삼척 생활이 헛된 것은 아니었다. 삼척에서 10여 년을 지내는 동안 그는 외침과 정치적 혼란으로 일반 양민들이 겪어야 했던 고초를 직접 경험하였다. 이것은 후일 관직생활에 큰 도움이 되었다. 그는 삼척에 살면서도 그의 불우한 처지를 낙담하거나 혹은 자신을 받아들이지 않는 세상을 원망하며 자포자기에 빠지지 않았다. 항상 몸가짐을 스스로 단속하며 더욱 뜻을 굳건히 하고 자신의 꿈을 펼칠 수 있는 날이 오기만을 기다렸다. 또한 형편이 여의치 못하면 삼척 산골에 묻혀 청아한 생활을 즐기며 책을 지어 세상에 가르침을 남기려 한다는 희망을 피력하기도 하였다.

이승휴는 나이 41세가 되어서 비로소 벼슬살이를 시작하였다. 1263년(원종 4) 나이 40세에, 강원도 안집사로 온 병부시랑 이심李深의 주선으로 강화도로 돌아가서 구관시求官詩를 지어 올렸다. 이를 본 이장용李藏用과 유경柳璥의 추천으로 다음 해에 지금의 강릉인 경흥부慶興府 서기에 임명됨으로써 관직생활을 시작하였다. 지방관리 생활을 시작한 지 얼마 되지 않아서 중앙의 도병마록사都兵馬錄事가 되었다. 이승휴는 1270년 삼별초가 봉기하였을 때 군대에 물자가 제대로 공급되지 않고 불법적인 세금징수와 무모한 건축행위 등으로 백성들이 크게 괴로워하고 있음을 들어 그 폐해를 극론하다가 파면당하였다. 또 1273년에는 식목녹사式目錄事로 있었는데 관직인사에 불만을 품은 삼관三官 하급관료들의 상소사건을 주도한 혐의를 받아 관직을 그만두어야만 했다. 곧 억울하게 누명을 썼음이 밝혀졌지만, 재상들의 의논이 잘못됐다는 흠을 남겨서는 안 된다고 하면서 스스로 죄를 인정하였다.

이승휴는 사신으로 두 차례 원나라를 다녀왔다. 스스로 죄를 인정한 것이 오히려 원종의 신임을 얻게 되어 서장관書狀官으로 발탁되어 원나라로 가게 되었다. 그가 원나라에 가서 올린 진사선미陳謝宣美는 원나라 세조를 탄복하게 하였으며, 동행하였던 송조국宋祖國도 문장이 중국인들을 감동시켰다고 찬양하였다. 이듬해에는 원종이 승하하자 부음을 전하기 위해 또 한번 서장관이 되어 원나라에 들어갔다. 당시 원나라에 있던 고려의 세자가 중국 원나라 옷인 호복胡服을 입고 장례를 치를 것을 염려하여 상복을 고려식으로 할 것을 권유하고 원나라 황제의 허락을 얻었다. 두 번에 걸친 원나라 여행으로, 그는 국제 정세에 대한 새로운 안목을 갖게 되었다. 원나라의 강대한 국력을 직접 눈으로 확인함으로써, 원 제국을 중심으로 한 동아시아의 질서 속에서 고려 왕조가 유지 존속해야 함을 깨달았다.

이승휴의 관직생활은 직언直言과 파직罷職의 연속이었다. 충렬왕 때에는 우정언右正言이 되어 시정時政의 득실得失을 15개 조로 나누어 간쟁하였다. 우사간右司諫을 거쳐 충청도 안렴사가 되어서는 장리 7인을 탄핵하고 그 가산을 적몰하였다가 원한을 사서 지금의 철원인 동주부사東州副使로 좌천되었다. 이때부터 스스로 '동안거사'라고 일컬었다. 이승휴는 현실에 안주하지 않았다. 비록 관직에서 물러나고 복직하기를 반복하더라도 불의와 타협하지 않고 정도正道를 걷는 것이 자신의 도리임을 호를 통해서 보여주었다. 그리하여 다시 감찰직인 전중시사殿中侍史로 돌아와서는 충렬왕의 잘못과 부원세력가附元勢力家들의 횡포 열 가지를 비판한 상소하였다가 파직되었다.

이승휴는 삼척으로 낙향하여 은거하였다. 파면당한 후 관직을 버리고 삼척

이승휴 사당.

의 두타산 구동으로 돌아왔다. 도연명의 「귀거래사」의 한구절을 인용하여 용안당容安堂을 짓고 나랏일과 세상사에 함구하면서 유유자적한 삶을 영위하였다. 삼화사에서 불서佛書를 빌려다 보면서 『내전록內典錄』을 저술하였다. 그리고 1287년에 『제왕운기』를 찬술하였다. 세상에 교훈이 되는 책을 저술하고 싶다는 꿈을 실현하기 위해 『제왕운기』를 짓게 되었다. 찬술을 시작한 처음의 뜻이 고려 왕조가 처한 현실에 대한 관심에서 비롯된 일이었음을 스스로 밝히고 있다.

『제왕운기』를 저술한 2년 후인 1289년(충렬왕 15)에는 용안당 남쪽에 '보광정'을 창건하고, 그 곁에 있는 천정泉亭을 '표음정瓢飮亭'이라 이름 붙이고, 정자 아래에 '지락당知樂塘'을 시설하여 구동용계별서龜洞龍溪別墅를 완성하였다. 백발이 성성한 노구로 구동용계별서에서 신선을 자부하면서 살던 그가 71세인 1294

년(충렬왕 20)에 홀연히 용안당 간판을 간장사看藏寺로 바꾸어 별장을 사찰에 희사했으며, 또한 밭을 희사하여 상주의 자본으로 삼게 하였다.

　이승휴는 새로이 즉위하여 개혁정치를 펼치던 충선왕의 두 번에 걸친 간곡한 부름을 받았다. 관직에 있던 아들 이임종李林宗을 내려 보내기까지 하는 충선왕의 열성에 못 이겨 개경에 나아간 그는 한때나마 고위직에서 활동하기도 하였다. 충렬왕 대에 빚어지고 있던 여러 폐단을 없애고 새로운 정치를 펼치려던 충선왕의 개혁운동에 그가 적극 동조하였음을 알 수 있다. 그러나 75세로 노년에 이른 이승휴가 언제까지나 현직에서 활동을 계속할 수는 없었다. 그리하여 거듭 물러나기를 요청하였고, 마침내 1298년(충렬왕 24)에 은거지였던 삼척으로 돌아왔다. 왕은 그에게 밀직부사 감찰대부로 치사하였다. 돌아온 지 2년 후인 1300년(충렬왕 26) 10월에 생을 마감하였다. 그의 나이 77세였다.

민족대서사시 –『제왕운기』

『제왕운기』는 이승휴가 1287년 강원도 삼척 두타산 구동에서 저술한 것으로 상·하 두 권으로 되어 있다. 상권은 중국의 역사를 7언시七言詩로 기록하고, 하권은 우리나라의 역사를 「동국군왕개국연대東國君王開國年代」와 「본조군왕세계연대本朝君王世系年代」의 2부로 나누어 앞의 것은 7언시로, 뒤의 것은 5언시로 각각 서술하였다.

　중국의 역사를 기록하고 있는 상권은 서문에 이어서 중국의 신화시대부터 반고盤古, 삼황오제三皇五帝, 하·은·주의 삼대와 진·한·위·진·송·제·양·진·수·당·오대·송·금을 거쳐서 원의 흥기에 이르기까지의 역사를 기록하고 있다.

　우리나라의 역사를 기록하고 있는 하권의 「동국군왕연대」는 지리기地理紀에 이어서 단군의 전조선, 기자의 후조선, 위만의 찬탈, 삼한과 이를 계승한 신라·고구려·백제의 삼국, 후고구려·후백제, 발해까지를 기록하고 있다. 「본조

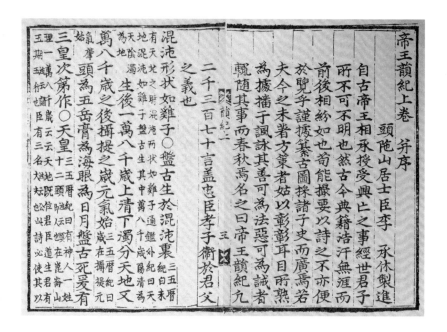
이승휴가 쓴 『제왕운기』

군왕세계연대」에는 고려의 세계설화世系說話로부터 이승휴 당시의 왕인 충렬왕까지를 기록하였다.

상·하 두 권에 기록된 시 사이사이에 주註를 달아서 역사의 줄거리를 납득할 수 있도록 설명하고 있다. 뿐만 아니라 시 내용에서도 국내외 역사서를 다양하게 인용하고 있어서 그 내용이 풍부하다. 그리고 '사신 왈史臣曰'의 형식을 빌어서 각각의 역사적 사실에 대한 자신의 견해를 피력하고 있어서 이승휴의 역사의식을 엿볼 수 있다.

이승휴가 『제왕운기』를 저술한 동기는 현실에 대한 강렬한 비판의식에서 출발하였다. 이승휴 당시의 현실은 대내·외적으로 어려움을 겪고 있었다. 대내적으로 실정失政한 군왕과 왕권에 도전하는 신하 등으로 인하여 국가의 질서가 무너지고 있었고 대외적으로는 원나라의 간섭으로 인하여 국가가 존망의 위기에 있었다. 그는 이를 회복시키기 위해 『제왕운기』를 저술하였다.

『제왕운기』는 1280년 충렬왕의 실정과 부원세력가들을 비판한 상소를 올렸다가 파직되어 은둔한 지 7년 만에 저술한 것이다. 그는 은둔하면서 나랏일과 세상사에 함구하는 대신 역사서라는 글을 통해서 비판을 하고자 하였다. 이승휴는 『제왕운기』를 통해서 국내 현실에 대한 비판이 국가의 질서를 회복시켜 줄 수 있을 것으로 기대하였다.

당시 고려는 정치적 열세로 인하여 원나라에 대한 직접적인 비판이 불가능하였다. 특히 그는 두 번에 걸쳐서 원나라를 방문하면서 양국의 세력관계를 몸소 체험하였다. 그리고 국내의 모순들이 궁극적으로 원나라의 침략과 그들의 정치적인 간섭에서 기인한다는 것을 누구보다도 정확하게 판단하고 있었다.

따라서 민족과 국가의 자주성을 회복하는 것이 무엇보다도 절실한 과제임을 인식하고 이를 위해 『제왕운기』를 저술하였다. 즉 그는 우리나라 역사에 대한 올바른 서술을 통해서 민족사에 대한 자긍심과 독자성을 확보하고자 하였다. 그리고 이를 통해서 대외적으로 원으로 간섭으로부터 벗어나 완전한 독립국가를 이루고자 하였다. 이승휴의 이 같은 생각은 『제왕운기』 첫 구절에 잘 나타난다.

요하동쪽에 한 건곤이 따로 있으니	遼東別有一乾坤
뚜렷하게 중국과 갈라지고 구분된다.	斗與中朝區以分
큰 파도 넘실넘실 삼면을 둘러싸고	洪濤萬頃圍三面
북쪽에는 육지가 실같이 이어져 있다.	於北有陸連如絲
그 가운데 지방이 천리 여기가 조선이니	中方千里是朝鮮
산좋고 물좋은 경관이 천하에 퍼졌다.	江山形勝名敷天
밭갈고 우물파는 예의의 나라	耕田鑿井禮義家
중국인이 이름해서 소중화라 일렀도다.	華人題作小中華
처음에 누가 개국해서 풍운을 열었던고	初誰開國啓風雲
석제의 자손 그 이름이 단군이라	釋帝之孫名檀君

『제왕운기』에 나타난 역사관은 민족사관, 정통사관, 유교사관, 신이사관神異史觀으로 구분된다. 『제왕운기』의 구체적인 내용에 나타난 그의 역사관을 살펴보기로 하자.

『제왕운기』는 민족주의 역사관에 입각하여 서술하였다.

첫째, 이승휴는 중국의 역사와 우리나라의 역사를 상·하권에 따라 나누어 저술함으로써 우리나라를 중국과 대등한 위치에 놓았다. 특히 지리기에서 '우리나라는 별도의 천지세계로 중국과는 엄연히 구분된다'고 강조하여 우리나라의 독자성과 자주성을 강조하였다.

둘째, 단군을 우리 민족의 시조로 내세워서 우리 민족이 단군을 시조로 하는 단일민족임을 강조하였다. 몽골의 강대한 외압으로 민족적 위기를 절감한 이승휴는 우리 민족이 단군이라는 동일한 조상의 후손이라는 민족의식을 가지도록 하였다. 특히 우리나라를 '朝鮮'이라고 지칭하기 시작한 것은 『제왕운기』부터라고 할 수 있는데, 이를 통해서 우리나라는 지리적, 문화적, 역사적으로 중국과는 구분되는 단일민족국가임을 주장하였다.

셋째, 우리의 독자적인 민족문화를 과시하였다. 이승휴는 원나라에 의해 우리 문화가 흡수될지도 모른다는 문화적 위기의식에서, 우리 문화가 중국과는 구분되는 것으로 독창적이고 우수한 문화임을 강조함으로서 이를 극복하고자 하였다. 그리고 대외문제에 있어서도 자주적인 북진정책을 추구하였다. 우리의 역사에서 북진정책과 관련된 사실들을 강조하고 칭송함으로써 자주적이고 진취적인 민족의 기상을 과시하였다.

또한 현존하는 우리 역사서 가운데 최초로 상고사의 체계가 확립된 것도 『제왕운기』다. 『삼국사기』에서는 우리나라에 대한 인식의 상한선이 삼국시대에 불과했는데, 『삼국유사』에 와서야 고조선까지 올라갈 수 있었다. 하지만 『삼국유사』에서는 상고사와 삼국과의 관계를 논리적으로 설명하지 못하고 혈연적으로 단절시켜서 소극적이고 애매한 상태에서 연결시키고 있다. 즉 고대의 삼한 등 여러 부족국가와 단군조선을 연결시키지 못함으로써 우리나라 상고사를 체계화시키는 데는 실패하였다.

　그러나 『제왕운기』에서는 우리나라에 대한 인식의 상한선을 단군조선까지 올렸을 뿐만 아니라 만주와 한반도에서 성립된 여러 나라들의 관계를 체계적으로 연결시킴으로써 명실상부한 한국사의 정통성을 수립할 수 있었다. 그리고 고려의 통일이 영토적으로나 민족적으로 불완전한 신라의 통일과는 달리 완전한 통일임을 강조하여 고려는 단군조선 이후로 완전한 민족국가가 될 수 있었다고 하였다.

　이로써 우리나라의 역사는 단군조선 → 기자조선 → 삼한 → 삼국 → 통일신라·발해 → 고려로 이어지는 정통성을 확보하였다. 특히 이전까지 우리 민족사에 포함되지 못했던 발해사를 현존한 우리나라 역사서 가운데 최초로 민족사에 포용하여 진취적인 북방정책을 강조하고 있음이 주목된다.

　오늘날 중국이 발해뿐만 아니라 고구려까지도 중국사에 편입시키려고 하는 동북공정이 진행되고 있는 현실에서 『제왕운기』가 지니는 의미는 더욱 크게 느껴진다.

　이승휴는 『제왕운기』에서 유교사관을 통해서 현실을 비판하였으며, 국왕의 덕치주의와 신하의 나라에 대한 충성을 강조하였다. 그는 역사를 통해서 현재를 재조명하고 나아가 미래의 계획을 세우겠다고 하는 온고지신의 역사관을 가지고 있었다. 즉 역사를 현실비판의 도구로 이용하여 군왕에 대한 통치자의 논리를 제시하였으며, 신하의 군왕에 대한 도리를 강조하였다. 결국 이승휴는 유교사관을 통해서 군신관계의 올바른 정립을 통해서 유교적 정치질서를 수립하고자 하였다.

　이승휴는 신이사관을 통해서 『삼국사기』 등에서 불합리한 것이라 하여 생략한 우리 민족 고유의 전통적인 신화나 설화를 과감하게 인용하였다. 단군신화를 통해서 우리민족이 중국이 아닌 천신天神에서 비롯된 우수한 민족임을 과시하였으며, 단군조선의 개국연대를 중국과 동일하다고 하여 중국과 대등한 자세를 취하였다. 또한 만주와 한반도 지역에 분포되어 있던 모든 나라가 단군의 후손이라고 함으로써 우리 민족의 활동영역을 한반도에서 만주까지 확대시키기기도 하였다.

　동명왕 설화를 통해서 북진정책을 추구하는 자주적인 대외의식을 표현하였으며, 고려 태조의 세계설화에서는 고려 왕실이 천신·수신·지신의 결합으로 이루진 우수성을 지녔다고 지적하였다. 이승휴는 『삼국사기』의 유교사관과 『삼국유사』의 신이사관을 서로 조화시킴으로써 한층 발전된 역사관을 보인다.

　『제왕운기』는 그 서술방법으로 영사시詠史詩의 형태를 채택함으로써 고려시대는 물론 조선시대와 한말에 이르기까지 많은 사람들에게 읽혀져서 많은 역사가들에게 영향을 주었을 뿐만 아니라 우리 민족사의 대중화에 크게 기여하였다. 『제왕운기』는 역사의식의 측면에서 『삼국사기』와 『삼국유사』를 능가하는 것으로 우리 민족사에 크게 공헌한 역사서라 할 수 있다. 특히 분단시대에 통일을 염원하는 오늘의 현실을 고려할 때 『제왕운기』의 중요성은 시간을 초월하여 더욱 높아질 수밖에 없다.

이승휴가 남긴 흔적들

이승휴의 유적은 강원도 삼척 두타산 기슭 구동에 남아 있다. 현재 천은사가 자리한 이곳에 이승휴는 두 차례에 걸쳐서 도합 33년이라는 세월을 머물렀다. 첫번째는 몽골군의 침입으로 강화도로 가지 못한 채 농사를 지으며 12년간 머물렀다. 이승휴는 두타산 기슭 구동으로 들어가 외가로부터 물려받은 용계龍溪 양쪽에 2경의 땅을 일구며, 어머니를 비롯한 식구를 봉양하였다.

　이곳의 지명이 구동인 것은 지금의 천은사 경내에서 동쪽을 바라보면 오른쪽 능선이 거북이 헤엄을 쳐서 하늘로 향하고 있는 모습을 하고 있기 때문이다. 그리고 천은사 가운데를 흐르는 하천인 용계의 양쪽에는 2경 정도의 밭이 남아 있어서 지금도 농사를 짓고 있다.

현재 천은사 주지스님의 요
사체로 쓰이는 용안당.

　이승휴가 두 번째로 두타산 기슭 구동에 은거하게 된 것은 충렬왕의 실정과
부원세력가들의 횡포를 비판한 후 파직된 57세 때이다. 그는 용안당을 짓고,
산 너머에 있는 삼화사로부터 불경을 빌려 보면서 은거생활을 시작하였다. 그
의 은거생활은 「촌거자계문村居自誡文」에 잘 나타난다.

　이 글에서는 농업에 종사하는 것을 운명으로 생각할 것, 많은 수확에 힘쓰지
말 것, 황무지를 갈아먹고 비옥한 땅을 탐내지 말 것, 가뭄에는 물길을 다투지
말 것, 땅의 경계를 양보할 것 등을 제시하였다. 이처럼 그는 현실을 외면한 채
초자연적인 은둔생활을 하였던 것이다.

　이러한 구동에서의 은둔생활 7년이 되던 해인 1287년(충렬왕 13)에 『제왕운
기』를 저술하여 왕에게 바쳤다. 아울러 불교서적인 『내전록』도 저술하였다. 그
리고 제왕운기를 저술한 지 2년 후인 1289년에 용안당의 남쪽에 '보광정'을 창

보광정이라는 현판은 정자가
아닌 천은사의 영월루 누각
에 당호가 되어 걸려 있다.

건하였다. 구동용계별서의 모습은 그가 쓴 「보광정기保光亭記」에 잘 그려져 있다.

두타산 중대동은 기이하고 절묘하여 신기한 경치를 다 드러냈고, 묶어놓은 듯도
하고 편편하기도 하며, 옹기종기 땅을 응축해놓은 듯한 곳이다. 거기에다 의지
하기 편리하니 그 아름다움을 이루 다 형용하기가 어렵다. 만일 중국의 소동파
가 이곳을 본다면 의당 중국 월나라 미인 서시西施와 비교하였을 것이다. 그 노닐
며 구경하는 운치는 「십사관시十四觀詩」에 자세하게 기술되어 있다.

중대동의 동북쪽으로 하나의 봉오리가 홀로 솟아 머리처럼 생기어 펑퍼짐하게
흘러내리는 산봉오리가 있으니, 그것은 대문수大文峀라 부르고, 대문수 남쪽에 솔
밭처럼 솟아 일어난 것이 훌쩍 날아오르는 듯한 것은 삼공봉三公峰이고, 비스듬히
경계진 양쪽 골짜기 사이에 돌고 굽이쳐서 동쪽 바다로 들어가는 것은 포포천㢱㢱

浦川이다.

내의 북쪽에 문수봉에 딸린 겹친 산언덕이 있는데, 이것은 삼공봉을 바라보고 있으며, 우묵하고 널찍하여 물을 안고 도는 곳으로, 특별히 하나의 작은 구역을 이루니, 이곳이 구산동이다. 구산동을 가로질러 서북쪽에서 동남쪽으로 콸콸 흘러가는 물줄기가 용계龍溪이다. 이 용계를 따라 양쪽 가에 밭 2경이 있으니, 이것은 동안거사 외가에서 전해오는 시지柴地이다. 땅은 비록 메마른 박토지만 몇 식구의 집안이 의지해서 먹고 살 만하다. 이에 시내의 서쪽 밭의 잘록한 언덕 위에 집을 짓고, 도연명의 「귀거래사歸去來辭」에 나오는 '심용슬지이안審容膝之易安'이라는 구절의 글귀를 취하여 용안당이라 이름하였다.

용안당의 남쪽에 차가운 물이 퐁퐁 솟아오르는 샘이 있는데, 가물어도 더 줄지 않고, 비가 와도 더 많아지지 않으며, 차고도 차가워서 시원한 기운이 사람을 엄습하여, 손으로 들기도 전에 몸이 이미 시원해진다. 그로 인하여 그 위에 정자를 짓고 소나무, 대나무를 섞어서 심고, 화초를 빙 둘러 심어놓으니 비록 소박하여 화려하지는 않으나, 누추한 데까지는 이르지 않았다. 『장자莊子』의 「제물편齊物篇」에 나오는 글귀인 '물은 주입해도 가득해지지 않고, 퍼내도 마르지 않으며 그 나오는 근원을 알 수 없는데 이것을 보광이라 한다'를 취하여 이름을 보광정이라 하였다.

보광정 가운데에 엷은 돌을 깔아서 자리를 만들고, 그 가운데 작은 우물을 파서 음식을 짓는데 쓰일 수 있도록 해놓고, 설당거사雪堂居士 소동파의 「전중시田中詩」의 '한번 배부름

표음정의 맑은 물은 가뭄에도 마르지 않고 옛날처럼 한결같이 흘러내리고 있다.

은 기약할 수 없으나 한 바가지의 물은 기약할 수 있다'라는 시구를 취하여 표음정瓢飮亭이라 하였다.

보광정 아래 쪽에 네모진 모양의 연못을 파서 연꽃을 심고 물고기를 기르니, 큰 은어가 연꽃과 연잎 사이에 떴다 잠겼다 하여 헤엄치고 노니니, 제자리를 찾아 그 쉴 곳을 얻은 듯하였다. 이것이 바로 물고기의 즐거움이라 하겠도다.

또 '어찌 내가 고기의 즐거움을 알겠는가"라는 장자의 제물편의 말을 취하여 지락당知樂堂이라 이름지었다. 마침 장삼을 입고 죽장竹杖을 짚고, 학의 털로 만든 옷을 입고 윤건綸巾을 쓴 자가 시원한 바람을 타고 왔다. 인도하여 더불어 못가에 앉아서 맑고 아담한 담소 끝에 반드시 맛난 술은 아니더라도, 있는 그대로 잔질해 따루어 마시니, 마시는 술은 부족하나 맑은 즐거움은 끝이 없었다. 술에 의탁해 산과 물의 흥취에 흠뻑 취하였다. 인하여 산보하며 흥얼거려 노래를 지어 부른다.

이 산이여	玆之山兮
기이하고 안온하도다	奇且安兮
여생이 얼마나 남았겠는가	餘生能有幾分
벼슬에서 물러난들 어찌 재미가 없을 손가	廉退豈无味兮
임금 성덕을 노래하여 영원히 전하고	歌聖德而傳不朽兮
불경을 옮겨다가 장수를 축원한다.	轉海藏而爲遐籌兮
여기서도 우리 임금을 받들어 모시는데	於焉足足而奉吾君兮
어찌 궁궐로 달려 나가야만 하겠는가	夫何芯造於東華之門兮

지금 고려정원인 구동 용계별서의 모습은 땅속에 묻혀 그 흔적을 찾기 어렵다. 최근 발굴을 통해 연못자리와 집터를 찾았으나 긴 세월에 훼손이 심하여 아직 그 원형을 확인해볼 수 없다. 용안당은 천은사 주지스님의 요사체에 당호로 붙어 있으며, 보광정은 천은사 누각의 당호가 되어 자리를 지키고 있다.

이승휴는 71세가 되던 1294년에 홀연히 용안당 현판을 '간장사'로 바꾸어 불가에 희사하였다. 이승휴는 유학을 공부하였으나, 만년에는 부처를 좋아하여 삼화사에서 불경을 빌려다 열람하기를 10여 년 동안 하였다. 모든 욕심을 버리고 자유인이 되어 속세를 떠나면서 그는 마지막으로 「공양절구시供養絶句詩」 한 수를 남겼다.

얕고 푸른 산기슭에 조그마한 암자를 지으니	淺碧山麓構小庵
밝은 창 아래 십년 동안 천상자의 불경을 읽었네	明窓十載轉千函
전지를 희사하고 보시를 바쳐 간장사라 이름하니	捨田施納名看藏
영원히 선문의 맑고 좋은 가람 되겠네	永作禪門淨勝藍

이승휴의 불가에 대한 귀의는 자식대로 이어졌다. 세 명의 아들 가운데 둘째는 출가하여 승려가 되었는데 법명은 담욱曇昱으로 승과에 급제하여 선문禪門의 종사宗師가 되었다. 이후 간장사는 흑악사黑岳寺로 이름을 바꾸었다가 조선 말 천은사로 이름을 바꾸어 현재에 이른다.

산사로 가는 길

천은사는 절 입구 마을 내미로리에 서 있는 『천은사기실비天恩寺紀實碑』부터 시작된다. 절의 역사를 기록하고 있는 『천은사기실비』는 당시 박한영朴漢永이 비문을 짓고, 향토 서예가인 심지황沈之潢이 글을 썼다. 1921년에 세워진 것으로 100년이 채 되지 않았지만 이미 석화가 피어 고색창연한 맛을 느끼게 한다.

특히 기단의 귀부는 자연돌을 대충 다듬어 거북의 형태를 만들고 약식으로 거북의 얼굴을 새겼는데, 그 모습이 삼척사람을 닮아서 너무나 소박하다. 비신에는 절의 역사가 가득히 들어 있다. 비문 속으로 들어가 절의 역사를 알아보자.

천은사의 주산은 두타산이다. 동해바다를 병풍처럼 둘러치고 있는 백두대간의 한가운데 연꽃처럼 솟아 있는 두타산의 서쪽에 동해바다를 바라보며 천은사가 있다. 두타산에는 백련대白蓮臺, 청련대靑蓮臺, 금련대金蓮臺, 흑련대黑蓮臺의 네 개의 절이 있었는데 그 가운데 지금의 천은사인 백련대가 으뜸이었다.

천은사는 네 번에 걸친 큰 변화를 겪으면서 절 이름을 바꾸었다. 천은사가 창건될 당시의 첫 번째 이름은 백련대였다. 통일신라 말 829년(흥덕왕 4)에 서역에서 선승이 불골佛骨을 가지고 와서 두타산에 머물면서 네 개의 절을 지었다. 동쪽의 청련대는 지금의 지상사地上寺이며, 남쪽의 금련대는 지금의 영은사, 북쪽의 흑련대는 지금의 삼화사三和寺이다. 그리고 서쪽의 백련대가 바로 지금의 천은사이다. 한편 천은사 창건에 대한 이야기는 범일국사가 당나라에 갔다가 돌아와 삼화사를 비롯한 세 개의 절을 지었는데, 그 가운데 하나가 천은사인 백련대라는 설도 있다.

천은사기실비.

이후 사찰은 황폐해져서 칡덩굴과 쑥밭이 되었는데, 고려 문종(1047~1082년) 때 산림과 소택沼澤을 관리하는 관인인 우인虞人이 활을 차고 노루를 쫓아가다가 갑자기 가시밭 속에 남아 있는 절을 보고 감복하여 마침내 절의 문을 만들고 선당을 지어 그곳에서 살았다.

천은사의 두 번째 절 이름은 간장사이다. 고려 충렬왕(1275~1308) 때 이승휴가 은퇴하여 이곳에 정자를 짓고 『내전록』을 저술하였다. 이후 그가 전답과 별장을 불가에 희사하여 간장사를 만들었다. 삼화사에서 불경을 빌려다 오랫 동안 본 것을 기념하기 위하여 절 이름을 간장사라 한 것이다.

천은사의 세 번째 이름은 흑악사이다. 우리에게 서산대사西山大師로 잘 알려진 조선시대 청허대사淸虛大師가 금강산에서 이곳으로 와서 절을 중건하였는데 주봉이 푸르고 검다 하여 흑악사라고 절 이름을 고쳤다. 임진왜란 때 천은사는 절과 탑이 불에 타서 재가 되었다. 오직 깊숙이 있던 절간 한 동만이 겨우 남아 명맥을 유지하고 있었다.

임진왜란이 끝난 이듬해인 1599년(선조 32)에 청허대사가 금강산으로부터 와서 그의 제자 성윤性允과 영운靈運으로 하여금 수백 명이 참여하는 선사를 결성하도록 하였다. 그리고 이들로 하여금 불사를 크게 일으켜서 응진전, 백련당, 청련당, 동별당, 설선당說禪堂, 심검당尋劍堂, 범종루梵鐘樓 등을 지었다. 그 모습이 마치 큰 성과 같았다. 이후 흑악사는 청허대사의 선교관 즉 '선은 부처님의 마음이고禪是佛心, 교는 부처님의 말씀이다敎是佛語'라고 하는 정신을 실천하는 사찰로 발전하였다. 여러 차례 중수가 있었고, 새롭게 돌층계, 칠성각, 진영각 등을 만들었으며, 고종 때에는 주변 토지를 매입하여 나무를 심고 개간하여 논밭을 만들기도 하였다.

네 번째 이름이 지금의 천은사이다. 1899년(광무 3)에 왕실에서 노동리와 동산리에 태조 이성계의 4대조인 목조 이안사의 부모 묘, 즉 준경묘와 영경묘를 중수하면서 이곳에 조포소造泡所를 두었다. 조포소는 왕릉이나 원에 딸려서 제향이나 중수 등에 소요되는 두부를 맡아하는 절을 말한다. 천은사는 조포소가 설치된 절로 이중하李重夏가 임금의 은혜를 입은 절이라는 의미에서 절 이름을 천은사로 바꾸었다. 지금 천은사 입구에 있는 맷돌과 통방아 등은 바로 이와 관련된 유적들이다.

현재의 천은사는 또 한 사람, 문일봉 현 주지스님의 의지가 만들어낸 것이다. 천은사는 1948년 화재로 불타서 완전히 폐허가 되었다. 다만 본전에 있던 삼존불만 겨우 화재를 면하여 삼척시내에 있는 포교당布敎堂으로 자리를 옮겨 모시고 있었다. 이렇게 폐허로 남아 있던 천은사에 1972년 된장, 간장 한 종지 씩을 안고 젊은 스님 한 분이 산을 넘어 찾아 왔다. 월정사에서 수행보다는 교무일로 나날을 보내던 스님은 수행을 위한 도량을 찾아 헤맨 끝에 천은사를 발견한 것이다.

잡초 속에 묻힌 축대와 몇 기의 부도만이 외로이 지키고 있던 천은사에 들어와 움막을 짓고 농사를 지으면서 수행을 하였다. 버려져서 잊혀진 절이었기에 도로마저 없어진 깊은 산속에 우사牛舍를 짓고 소를 먹이면서 옛날 이승휴가 농사지어 부모를 봉양했던 용계천변 땅을 일궈 농사를 지었다. 이를 바탕으로 뒷산의 나무를 옮겨 법당을 짓고 삼존불을 다시 모시면서 천은사는 제 모습을 찾기 시작하였다.

그러던 1973년 쌍용양회에서 석회석 광산 개발을 이유로 삼화사와 함께 천은사가 이전해야 할 처지가 되었다. 삼화사는 그 자리를 떠나 새로운 곳으로 옮겨갔으나 문일봉 스님은 단호하게 거절했다. 오히려 쌍용으로부터 사찰 소유 산을 석회석 광산으로 임대하고 그 임대료로 천은사를 하나씩 하나씩 복원하였다. 문헌 속에서만 존재할 뻔했던 천은사를 구한 것이다. 극락보전을 본전으로 하여 약사전藥師殿·설선당說禪堂·육화료六和寮·영월루映月樓·용안당容安堂·삼성각三聖閣·범종각梵鐘閣·일주문一柱門 등을 중창하여 사격寺格을 갖춰 오늘에 이르고 있다.

역사는 유적·유물로 남고

천은사에는 긴 역사만큼 많은 유적들이 남아 있다.

일주문을 지나고 해탈교 다리를 지나면 느티나무 숲 속에 천은사가 숨은 듯이 자리하고 있다. 몇 백 년은 족히 넘었을 것같은 큰 느티나무들이 하늘을 가리고 서 있고, 최근에 지어지긴 했지만 천은사의 많은 건축물들은 제각각의 모

습으로 자리하고 있다. 극락보전을 중심으로 그 계단 좌우에 선방과 승방인 설
선당과 육화료가 있고, 마당에는 오층석탑이 있다. 극락보전 우측 뒤편에는 삼
성각, 좌측에는 약사전이 배치되어 있다. 탑의 아래쪽에는 영월루가 있으며 그
좌측 앞에 범종각이, 육화료 뒤편 약간 아래쪽에 용안당 건물이 있다.

극락보전 안에는 목조아미타삼존불이 봉안되어 있다. 1948년 화재 때 불을
피해 삼척시내 삼장사로 옮겨갔다가 다시 천은사가 복원되면서 모셔온 불상
이다. 삼존불은 아미타불을 중심으로 좌우에 관음보살과 지장보살이 협시하
고 있다. 불상의 크기는 등신대等身大로 본존과 보살 사이에 규모는 물론이고 법
의法衣, 수인手印 등 큰 차이는 없다. 전체적으로 단정하고 우아한 인상과 듬직한
분위기를 풍긴다.

목조아미타삼존불은 조선 전기의 불상으로 추정된다. 1976년 이들 불상을

아미타삼존불. 나무로 만든 목불로 조선전기의 불상으로 추정된다. 아미타불을 중심으로 관세음보살과 지장보살이 좌우에 협시보살로 자리하고 있다.

개금改金할 때 복장腹藏에서 『법화경』과 함께 두장의 「개금발원문改金發願文」이 나왔다. 1798년(정조 22)에 작성된 「아미타불원문阿彌陀佛願文」과 1922년에 작성된 「삼존불개금후불탱개채원문三尊佛改金後佛幀改彩願文」이 그것이다. 이 기록에 의하면 삼존불의 최초 조성 시기는 알 수 없지만 1596년(선조 29)과 1736년(영조 12), 1798년(정조 22), 그리고 1922년에 개금이 있었음을 알 수 있다. 그리고 삼존불의 형식을 볼 때 대체적으로 16세기 경에 조성된 조선 전기 불상으로 추정된다. 조선 전기의 불상이 흔치 않은 현실에서 이 삼존불은 미술사적으로도 매우 중요한 가치가 있다.

천은사에는 통일신라의 것으로 추정되는 금동약사여래입상이 있다. 이 불상은 1985년 천은사에서 출토된 것으로 일반인들에게 공개하지 않는 대신 이 불상을 모방·확대하여 약사전에 봉안하였다. 대좌의 일부분이 파손되었으며 얼굴은 다소 마모되어 있다. 도금은 거의 박탈되었으나 부분적으로 흔적이 엿보인다. 머리는 나발螺髮과 육계肉髻를 갖추었으며, 상호相好는 원만한 편이나 마모로 인하여 형체가 뚜렷하지 않다. 법의는 통견通肩이고 오른손은 밑으로 향하고 왼손은 약간 옆으로 들어 약병을 받치고 있다. 대좌臺座는 앙련仰蓮과 복련覆蓮이 연접되어 있다. 전체 높이는 14센티미터이고 불신은 10센티미터, 대좌는 4센티미터이다. 이 불상의 출처는 확실하지 않다.

천은사에서 가장 분명하게 남아 있는 것이 축대이다. 축대는 영월루 아래 범종각과 북쪽의 용안당까지 약 53미터가 남아 있다. 화강암을 다듬은 5단 정도의 장대석으로 2~3미터 높이로 쌓았다. 축성 시기는 정확하게 파악할 수 없으나 자연석과 인공석의 적절한 조화를 이루면서 쌓여진 축대는 우리나라 축대가 가지는 전형적인 아름다움을 보여준다. 그리고 이 축대의 왼쪽으로 약간 치우쳐서 계단이 설치되어 있다. 화강암의 장대석을 이용하여 설치된 이 계단은 조선 후기의 것으로 추정된다. 『천은사기실비』의 기록에 의하면 1772년(영조 48)에 돌을 다듬어 층계를 만들면서 사찰의 미관이 새롭게 되었다고 기록하고 있다.

이승휴와 관련된 유적은 우물지와 연못지가 있다.

이승휴는 보광정 아래에 네모진 모양의 연못 지락당을 파서 연꽃을 심고 물고기를 길렀다고 전해진다. 현재 천은사 경재 약사전 왼쪽에 조그마한 우물이 있는데 이것이 당시의 표음정으로 알려져 있다. 이 우물은 땅속 바위틈에서 넘쳐 솟아올라 연중 끊임없이 흐르는 자연샘물이다. 한편 연못지는 발굴에서 확인되었으나 그 위치가 현재 이승휴 사당 바로 앞쪽에 있어서 이승휴가 만든 지락당은 아닌 것으로 생각된다. 이 연못은 물방아를 거쳐 나온 물들이 최종적으로 고여 있었던 곳으로 추정된다. 마을 주민들의 증언에 의하면 1950~1960년대까지 이곳에는 물이 고여 있어서 겨울에는 동네 아이들이 얼음지치기 놀이를 하였다고 한다. 이승휴 유적을 찾기 위한 노력은 오늘도 계속되고 있다. 최근에 건립된 이승휴의 사당인 동안사는 이곳이 이승휴의 유허지임을 확인시켜준다.

천은사 입구 통방아.

천은사 입구 느티나무 숲 속에는 세 개의 통방아가 있고, 주변에 돌확들이 흩어져 있다. 방아터는 1차 발굴에서 세 개가 확인되었다. 자연지형을 최대한 이용하여 지형상으로 위쪽 높은 곳에서 낮은 아래쪽으로 수로를 연결하여 시설한 통방아이다. 지금은 복원되어 옛 모습을 볼 수 있다. 그리고 해우소 부근에는 연자매와 맷돌, 돌확 등이 있다. 특히 맷돌은 자연석 위에 아래짝을 새기고 그 위에 위짝만을 만들어 올린 것으로 입구에서 천은사의 상징처럼 자리하고 있다. 이 유적들은 1899년(광무 3)에 준경묘와 영경묘를 중수하면서 천은사에 조포소를 설치한 것과 관련된다. 준경묘와 영경묘를 중수하면서 소요되는 두부를 담당한 천은사는 이를 만들기 위한 통방아와 맷돌, 연자방아 등이 필요했다. 준경묘와 영경묘 중수사업이 끝난 후 통방아와 맷돌, 연자방아 같은 시설들은 큰물에 휩쓸려 땅속으로 묻히고 말았다.

천은사에는 도요지와 와요지가 있다. 도요지는 용안당 뒤쪽 산 경사면에 위치하고 있다. 이 도요지는 현 주지스님이 불사를 위해 필요한 흙을 파는 과정에서 많은 청자편과 불에 탄 흙이 발견되어 알려졌다. 이 가마는 비교적 규모가 작은 장타원형의 가마로서, 그 구조는 소성실燒成室이 1개인 단실요이다. 바닥은 경사면을 이용하여 지하면을 약간 파서 조성하였고, 천정은 남아 있지 않지만 등요登窯와 같은 지상토축일 가능성이 높다. 수습된 유물들은 순청자 계통의 대접이 가장 많으며, 그 외에 접시, 완, 도지미 등이 있다. 일부 연화문을 음각·양각으로 새긴 것이 있으나 대부분 문양이 없다. 이들 유물의 양상을 볼 때 대체로 12~13세기의 가마로 추정된다.

천은사 도요지의 의의는 강원도에서 확인된 최초의 청자가마터라는 것이다. 고려시대 청자가마가 전국에서 흔하지 않은 상황에서 그동안 강원도에는 청자 가마터가 전무하였는데, 천은사에서 청자가마터가 확임됨으로써 도자사 연구에 매우 중요한 자료가 될 것으로 전망된다. 그리고 이곳에서 구운 청자가 바로 산너머인 옛 삼화사 뒷산의 무덤에서 출토되었는데, 국내에서 발견된 청자 가운데 생산지를 알 수 있는 것은 극히 드물다. 특히 사찰 내 도요지이기 때문에 사찰에서 도요지를 직접 경영했다면 고려시대 사원 경제와 관련하여 중요한 의의를 가진다.

와요지는 천은사 경내에서 두 군데 발견되었다. 하나는 불이교不二橋의 오른쪽인 북쪽편 약 50미터 지점인 산 경사면에 위치한다. 1978년 수로개설 공사시에 유구의 대부분이 파괴되어 흔적 일부분만이 남아 있다. 와요지 유구의 바닥에는 숯이 많이 남아 있고, 가마 상부는 약 50센티미터까지 퇴적층이 덮여 있다. 그리고 유구 내의 바닥면부터 상부까지 기와와 점토를 겹겹이 쌓은 상태로 되어 있다.

현재 노출되어 있는 가마의 폭은 185센티미터, 깊이는 140센티미터이다. 그리고 다른 하나는 남쪽 경작지 내의 산기슭에 위치한다. 이 같은 와요지는 조선시대의 것이다. 조선시대의 사찰은 관아 등에서 필요로 하는 종이나 기와 같은 물품을 제작하여 납품해야 하는 의무를 가지고 있었다. 고려시대 도요지가 사찰의 수입원이었다면, 조선시대

청자도요지.

와요지는 사찰의 의무사항이었다. 천은사에 존재하는 고려시대 도요지와 조선시대 와요지는 당시 사찰의 위상을 상징적으로 보여준다.

한편 천은사에도 부도밭이 있다. 도요지의 남동쪽 약 30미터 지점 산자락에 위치한다. 가장 위쪽에 해운당대선사海雲堂大禪師 원숙珇淑의 부도와 비석(1746년)이 있다. 그 오른쪽에 이름 없는 부도 1기가 있다. 이들의 아래쪽에는 용파당聳波堂의 부도비(1829년)가 있고, 오른쪽에 인담당대선사仁潭堂大禪師 영순泳淳의 부도와 부도탑비가 있다. 이들 부도는 모두 조선시대 부도의 일반적인 형식인 석종형石鐘型이다. 이제 이 부도밭에 부도가 하나 둘씩 늘어날 것이다. 천은사에 살았던 스님들의 흔적이 종모양의 돌이 되어 천은사를 지킬 것이다.

소나무숲 사이로 바라본 준경묘.

준경묘와 영경묘 그리고 공양왕릉

고려와 조선의 기구한 만남

삼척은 고려 멸망과 조선 건국의 묘한 인연이 만나는 곳이다.

조선을 건국한 태조 이성계가 고려의 마지막 왕인 공양왕을 삼척에서 교살하였다. 태조 이성계는 1394년(태조 3) 3월에 간성에 유배되어 있던 폐왕廢王 공양왕과 그의 두 아들을 삼척에 안치하였다가 반역을 도모한다고 하여 그 해 4월에 공양왕 삼부자를 삼척시 근덕면 궁촌에서 교살하였다. 이처럼 삼척은 고려의 역사가 마침표를 찍은 곳이다.

또한 삼척은 조선의 건국이 시작된 곳이다. 전주의 유력한 토착세력이었던 이성계의 4대조 목조 이안사는 관기문제를 계기로 170여 호의 자기 세력을 거느리고 전주를 떠나 삼척에 정착하였다.

이들은 전주를 떠나 의주로 이주하기까지 약 17년간을 삼척에 거주하였다. 이안사가 삼척에 머무는 동안 그의 부모가 사망하여 삼척에 장사지냈다. 이것이 바로 준경묘와 영경묘이다. 준경묘와 영경묘는 5대 안에 왕이 출생하여 이 나라를 제압하고 창업주가 될 명당으로 알려져 있다.

즉 태조 이성계가 왕이 되어 조선을 건국할 기반이 바로 삼척에 있는 준경묘, 영경묘라는 것이다. 오늘도 준경묘와 영경묘에는 그 긴 역사를 말해주는 우리나라 최고의 소나무가 수호신처럼 장대한 모습으로 하늘을 향해 서 있다.

조선의 시작

이성계의 4대조 이안사와 그의 아버지 이양무가 전주에서 삼척으로 이주하게
된 배경은 『용비어천가』와 『태조실록』「총서」에 기록되어 있다.

이안사는 성격이 호방하여 사방에 관심을 두었다. 처음 전주에 있을 때 나이
가 20여 세가 되자 용기와 지략이 남보다 뛰어났다. 그런데 산성별감山城別監이
왔을 때 주관州官이 이안사가 총애하는 기녀를 바쳐 시중들게 하였다. 이에 불
화가 생겨서 주관이 이안사에게 화를 내었고, 이안사가 말로써 주관을 능멸하
였다. 주관이 안렴사와 의논하여 조정에 알리고 군대를 동원하여 그를 처벌하
려 했다. 이안사가 그 소식을 듣고 삼척으로 이주하였는데 인척과 친구들 가운
데 그를 따라서 옮기기를 원하는 자가 170여 호였다고 한다.

이안사는 1236년(고종 23) 가을 무렵 전주를 떠나 다음 해 봄 현재의 삼척시
미로면 활기리 일대에 정착하였다. 이곳을 이안사가 머문 곳이라 하여 황기皇
基라 하였고, 이것이 변하여 활기리가 되었다. 이들의 최종 목적지는 의주였기
때문에 삼척에 머물면서 배를 건조하였다. 그리고 1253년(고종 40) 겨울 혹은
그 이듬해 봄 삼척을 떠나 의주로 이주하였다.

지금도 전주 이씨들이 삼척시 미로면에 다수 거주하고 있는데, 이들은 이안
사와 함께 전주에서 삼척으로 왔으나 의주로 이주할 때 함께 가지 않고 삼척에
남아 있었던 사람들의 후손으로 생각된다. 이안사는 삼척에 머무는 동안 평창
이씨인 효공왕후와 결혼하였다. 그런데 이 효공왕후의 모친 돌산군부인 정씨
는 삼척을 본관으로 하는 삼척 김씨 김인궤의 외손녀였다.

따라서 삼척은 목조 이안사의 장모인 돌산군 정씨의 외향으로 효공왕후의
외외향인 셈이다. 이런 이유로 태조 이성계가 하사한 홍서대는 삼척 김씨 문중
에서 보관하고 있다.

백우금관의 전설

이안사가 부친상을 당하여 묘터를 구하려고 사방을 헤매다가 노동盧洞에 이르러 나무 밑에서 쉬고 있었다.

이때 한 도승이 지나가다 걸음을 멈추고 주위를 두루 살펴보고 인적이 없는 것을 확인한 후 혼잣말로 '참 좋구나. 대지天地로다'라고 하였다. 이안사가 나무 밑에 앉아 있었기 때문에 듣는 사람이 없는 줄 알고, 도승은 계속해서 '개토제開土祭에 소 일백 마리를 잡아 제사를 지내고 관을 금으로 만들어 장사지내면 5대 안에 왕이 출생하여 기울어 가는 이 나라를 제압하고 창업주가 될 명당이로다'라는 말을 남기고 사라졌다.

이 말을 들은 이안사는 곧장 집으로 돌아와 생각에 골몰하였으나 가난한 살림살이에 소 백 마리와 금으로 만든 관을 구하는 것은 불가능했다.

이안사는 궁리 끝에 흰 소를 한자로 쓰면 백우白牛이므로 숫자상 일백 백자와 발음이 통하니 백우白牛가 되어, 소 일백 마리는 흰 소 한 마리로 대신하고, 귀리 짚이 황금색이니 이것으로 금관을 대신하면 될 것이라 판단하였다. 마침 처가에 흰 소가 있었는데, 부인에게 내일 밭갈이를 하려고 하니 처가의 흰 소를 잠시 빌려오라고 하였다.

다음날 부인이 흰 소를 몰고 오자 이 소를 노동으로 몰고 가 잡아서 제물로 사용하고 황금색 귀리 짚으로 관을 만들어 장사를 지냈다. 이렇게 장례를 치른 후 이양무의 5대손인 이성계가 마침내 왕이 되어 조선을 건국하였다.

준경묘와 영경묘의 위치

목조의 아버지 이양무의 묘인 준경묘는 삼척시 미로면 활기리에 있고, 어머니의 무덤인 영경묘는 삼척시 미로면 하사전리에 있다. 그런데 이 준경묘와 영경묘가 조선 건국 당시부터 목조 부모의 묘로 공식 인정된 것은 아니었다. 이 두 묘가 목조 부모의 묘로 공식 인정되고 준경묘와 영경묘로 추봉追封된 것은 1899년(광무 3)이다.

목조의 부모가 언제 사망하였는지는 정확하게 알 수 없지만 전주에서 삼척으로 이주한 후에 삼척에서 사망하여 장사지낸 것은 분명한 사실이다. 그런데 목조가 삼척에 정착한 후 얼마 되지 않아 다시 의주로 이주하였기 때문에 삼척에 있는 목조 부모의 묘를 잃어버렸다. 이에 조선의 역대 왕들은 목조 부모의 묘를 찾기 위해 노력하였다. 그 과정에서 노동·동산의 두 묘(현재의 준경묘·영경묘)가 이미 태조 대에 목조 부모의 묘일 가능성이 있는 것으로 인정되어 이성계는 국제國祭를 지내고 수호군守護軍을 두었다. 그러나 노동·동산의 두 묘가 목조 부모의 묘가 확실하다는 증거가 없었기 때문에 태조 이후에는 계속 의문이 제기되어 공식적인 국릉國陵으로 추봉되지 못하였다. 따라서 때때로 봉심奉審을 하고 수호군을 두기는 했지만 봉축도 하지 않았으며 향사享祀 등 전례도 거행하지 않았다.

선조 이후에는 목조 부모의 묘가 태백산 황지 부근에 있다는 주장이 계속 제기되어 인조 대에는 대대적인 조사가 이루어지기도 하였다. 또 숙종 대에는 목조 부모의 묘가 삼척부 남쪽 위천葦川 부근에 있다는 새로운 주장이 제기되기도 하였다. 정조 이후 황지부근 위치설, 위천부근 위치설 등과 같은 이설異說이 수그러들자 다시 노동·동산의 두 묘에 대한 관심이 고조되었다. 특히 고종 대에 들어와서 전주 이씨 종친들이 두 묘의 관리에 노력을 기울였다. 이러한 노력의 결과 노동·동산의 두 묘는 마침내 1899년(광무 3) 4월에 목조 부모의 묘를 공식 인정되어 준경묘·영경묘로 추봉되었다.

준경묘 가는 길

준경묘가 있는 삼척시 미로면 활기리는 태백산맥의 한가운데 자리하고 있다. 38번 국도를 타고 삼척에서 도계 방향으로 가다가 미로면 소재지를 지나 고개를 넘어서면 안내 표지판이 나타난다. 오른쪽으로 하천을 따라 좁은 골짜기로 들어가면 한국전통건축학교를 지나 마을이 나타나는데 이곳이 활기리이다. 마을 입구에서 왼쪽으로 1.8킬로미터를 올라가면 준경묘이다.

마을에서 골짜기를 타고 준경묘로 올라가는 길은 헐떡고개이다. 시멘트 포장이 된 급경사의 굽이길은 오래가지 않는다. 일단 산능선에 올라서면 그 다음부터는 평지다. 능선에 올라 한숨 돌리면 아름드리 떡갈나무가 길가에 도열하듯이 서서 객을 맞이한다. 산모롱이를 돌고 도는 참 아름다운 길이다. 평지여서 육체적인 부담이 없는 탓도 있지만 주변의 소나무가 범상치 않다. 사람들이 많지 않아 다람쥐들이 앞서 달리기도 하고, 꿩들이 날아다니기도 한다. 운이 좋다면 고라니도 볼 수 있다.

까마득히 아래로 내려다보이던 개울이 바로 길 옆으로 다가설 때 쯤 계곡은 좁아지고 작은 산이 앞을 가로 막는다. 고개에 올라서면 준경묘가 나타난다. 깊고 푸른 하늘을 배경으로 한 무덤 주위를 마치 수호신처럼 소나무들이 둘러서 있다. 산꼭대기에 어떻게 이런 곳이 있을 수 있을까하는 생각이 들 정도로 묘한 곳이다. 안으로 얕은 산들이 둘러싸고, 좀 더 높은 산들이 약간 떨어져 그 밖을 에워싸고, 산 위에는 아름드리 소나무 군락이 둘러져 있다. 그 안으로 푸른 들풀들이 깔려진 동그란 평지가 있다.

고개를 내려서서 준경묘 입구에 들어서면 다른 왕릉처럼 창포가 자라는 작은 연못이 있다. 홍살문을 지나고 오른쪽 비각 안에는 '대한준경묘大韓濬慶墓'라고 새겨진 비석이 이곳이 준경묘임을 말해준다. 맛배지붕의 제각祭閣이 있고, 그 옆에는 가뭄에도 마르지 않는 샘이 하나 있다. 예쁘게 생긴 돌거북 아래에서 흘러나오는 샘물의 맛은 어머니가 건네주시던 한사발의 시원한 바로 그 물

준경묘 전경.

맛이다.

　준경묘에 올라서면 이곳이 아늑한 어머니의 품처럼 느껴진다. 어머니 품 안
은 언제나 우리가 돌아가 쉬고 싶어하는 마음의 고향이다. 준경묘에서 앞을 보
면 두 개의 볼록한 봉오리가 어머니가 자식을 안기 위해 세운 무릎 같다. 어떻
게 보면 따사로운 어머니의 젖가슴 같기도 하다. 정겹게 생긴 산과 소나무로
둘러싸인 품 속에는 새들이 노래하고 햇살이 내리는 따스함 속에 산들 바람이
분다. 참 좋은 곳이다. 풍수지리에 문외한이라고 하더라도 이곳이 바로 인간이
가장 쉬고 싶어하는 땅, 명당임을 알 수 있다.

　실제로도 지관 최영주崔濚周는 준경묘를 조선의 건국을 가져온 군왕지지君王之
地로 평가하였다. 태백산맥 용의 큰 줄기가 동쪽으로는 동해를, 서쪽으로는 크
고 작은 강과 산을 호위병처럼 거느리고 내려오다가 주필산인 강릉 대관령을

이루었다. 여기서 다시 강릉시 왕산면 만덕봉에서 기氣를 모아 아래로 강하게 쏟아 붓는 산인 과협過峽을 놓는다. 이 산에서 오른쪽으로 돌아 삼척시 두타산을 일으키고, 다시 남쪽으로 내달려 오다가 동남쪽으로 들어와 붓끝처럼 생긴산 즉 목성인 노동산에서 혈穴을 만들었다. 좌향은 동향 신좌을향辛坐乙向이다. 혈 주위 산들은 천을·태을·천관지축을 온전히 구비한데다 입구의 왼쪽 산은 상상산上相山(영의정)이고, 오른쪽은 상장산上將山(대장군)이니 더없이 좋다.

그런데다 이곳에서 10리 밖 오십천에는 독묘산이 북신北辰 형상이니 이 혈은 군왕지지의 증거가 아닐 수 없다. 북신은 북극성처럼 혈 앞에서 물의 흐름을 느리게 하는 산을 말하는 것으로 이런 산이 있는 곳에는 반드시 대명당이 있으나 아무나 묘를 쓸 수는 없다. 신기역 앞 환선굴 입구에 섬처럼 떠 있는 독묘산이 바로 준경묘의 북신인 것이다.

준경묘의 형국은 신선이 모여 있는 형인 선인취회형仙人聚會形이다. 준경묘에서 보면 좌우의 상상산과 상장산이 앞을 가려서 안산案山과 조산祖山을 볼 수 없는데, 혈의 방향이 두 산 사이의 낮은 곳을 향해 나 있으므로 안산과 조산이 그너머에 형성되어 있기 때문이다. 한편 혈의 역량이 이곳처럼 거대한 곳에서는 사소한 것들은 문제되지 않는다고 한다.

목조가 머물렀던 옛 집터 황기

목조 이안사가 머물렀던 곳이라 하여 황기라고 하였던 옛 집터는 준경묘 들어가는 입구를 지나 활기리 마을 끝자락에 있다. 집터에는 집은 없고 이안사가 살던 집터임을 표시해주는 비각 속의 비석만이 세월을 지키고 있다. 1899년(광무 3) 4월에 이안사 부모의 묘를 공식 인정되어 준경묘·영경묘로 추봉하여 대대적인 정비를 할 때 함께 집터임을 알리는 비석도 세웠다. 비석에는 '목조대왕구거유지穆祖大王舊居遺址'라고 새겨져 있다. 집터에는 숱한 봄 풀꽃들이 가득하

황기터. 집의 흔적은 찾을 길
이 없고 이곳이 황기터 임을
알려주는 비석만이 비각 속
에 세워져 있다.

고 옆으로 둘러쳐진 돌담에는 이끼만이 가득하다. 앞에는 소나무가 열을 지어
담장을 대신하여 바람과 하천의 물길을 막고 서 있다.

　17년간 이안사가 살다가 떠났듯이 바로 옆에 있는 작은 분교장도 34년의 짧
은 세월 동안 학생들이 머물다 떠나고 학교 역사를 알려주는 안내판만이 교문
옆에 서 있다. '미로초등학교 활기분교장 32회 졸업생 202명 배출, 개교 1966
년, 폐교 2000년 3월.' 학교 크기만큼이나 짧은 역사를 남기고 학교는 문을 닫
았다. 이곳은 영원히 정착할 곳은 아닌가 보다.

　전주 이씨 문중에서는 매년 4월 20일 이곳에서 제사를 모신다. 그래서 재실
齋室도 지었다. 지금은 교통이 좋아서 아침 일찍 출발하면 제사를 지내고 그날
로 돌아갈 수 있지만 옛날에는 그렇지 못했다. 그래서 일찍 와서 머물면서 음
식 등 제사를 준비하기 위하여 문중에서 재실을 지은 것이다.

준경묘와 영경묘를 모시기
위해 지은 재실.

준경묘와 영경묘를 모시기 위한 전주 이씨 재실은 집터 아래쪽 대나무 숲
안에 있다. 다리도 없는 개울을 건너면 소나무 네 그루가 제각각의 방향으로
가지를 드리우고, 그 나뭇가지 아래로 나 있는 돌계단이 재실로 가는 입구이
다. 계단을 오르면 행랑채와 담장으로 둘러싸인 재실이 자리하고 있다. 행랑
채 사이로 난 대문을 열고 들어서면 일자형의 재실이 있고, 역시 네 가닥의 가
지를 가진 향나무가 이곳이 준경묘, 영경묘에 제사를 지내기 위한 재실임을
말해준다.

재실 옆에는 소나무 묘포장이 있다. 문화재청에서 장기적으로 문화재 보수
를 위해 소나무를 육성할 목적으로 설립한 것이다. 우리나라 문화재를 보수하
면서 남의 나라에서 수입한 소나무를 사용할 수밖에 없는 현실에 대한 반성으
로 우리의 소나무를 키우는 작업은 시작되었다. 궁궐의 대들보를 꿈꾸며 소나

무 묘목들이 파랗게 자라고 있다. 우리 소나무를 키우는 긴 안목은 우리의 미래를 밝게 한다.

영경묘 가는 길

영경묘가 있는 삼척시 미로면 하사전리는 준경묘가 있는 활기리에서 산 하나 너머에 있다. 준경묘의 활기리로부터 북쪽으로 4킬로미터 정도 떨어진 곳에 영경묘가 있다. 이전에는 갔던 길을 돌아 나와서 38번 국도를 타고 가다가 다시 깊은 골짜기로 난 길을 따라 3킬로미터를 들어와야 했다. 그런데 최근 영경묘와 준경묘를 바로 연결하는 새로운 도로가 생겼다. 2킬로미터 남짓의 산 하나를 넘는 편안하고 정겨운 길이다. 견우직녀가 만나던 오작교 같은 도로이다.

　활기리에서 새로 난 도로를 따라 산을 넘어 내려서면 건너편 산에 소나무숲이 보인다. 그 속에 영경묘가 있다. 밖에서는 전혀 눈치채지 못할 곳에 영경묘가 있다. 작은 개울에 가로질러 있는 작은 다리를 건너 좁은 오솔길을 따라서 100여 미터를 오르면 홍살문이 이정표처럼 서 있다. 소나무 뿌리를 계단처럼 밟고 올라서면 홍살문과 비각, 그리고 제각이 있다. 곧게 뻗은 소나무들이 이들을 지키는 호위병처럼 둘러서 있다. 그런데 정작 묘는 제각의 오른쪽 산모롱이를 돌아가야 있다. 굵은 빗줄기가 내리듯 하늘을 향해 서 있는 소나무숲을 지나면 계곡은 V자 모양으로 갈라지고 가운데 둔덕에 영경묘가 있다. 준경묘에 비해 좁기 때문에 제각과 비각을 묘 앞이 아닌 입구에 둔 것이다.

　영경묘는 여러 가지 면에서 준경묘와 대비된다. 준경묘가 크고 당당한 남성의 맛이 있다면 영경묘는 작고 아담한 여성의 맛이 있다. 축대도 각돌로 쌓은 준경묘와는 달리 영경묘는 하천이 가까운 관계로 동글동글한 하천돌로 쌓았다. 그리고 주변의 소나무를 보아도 준경묘의 소나무가 웅대한 남성의 미를 과시하고 있다면, 영경묘의 소나무는 늘씬하지만 예쁜 여성의 미를 뽐내고 있다.

영경묘와 영경묘 앞 전경.

　영경묘에 올라서면 준경묘와는 달리 앞이 탁 트이면서 겹겹의 산들이 모두 영경묘에 배례하듯이 서 있다. 가까이는 좌청룡 우백호 작은 산이 좌우를 감싸고, 멀리는 태백 준령의 높은 산들이 영경묘를 향해 달려오는 형상이다. 영경묘는 작고 아담해서 그야말로 할머니의 모습을 닮았다. 봄날 영경묘 위에는 할머니의 영혼인 양 할미꽃이 가득 핀다.

　사람에 따라서는 준경묘보다는 오히려 영경묘를 명당으로 보는 견해도 있다. 옥한석 교수는 영경묘를 조선의 건국이라는 대업을 이룰 수 있는 대기大基로 평가하고 있다. 영경묘는 묘좌유향卯坐酉向으로 오십천의 한 지류가 만들어낸 조화로운 곳이다.

　일반적으로 좌향은 남향과 동향에 대지가 있다고 하나 반드시 그러하지는 않으며 북향대지北向大地라는 말이 있다. 이곳은 주산으로부터 혈처까지의 입수

入水는 가파르며 위태로워 보이고, 앞을 보면 안산인 득파도 없다. 오히려 조산을 바라보니 산이 향하는 반대편에서 거슬러 물이 들어오는 역수국逆水局을 이루고 있다. 역수국으로서 발복發福이 빠르고 오래가며 용의 기세와 사격의 순환으로 보아 이곳이 길지임에 틀림이 없다는 것이다.

영경묘는 수천 마리의 벌들이 꿀을 따서 벌통으로 줄을 지어 들어오는 형국인 봉소형蜂巢形이다. 조산을 살펴보면 좌우로 뻗어서 영경묘를 둘러싼 산들이 모두 혈처를 향하여 고개를 숙이고 내조하고 있는 형상이다. 그래서 제각과 비각을 지나 묘소에 이르는 오솔길 옆에 좁은 개울이 자연스럽게 흘러내리며 그 끝이 오므라들어 개울이 있는지 없는지 그 형상을 동네 어귀에서는 알기 어렵다. 그리고 봉소형에는 낮은 안산이 없는데 이는 벌들이 혈처 쪽으로 이동하기 쉽도록 나타난 산수의 배치이다. 또한 작은 개울물의 전면에 역수가 합수지점을 향하여 오도록 계곡이 열려 있다.

　멀리 백두대간의 중조^{中祖} 가운데 하나인 오대산으로부터 흘러나온 큰 줄기는 두타산에서 소조^{小祖}를 이루었다. 두타산의 주성봉^{主星峰}이 높이 용출하고 웅장하게 내려오다가 댓재에서 다시 동쪽으로 구불구불 굴곡활동을 하며, 상사전리의 중촌과 하사전리의 능재에서 두 번 지각^{枝脚}이 넓게 펴졌다.

　능재가 만들어낸 첫 번째 주봉 아래의 좁게 죄어진 잘룩한 곳에 바람을 타지 않고 전후좌우를 감싸주는 혈처가 바로 영경묘이다. 혈이 맺는 바로 뒤 입수처까지는 사람의 목처럼 결인^{結咽}하여 진룡^{眞龍}이 행차하는 기상을 보게 된다.

　영경묘에 올라서면 풍수지리에 문외한이어도 이곳이 명당임을 몸으로 느낄 수 있다. 아무리 추운 겨울에도 어머니의 품처럼 따뜻하고 안온함을 느끼게 한다. 그리고 묘소 주변의 소나무들이 하늘에서 비가 내리듯 온 산에 가득하다. 영경묘의 기가 산줄기만을 타고 내려오는 것이 아니라 곧게 뻗은 소나무를 타고 하늘에서 영경묘로 쏟아져 내려오는 듯한 인상을 받는다.

소나무 이야기

우리나라를 대표하는 나무는 소나무이다. 우리 민족의 '영원한 마음의 고향'으로서 우리 역사와 함께 살아온 것이 소나무이다. 그래서 우리 문화를 흔히 나무와 관련하여 '소나무 문화'라고 일컫는다. 소나무와 함께 태어나서 소나무와 함께 살다가 뒷산 솔밭에 묻힌다는 이야기는 소나무에 의존했던 농경문화의 특징을 함축하는 말이다.

　아이가 태어나면 솔가지를 금줄에 끼워 잡인의 출입을 막으면서 생을 시작하였다. 그리고 소나무로 만든 집에서 소나무로 만든 가구와 농기구를 이용하여 살다가 생을 솔밭에 묻히는 것이다.

　준경묘와 영경묘에 들어서면 우선 주변을 둘러싸고 있는 소나무에 감탄한다. 지금까지 보아왔던 볼품없이 왜소하고 굽은 소나무와는 전혀 다른 모습의 소나무들이 장쾌하게 펼쳐져 있다.

강원도 태백준령에 몰아치는 북서풍의 칼바람에도 아랑곳하지 않고 쭉쭉 곧은 모습으로 당당하게 서 있는 아름드리 소나무의 모습은 '강원도의 힘'이다. 준경묘와 영경묘의 소나무는 깊고 푸른 하늘을 배경으로 마치 수호신처럼 무덤을 지키고 서 있다. 시인 박희진은 준경묘의 소나무를 보고 솟아오른 감흥을 다음과 같이 노래했다.

준경묘 본 뒤 뇌리엔 자나깨나 금강 장송림長松林
나 못잊겠네 죽죽 뻗은 그 자태 하늘 향하여
백년 또 백년 오로지 상승上昇 한 길 신송神松될 밖에
하늘 땅 솔이 합심해 이룩해낸 신성神聖의 영역
상상만 해도 고개가 숙여지네 반만년 노송老松

경복궁의 대들보

우리나라에 가장 흔한 나무가 소나무이다. 그런데 삼척 준경묘, 영경묘에 있는 소나무는 소나무 가운데 소나무인 황장목黃腸木이다. 황장은 몸통 속이 누런 소나무의 속 고갱[心材]을 말한다. 죽은 세포로 구성된 심재는 살아 있는 세포로 구성된 흰 갓 재목邊材과 달리 건조하기 쉽고, 뒤틀림이 적으며 송진이 적절히 배어 있어서 잘 썩지 않는 장점이 있다. 실제 재질을 분석해 보면 일반 소나무는 단단한 속부분인 심재가 차지하는 비율이 52퍼센트인데 비해서 황장목은 몸통 속이 일반 소나무보다 훨씬 많아 심재율이 87퍼센트에 달한다.

나무의 강한 정도를 나타내는 압축강도는 황자목이 640킬로그램인 반면에 일반 소나무는 430킬로그램, 휨강도는 황장목이 975킬로그램인 반면에 일반 소나무는 741킬로그램이다. 따라서 송진으로 천연방부 처리된 황장목은 가볍고 단단할 뿐만 아니라 잘 썩지 않아서 예로부터 임금이 거주하는 궁궐재나 왕실 가족의 관곽재를 비롯한 목판 판각재 등으로 애용되었다.

조선시대 왕실에서 황장목을 확보하는 것은 산림 정책의 중요한 과업이었다. 조선 왕조는 개국과 함께 질좋은 황장목을 원활하게 조달하기 위해 일반 백성에 의한 도벌을 예방하고자 곳곳에 금산禁山을 지정하였다. 이런 금산에는 자연석에 금표禁標를 새겨 두어 나라에서 지정한 산림임을 쉽게 알 수 있게 하였다.

실제 삼척의 황장목은 경복궁을 복원하는 데 사용되었다. 삼척에는 경복궁 복원을 위한 황장목에 관한 이야기와 노래가 전해진다. 대원군 시절 경복궁을 복원하면서 필요한 많은 목재를 팔도에 배정하였다. 그 가운데 경복궁의 대들보로 쓸 만한 나무를 구하지 못해서 애를 태우다가 삼척의 사금산四金山과 삼방산三方山에서 이를 찾아내었다. 둘레는 6척 이상, 길이는 60척인 황장목이었다. 300여 명의 인부들을 동원하여 약 70리 길을 15일이 걸려서 삼척 덕산항까지 운반하여 배로 경복궁으로 실어갔다. 이 나무는 전국 최고의 나무로 경복궁의 대들보가 되었고, 사람들은 이 나무들을 경복궁 삼척목三陟木이라 하였다.

삼척은 고려·조선시대에 걸쳐서 국가에서 필요로 하는 목재를 공급하는 공급처였다. 따라서 국유림으로 지정받아 산림이 울창하였을 뿐만 아니라 몇 아름이나 되는 노송들이 장대 숲을 이루고 있었다. 이 소나무들은 모두 황장목인데 100미터 거리에서 담뱃대를 30~40센티미터 정도의 눈앞에서 보았을 때 소나무가 가려지지 않을 정도의 크기가 되어야 목재로 활용하였다.

소나무의 결혼

삼척의 소나무와 보은 소나무는 결혼을 하였다.

산림청 임업연구원이 한국을 대표하는 소나무에 혈통보존을 위해 10여 년의

연구와 엄격한 심사를 통해 우리나라에서 가장 형질이 우수하고 아름다운 소나무를 찾았는데 바로 준경묘 앞 소나무가 선발되었다.

나이 95세, 키 32미터, 가슴높이 둘레 2.1미터인 이 소나무는 충북 보은군 속리산에 있는 천연기념물 103호 정이품송을 신랑으로 맞이하였다.

2001년 5월 8일 신순우 산림청장이 주례를 맡고, 김종철 보은군수가 신랑 혼주, 김일동 삼척시장이 신부 혼주가 되어 많은 하객을 모신 가운데 전통 혼례식을 가졌다. 전통 혼례의식에 따라 청·홍초를 밝히고 식은 진행되었다. 전안례奠雁禮와 교배례交拜禮가 엄숙하게 진행되고 이어서 신랑 신부의 합방례合房禮가 진행되었다. 신랑의 혼주인 보은군수가 주례를 맡은 산림청장에게 정이품송의 꽃가루를 전달하고, 주례는 이를 다시 준경묘 미인송 신부의 혼주인 삼척시장에게 그 함을 전달하였다. 주례와 혼주측의 인사말에 이어 많은 하객들의 주시 속에 합방례가 이어졌다. 합방례는 나무를 잘 타는 인부의 도움으로 진행되었다. 정이품송의 송화가루가 담긴 함을 바지춤 뒤에 찔러 넣은 인부가 30미터가 넘는 미끈한 미인송을 탈 때는 모두 숨을 죽였다. 오르기를 계속했던 인부는 암꽃이 달린 가지에서 멈추었다. 그리고 한국 제일의 미인 소나무 암꽃 머리 위에 조심스럽게 정이품송의 꽃가루를 붓끝으로 묻혔다. 하객들의 박수가 터져 나왔다.

보은의 정이품송은 우리나라 사람이면 누구나 잘 아는 우리나라를 대표하는 소나무이다. 1464년(세조10) 세조가 병에 걸려 명산 대찰에 기도하러 다니던 중 법주사로 향했다. 말티고개를 넘은 임금의 행차는 이 소나무를 만났다. 세조가 보니 밑으로 처진 가지에 가마가 걸릴 것 같아서 '가마 걸린다'고 한마디 하였다. 그 말이 떨어지자 말자 처졌던 가지가 저절로 번쩍 들려 임금의 가마가 무사히 지나가도록 해주었다. 이에 세조가 이 소나무에게 정2품을 제수

신부가 된 미인 소나무.

하였다는 전설이 있다. 한편 정이품송이 있는 곳에서 얼마 떨어지지 않은 외속리면 서원리에 정이품송의 아내라는 소나무가 있다. 서원리 소나무는 정이품송이 한 줄기로 곧게 자란 것과는 대조적으로 두 줄기로 갈라져 있어서 암소나무라고 이야기된다.

아내가 있는 정이품송이 삼척 준경묘에 있는 미인송을 간택한 이유는 무엇일까? 그리고 우리나라의 많고 많은 소나무 가운데 삼척 준경묘 미인송이 한국 제일의 미인송으로 선발된 이유는 무엇일까? 미인송에도 선발 기준이 있다. 미인송의 선발 기준은 곧은 몸통, 큰 키, 맨 아랫가지에서 지면까지의 폭 즉 지하고枝下高 등을 들수 있다. 이를 기준으로 삼척의 준경묘에 있는 미인송 20여 그루는 국가에서 육종업을 위해 우수한 소나무로 지정하여 특별관리하고 있다. 최고의 소나무를 육성하기 위해 이 가운데서도 가장 수형樹形과 건강도가 뛰어난 나무가 정이품송의 꽃가루받이 나무로 간택되었다.

소나무 묘목. 궁궐의 대들보를 꿈꾸며 보은 정2 품송과 삼척 미인송 사이에서 태어난 묘목들이 파랗게 자라고 있다.

　삼척의 미인 소나무와 보은 정이품송의 결혼으로 낳은 자식 소나무는 현재 산림과학원의 특별관리를 받으며 잘 자라고 있다. 최근에 산림과학원에서 정이품송 꽃가루를 삼척 미인송 소나무의 암꽃에 인공 교배시켜 생산한 129그루를 대상으로 DNA 감식을 한 결과 96그루가 정이품송을 아비로, 삼척 미인송을 어미로 하는 친자로 확인되었다. 산림과학원은 이들을 특별관리하기 위해 '정이품송 족보'를 작성하는 한편 3년쯤 지나 키가 1~2미터로 자라면 독립기념관, 현충사 등 역사적 명소에 옮겨 심을 예정이다.

　준경묘와 영경묘의 소나무가 이처럼 곧고 우람찬 모습을 가질 수 있었던 것은 국가의 철저한 보호정책 때문이었다. 강원도 태백산맥의 소나무는 국가에서 필요로 하는 나무를 공급하는 공급처로서 보호되었다. 그 가운데서도 준경묘와 영경묘 주변의 소나무들은 왕권을 상징하는 왕릉 주변의 나무여서 더욱 엄격한 보호를 받았다.

왕릉 주변은 화전, 벌채, 입장, 개간 등 산림을 훼손하는 일체의 행위가 500여 년 이상 철저하게 금지되었다. 그 결과 본래의 우량한 형질을 그대로 보존할 수 있었다. 따라서 준경묘와 영경묘 주변의 소나무는 우리나라 토종 소나무의 모습을 그대로 간직하고 있다.

고려의 마지막 왕 공양왕

고려 왕조는 조선 왕조가 시작된 삼척에서 끝을 맺었다. 고려 마지막 왕 공양왕이 삼척에서 조선을 건국한 태조 이성계 일파에 의해 교살됨으로써 고려의 국운은 삼척에서 끝을 맺은 것이다.

고려 왕조 최후의 왕인 34대 공양왕은 비운의 왕이었다. 공양왕은 고려 말새 왕조를 세우려는 이성계 일파에 의해 자신의 의지와는 상관없이 왕위에 올랐으며, 왕위에 올라서도 꼭두각시 왕에 지나지 않았다. 이성계일파는 위화도회군으로 실권을 장악하고 우왕과 창왕을 신돈의 아들이라 하여 폐위하고, 진짜 왕씨 왕을 세운다는 명분으로 20대 신종의 7대손인 공양왕을 왕위에 올렸다. 그러나 재위한 지 4년 만에 눈물을 흘리면서 왕위를 이성계에서 물려주었다. 공양왕은 즉위할 때도 눈물을 흘렸고, 퇴위할 때도 눈물을 흘렸다. 왕위에오를 때 그는 이미 고려는 망할 수밖에 없고, 자신의 목숨도 끝난다는 것을 예견하고 있었다.

태조 이성계는 1392년(태조 1)에 고려의 마지막 왕 공양왕을 폐위시키고 원주로 유배보내면서 왕에서 군으로 직위를 강등시켰다. 그리고 같은 해 간성으로 이배移配시키더니 1394년 3월에 간성에 유배되어 있던 공양왕과 그의 두 아들을 삼척에 안치하였다. 그러나 당시 동래현령 김가행金可行과 염장관鹽場官 박중질朴中質 등이 공양왕과 그 친속의 운명을 장님에게 점친 것을 계기로 반역을

도모한다고 하여 그 해 4월에 중추원부사 정남진鄭南晋과 형조의랑 함부림咸傅霖을 삼척에 보내 공양왕 3부자를 교살하였다.

공양왕은 49세를 일기로 그의 아들 석奭, 우珛와 함께 사라진 고려의 운명처럼 세상을 떠났다. 이때 공양왕에게 전해진 태조 이성계의 전지는 궁색한 변명으로 일관하고 있다. 그 내용을 보면 "내가 신민들에게 추대되어 임금에 오른 것은 천명이다. 영을 내려 공양왕을 관동에 살게 하고 그 외의 왕씨를 각기 편한 곳에서 살게 하고 생업을 보존하게 하였다. 그런데 지금 동래현령 김가행과 염장관·박중질 등이 그대와 친척의 명을 받아 반역의 음모를 꾸며 맹인 이흥무李興茂에게 점을 친 것이 발각되어 죽을 죄에 복종하고 있는 일을 그대는 모른다고 하겠는가? 사태가 이에 미침에 대간에서는 계를 올리기를 12 차례에 이르렀고, 연일 높고 낮은 신하들이 다투어 상소를 올리니 나로서도 막을 길이 없어 이에 따르기로 하였으니 그대는 이 사정을 잘 알아두기 바란다"라고 하였다. 이유 같지 않은 이유를 들어 공양왕을 죽인 조선은 그에게 후일 공경하게 왕위를 양위했다고 하여 공양왕이라는 시호를 내렸다.

삼척에서 동해를 바라보며 7번 국도를 따라 남쪽으로 40여 리 내려가면 삼척시 근덕면 궁촌宮村에 이른다. 궁촌이라는 이름은 공양왕이 이곳으로 유배와서 살던 곳이기에 붙여진 이름이다. 간성에서 이배되어 온 공양왕이 오래 살지는 못했지만 이곳 사람들의 공양왕에 대한 추모의 정은 강하다. 이 같은 주민의 마음은 공양왕과 관련된 전설을 만들었다. 공양왕이 살 때 동銅으로 된 문을 세운 고개를 동현銅峴이라 하고, 공양왕이 살해된 고개를 살해재가 변한 '사라치'라고 부른다. 특히 사라치에는 지금도 비가 오면 골짜기에 붉은 핏빛의 계곡물이 흐른다고 믿고 있다.

그리고 국도의 바닷가 쪽 산등성이의 양지바른 곳에 공양왕릉이 있다. 4개 무덤이 있는데 가장 큰 것은 공양왕의 무덤이고, 둘은 공양왕의 아들 석奭과 우瑀의 무덤이다. 나머지 하나는 왕의 시녀 혹은 왕이 타던 말의 무덤이라고 전해진다. 아무런 석물도 없는 쓸쓸한 무덤이지만 그 크기는 왕릉의 품위를 지닐 만큼 크다. 공양왕릉은 오랜 세월 동안 초라한 모습으로 있다가 1837년(헌종 3)에 삼척부사 이규헌이 봉토를 새로 하였다. 1942년에 근덕면장인 김기덕이 '고려왕릉 봉찬회'를 조직하고 왕릉에서 제향 행사를 열기 시작했다. 1977년 공양왕릉은 큰 봉분으로 새롭게 단장하였으며, 매년 궁촌 사람들에 의해 제향 행사가 이루어지고 있다.

경기도 고양의 공양왕릉

공양왕릉은 이곳 삼척 궁촌 이외에 경기도 고양시와 강원도 고성에 각각 하나씩 더 있다. 경기도 고양시에 있는 공양왕릉은 고양시 덕양구 원당동에 사적

제191호로 지정되어 있다. 고양시에 있는 공양왕릉은 쌍분雙墳으로 좌측이 공양왕의 능이고, 우측이 왕비의 능이다. 봉분의 크기는 일반 민묘民墓와 별로 차이가 없으나 봉분 앞에 삼척의 공양왕릉과는 달리 장명등, 석수, 비석 등 석물들이 배치되어 있어서 이 능이 왕릉임을 나타내 주고 있다. 양릉의 중간에는 조선 고종연간에 세운 것으로 추정되는 '고려왕릉高麗王陵 고릉高陵'라고 쓰여진 비석이 있다.

『조선왕조실록』의 기록에 의하면 1416년(태종 16) 공양군에서 공양왕으로 복위되었으며, 아울러 능호陵號를 내렸다. 그리고 1437년(세종 19)에 경기도 안성군 청용사에 봉안했던 공양왕의 어진御眞을 고양현 무덤 곁에 있는 암자로 이안移安하였다. 이상의 기록에서 경기도 고양시에 있는 공양왕릉이 조선왕조가 공식적으로 인정하는 능임을 알 수 있다.

공양왕릉이 고양시에 있는 것은 교양왕의 왕비인 순비노씨의 고향이 경기도 고양시이기 때문이다. 순비 노씨는 교하군인 창성군 진禛의 딸로 고려가 망한 뒤 공양왕과 함께 쫓겨났다가 돌아간 후에 고향인 경기도 고양시에 묻혔다. 태종은 공양왕을 복위 시킨 후에 왕비의 능이 있는 고양시에 공식적인 공양왕릉을 조성한 것으로 생각된다.

강원도 고성의 공양왕릉

강원 고성의 공양왕릉은 양근함씨의 중시조인 함부열의 산소위에 자리하고 있다. 함부열咸傅說은 고려 때 보문각제학을 지낸 함승경의 둘째 아들이다. 함승경에게는 두 아들이 있었는데 서로 뜻을 달리하였다. 맏들 함부림咸傅霖은 새로운 왕조인 조선이 건국되는데 공을 세워 개국공신 3등에 봉해졌다. 개성소윤을 거쳐 벼슬이 형조판서에 이르렀다. 반면 고려조에 급제를 하여 홍문관 박사를 지낸 동생 함부열은 두 임금을 섬길 수 없다며 원주로 추방당한 공양왕을

배지 음나무. 삼척 궁촌에는 공양왕이 유배왔을 때 머물렀던 집터가 남아 있고 그곳에는 음나무가 오랜 역사를 간직하고 있다.

쫓아 2년간 모시다가 왕이 다시 간성으로 옮겨가자 고성의 수타사에서 2년간 복위를 모의하기도 하였다. 이후 형 함부림의 후손은 강릉 함씨로 본관을 바꾸고, 동생 함부열의 후손은 양근 함씨 그대로 남게 되었다.

집안에 전해지는 이야기에 의하면 1394년(태조 3) 3월에 간성에 유배되어 있던 공양왕은 그의 두 아들과 함께 삼척으로 옮겼다가 한달 후에 조정에서 내린 사약을 받고 죽게 되었다. 그 해 4월에 중추원부사 정남진鄭南晉과 함께 함부열의 형인 형조전서 함부림咸傅霖이 삼척에 내려왔다. 그래서 함부열은 형인 함부림을 찾아가 아들과 다른 왕족들만 죽이고 공양왕은 간성으로 피신시킬 것을 간청하였다. 그러나 함부림은 조정의 명령을 거역할 수 없다며 간성으로 피신한 공양왕을 자객을 보내 죽였다. 함부열은 죽은 공양왕을 현재의 고성산 기슭

공양왕릉 제사.

에 모셔두고 자신이 죽으면 공양왕 무덤 아래에 묻고 자신의 제사를 지내기 전
에 먼저 왕의 제사를 지내라고 유언하였다. 다만 공양왕의 무덤이 있다는 사실
이 알려지만 집안에 피해가 올 것을 염려하여 왕의 제사를 모실 때는 축문없이
지내도록 하였다.

함부열의 후손들이 1983년 함부열의 묘역을 정비할 때 함부열의 묘 위쪽 무
덤에서 회판이 발견되었다. 이에 문중에서 이 묘가 공양왕의 무덤임을 확신하
여 봉분을 만들고 매년 함부열의 제사에 앞서 왕의 제사를 모시고 있다.

삼척 공양왕릉의 의의

그렇다면 삼척 궁촌에 있는 공양왕릉은 무엇일까? 삼척에서 교살된 직후 만들어진 무덤으로 추정할 수 있다. 1394년(태조 3) 삼척 궁촌에 유배와 있던 공양왕과 그의 두 아들이 교살되었고, 이들을 묻은 것이 지금 삼척에 있는 공양왕릉으로 생각된다. 이후 공양왕이 군君에서 왕王으로 복위하면서 경기도 고양시로 옮겨가서 정식으로 능호까지 내려 받은 것으로 추정된다. 그러나 고양시에

궁촌 레일바이크.

공양왕의 왕비 능 옆에 쌍분으로 된 공양왕릉을 만들면서 삼척에서 시신까지 이장하였는지 아니면 삼척에서 시신을 가져가지 않고 허장^{虛葬}으로 하였는지는 분명하지 않다.

　남남서향을 하고 있는 삼척의 공양왕릉은 왼쪽으로는 바다, 오른 쪽으로는 태백산맥의 연봉들을 아련히 껴안고 있다. 그 앞이 병풍을 둘러친 듯 아늑하여 안온한 명당으로 평가된다. 그러나 명당의 지덕^{地德}을 받을 후손조차 없는 지금 그 명당의 지기^{地氣}로 인하여 이 부근을 떠도는 혼령이라도 편안하기를 바라는 것이 이를 모시는 궁촌사람들의 마음이다. 여하튼 삼척은 고려왕조가 멸망하고 조선왕조가 창업된 묘한 인연이 서린 곳이다.

참고문헌

김종욱, 「恭讓王陵 所在地 考察」 『悉直文化』 1집, 삼척문화원, 1990.
최영희, 「공양왕릉의 미스터리」 『月刊 太白』 1987년 8월호, 강원일보사, 1990.
崔瀓周, 『新·한국風水』, 동학사, 1992.
김경수·진성규 역, 『국역 동안거사집』, 삼척시, 1995.
최창조, 『한국의 자생풍수』 1, 민음사, 1997.
관동대박물관, 『삼척 천은사 이승휴유허지 발굴조사 보고서』, 1999.
김경수·진성규 편, 『이승휴연구논총』, 삼척시, 2000.
배재홍, 「조선 태조 이성계의 高祖 穆祖 李安社와 삼척」 『朝鮮史研究』 第12輯, 2003.
옥한석, 『강원의 풍수와 인물』, 강원도 강원발전연구원, 2003.
전영우, 「소나무를 찾아서」 『문화일보』, 2003.
강원문화재연구소, 『삼척 천은사 이승휴유허지 발굴조사 자료집』, 2004.
한국고전연구 심포지움자료집, 『동안거사집과 제왕운기의 종합적 검토』, 진단학회, 2004.
삼척시, 『이사부 활약의 역사성과 21세기적 의의』, 강원도민일보, 2008
삼척시, 『고대 해양활동과 이사부 그리고 사자 이야기』, 강원도민일보, 2009
삼척시, 『이사부 삼척출항 동해안 시대를 열다』, 강원도민일보, 2010
한국이사부학회, 『이사부 삼척출항과 동해비전』, 삼척시, 2010
강봉룡, 「삼척 이사부 테마파크 조성의 기본구상」, 『이사부와 동해』 1호, 한국이사부학회, 2010
김태수, 「삼척 이사부 테마파크 조성의 기본구상」, 『이사부와 동해』 3호, 한국이사부학회, 2011
김도현, 『삼척 공양왕릉』, 삼척시립박물관, 2014.

3
—
건축

建
築

벼랑 위의 죽서루.

죽서루

하늘이 도와 만든, 벼랑에 걸린 누각

죽서루竹西樓는 삼척의 상징이다.

오십천 절벽 위에 자리한 보물 213호 죽서루는 우리나라의 대표적인 누각이다. 누각이란 일반적으로 경관이 뛰어난 곳에 기둥을 층받침으로 하여 마루를 높이 한 중층重層 다락집을 말한다. 따라서 죽서루에 올라 바라보는 경관은 선경仙境이었다. 죽서루는 건물 자체의 오래된 역사나 웅장함뿐만 아니라 주위의 뛰어난 경관으로 인하여 사시사철 시인 묵객들의 발길이 끊이지 않았다. 풍류를 아는 시인이라면 죽서루에 올라 감동을 시로 읊었으며, 그림을 그리는 사람은 흥취를 화폭에 담았고, 글씨를 쓰는 사람은 감흥을 검은 먹에 담아 글씨로 남겼다.

죽서루를 비롯한 누각은 세 단계로 나누어 감상해야 한다.

첫째 건축적인 측면에서 누각의 건축적 특성과 아름다움을 감상한다. 아울러 주변의 뛰어난 자연환경과 누각이 얼마나 조화를 이루며, 아름다운 모습으로 자리하고 있는가를 보아야 한다.

둘째 누각의 주인이 되어 누각에 올라서 주변의 경관을 감상하는 것이다. 우리나라의 누각은 대체로 개방형의 구조이다. 따라서 주변보다 높은 곳에 자리한 누각에 오르면 사방의 경관이 누각 안으로 가득 들어온다.

셋째는 이 누각에 왔던 사람들의 작품을 감상하는 것이다. 이들을 감상함으로써 누각에 왔던 사람들의 생각까지도 우리는 읽을 수 있다.

관동팔경의 으뜸

죽서루는 관동팔경의 하나이다. 관동 곧 강원도 동해안 지방은 일찍부터 산수의 경치가 우리나라 제일로 꼽혔다. 관동팔경은 이들 뛰어난 경관 속에 있는 누대와 정자들 가운데 가장 뛰어난 여덟 곳을 지칭한다. 시인묵객들이 아름다운 경치를 시와 그림과 글씨로 표현했던 관동팔경은 어느 곳일까? 관동팔경에 대한 선정 기준은 사람에 따라, 시대에 따라 약간씩 달랐다. 신라의 화랑들부터 고려시대 안축의 관동와주, 조선시대에 들어와 송강 정철의 「관동별곡」에 이르기까지 숱한 시인 묵객들이 관동 지역의 경관을 유람하고 노래하면서도 정해진 관동팔경이라는 틀에는 얽매이지 않았다. 현존하는 기록 가운데 관동팔경을 구체적으로 지적한 것으로 허목의 「죽서루기竹西樓記」가 가장 오래되었다. 그는 동해안의 절경 여덟 곳으로 통천의 총석정, 고성의 삼일포와 해산정, 간성의 영랑호, 양양의 낙산사, 강릉의 경포대, 삼척의 죽서루, 평해의 월송정을 들고 있다. 그렇지만 관동팔경을 선정하는 데 특별한 기준은 없었다.

숙종이 관동팔경을 시로 읊으면서 비로소 1군郡 1경景이라는 기준이 마련되었다. 즉 통천의 총석정, 고성의 삼일포, 간성의 만경대, 양양의 낙산사, 강릉의 경포대, 삼척의 죽서루, 울진의 망양정, 평해의 월송정이 그것이다. 군주의 은혜는 소외된 지역 없이 골고루 내려야 하기에 아름다운 경관을 노래하는 데에서도 예외는 아니었다.

여기에도 문제는 있었다. 관동지방은 가장 북쪽의 흡곡에서부터 가장 남쪽의 평해에 이르기까지 9개 군이었다. 각 군에 1경씩을 부여했을 경우에 8경이 아니라 9경이 된다.

이중환은 『택리지』에서 관동팔경에 간성의 만경대를 청간정으로 바꾸고, 아울러 가장 남쪽에 있는 평해 월송정을 빼고 대신 가장 북쪽에 있는 흡곡 시중대를 넣었다. 이후 사람과 시대에 따라서 관동팔경에 가장 북쪽에 있는 흡곡 시중대와 가장 남쪽에 있는 평해 월송정 가운데 어느 것을 넣을 것인가 하는 고민은 계속되어왔다.

요즘 세간에서는 통천의 총석정, 고성의 삼일포, 간성의 청간정, 양양의 낙산사, 강릉의 경포대, 삼척의 죽서루, 울진의 망양정, 평해의 월송정을 관동팔경으로 꼽는다. 아마도 현재 북한에 있는 흡곡의 시중대侍中臺는 갈 수 없는 곳이어서 평해의 월송정을 관동팔경에 포함시켰다고 생각된다. 통일이 되면 관동팔경에 편입하기 위한 남북간의 경쟁은 다시 시작될 것이다.

흔히들 죽서루를 관동팔경의 으뜸이라고 한다. 관동팔경의 경관을 말할 때, 강릉에 가면 경포대를 제일이라 하고, 양양에 가면 낙산사가 제일이라고 하고, 평해에 가면 월송정이 최고라고 한다. 자기 고장의 것을 관동팔경 가운데 제일이라고 하는 것은 애향심의 발로라는 소박한 이유도 있지만 그곳만의 독특한 풍광이 있기 때문이다. 경포대는 달밤이 좋고, 낙산사는 일출이 좋고, 평해 월송정은 출렁이는 솔밭이 좋다. 물론 강원도 관찰사를 지낸 홍봉작이 관동팔경을 유람하고 나서 죽서루가 으뜸이라고 하는 데에도 그만의 이유가 있었다.

허목은 「죽서루기」에서 죽서루가 관동팔경 가운데서 으뜸인 이유를 다음과 같이 기록하고 있다.

관동팔경 가운데 모두 유람하고 난 사람들이 단연코 죽서루를 제일이라고 하니 이는 무엇 때문인가? 강원도의 바닷가에 자리한 주군州郡은 대관령을 제외하고는 동쪽으로 바다에 닿아 있고, 그 바다 밖은 끝간 데가 없으니 해와 달이 번갈아 뜨고 괴이한 변화가 무상하다. 또 해안은 모두 모래여서 혹 바닷물이 큰 못처럼 선회하기도 하고, 기암이 우뚝 솟기도 하고, 혹은 무성한 소나무가 울창하게 우거져 있기도 하다. 흡곡 북쪽 지역으로부터 평해 남쪽 지역까지가 700여 리가 대체로 다 그러하지만 유독 죽서루의 아름다운 경치는 바다와 떨어져 있으면서 높은 산봉우리가 보이는 가파른 절벽 위에 자리하고 있다.
서쪽에는 두타산과 태백산이 있으니 높고 험준하여 푸른 기운이 짙게 감돌고 바위로 된 골짜기는 그윽하고 깊디 깊다. 또한 큰 하천이 동쪽으로 흐르면서 굽이

쳐 50개의 구비따라 여울을 이루는데 그 사이사이에는 무성한 숲과 마을이 자리하고, 죽서루 아래에 이르면 푸른 층암 절벽이 매우 높이 솟아 있는데, 맑고 깊은 소의 물이 여울을 이루어 그 절벽 아래를 감돌아 흐르니 서쪽으로 지는 햇살에 푸른 물결이 돌에 부딪혀 반짝반짝 빛난다. 이처럼 암벽으로 된 색다른 이곳의 훌륭한 경치는 큰 바다를 구경하는 것과는 아주 다르다. 관동팔경을 유람한 사람들도 이러한 경치를 좋아하여 죽서루가 관동팔경 가운데 제일이라고 하지 않았을까?

삼척의 죽서루는 관동팔경 가운데 유일하게 강을 끼고 있다. 다른 관동팔경이 모두 바닷가에 자리하고 있는 것과는 대조적으로 삼척의 죽서루는 강가의 절벽 위에 자리한다. 백두대간에서 발원하여 오십 구비를 돌아 동해로 들어가는 오십천은 삼척에 와서 앞을 막아선 산을 깎아 높은 암벽을 만들었다. 그리고 그 아래 산을 깎느라 지친 강물은 잠시 쉬면서 깊은 소를 만들었다. 죽서루는 그 깊은 소에 그림자를 담그고 높은 암벽 위에 자리하고 있다.

죽서루에서 느끼는 즐거움은 다른 관동팔경의 두 배이다. 다른 관동팔경이 누각이나 정자에 올라 주변 경관을 바라보는 하나의 즐거움만을 갖고 있는 것에 비하면 죽서루는 또 다른 즐거움이 있다. 죽서루 아래 오십천이 감아 돌면서 만들어놓은 소에서 뱃놀이를 하면서 죽서루를 올려다보는 즐거움이 그것이다. 그리고 다른 곳에서는 바다나 호수만을 즐길 수 있지만 죽서루는 강과 산은 물론이고 바다도 함께 즐길 수 있다.

죽서루에 오르면 서쪽으로 백두대간의 두타산과 그 사이를 굽이쳐 흐르는 오십천을 볼 수 있는데, 오십천 물길따라 눈을 돌리면 멀리 봉황산 위에 넘실대는 동해 바다를 볼 수 있다. 그래서 죽서루에는 '죽서루'라는 현판보다도 오히려 '관동제일루關東第一樓'라는 현판이 눈에 잘 띄는 곳에 가장 큰 글씨로 쓰여져 있다.

삼척관아 속의 죽서루

죽서루는 삼척 관아의 객사인 진주관眞珠館에 딸린 누각이다. 지방의 관아는 크게 동헌과 내아, 객사로 구성된다. 동헌은 지방 수령이 주재하는 곳으로 지방을 다스리기 위한 공적인 공간이다. 이러한 공적인 공간에는 좌수·별감이 집무하던 향청, 육방의 우두머리들이 집무하던 작청 등이 함께 자리한다. 내아는 지방 수령의 가족들이 생활하는 사적인 공간이다. 그리고 객사는 궐패와 전패를 모셔놓고 초하루와 보름에 향궐망배向闕望拜를 하는 한편, 손님이 왔을 때 묵으면서 연회를 베풀기도 하였던 외부인을 위한 공간이다.

삼척 관아는 삼척읍성 안에 있었으며, 동헌과 내아 그리고 객사가 갖추어져 있었다. 죽서루의 동쪽, 읍성의 동문을 들어서면 관아의 정문이 우뚝 서 있고, 다음에 내삼문內三門에 이른다. 내삼문을 들어서면 정면으로 동헌인 칠분당七分堂이 있고, 그 동쪽에 내아가 있었으며, 서쪽에 장관청, 군관청, 작청, 좌기청, 부사, 낭천방, 군기청 등이 있었다.

객사인 진주관은 동헌의 북쪽에 따로 쌓은 담장 속에 자리한다. 일반적으로 객사의 건물 구조는 정당正堂을 중심으로 좌우에 익실翼室을 두었다. 정당에는 향궐망배를 위한 궐패와 전패를 모셨고, 좌우 익실은 온돌을 놓아 손님들이 묵을 수 있도록 하였다. 삼척의 객사에는 본 건물인 진주관 이외에 별관으로 죽서루를 비롯하여 응벽헌과 연근당이 있었다. 이처럼 손님을 모실 수 있는 별관이 많은 것은 그만큼 많은 손님들이 왔음을 의미한다. 경치 좋은 곳에 사는 죄로 많은 손님을 치러야 한다는 것은 예나 지금이나 다름이 없었다.

각 고을에 있었던 객사들은 자기 고유의 이름을 가지고 있었다. 강릉 객사는 임영관臨瀛館, 경주의 객사는 동경관東京館, 전주의 객사는 풍패관豊沛館이다. 삼척 객사가 진주관인 것은 삼척의 옛 이름이 진주였기 때문이다. 진주관은 원래 죽서루 바로 밑에 있었으나 1517년(중종 12)에 삼척부사 남순종이 옮겨 짓고 진주관이라 하였다. 그 후 1908년(순종 2) 군청사로 사용되다가 1912년에 객사 대문을 헐었으며, 1934년에는 진주관을 헐고 그 자리에 군청의 새 청사를 지어 사용하였다.

진주관의 별관으로 죽서루 이외에 암벽 위에는 누각이 셋 더 있었다. 응벽헌과 연근당, 서별당이 그것이다. 응벽헌은 진주관의 서헌으로 죽서루와 연근당에 비해 가장 크고 화려한 건물이었다. 응벽헌은 두 채의 건물로 되어 있었다. 동향의 정면 5칸 정도의 본채 건물이 있고 본채의 남쪽 끝에 붙여서 남향의 작은 건물이 'ㄱ'자형으로 배치되었다. 응벽헌의 서쪽 모퉁이에는 오십천으로 내려가는 돌길이 있었다. 뱃놀이를 위해서는 이 길을 따라 객사와 오십천을 오르내려야 했다. 길은 바위 벼랑을 따라 나 있는 매우 가파른 돌길로써 오십천에 닿는 마지막 부분에는 사다리가 걸쳐져 있었다. 응벽헌의 창건연대는 정확하게 알 수 없으나 1536년 삼척부사의 요청으로 강원도 관찰사 윤풍형尹豊亨이 이름을 짓고 큰 글씨로 써서 걸어두었다. 응벽헌이라는 이름은 바위벽이 여러 층 두껍게 엉겨 있는 죽서루 암벽 모양을 본따서 지었다. 죽서루 아래의 고인 소를 응벽헌이라는 이름에서 따와 응벽담이라 하였다.

연근당은 죽서루의 별관이었다. 죽서루를 찾아 온 손님들을 편하게 모시기 위하여 세종 25년 부사 민소생이 7칸으로 창건하였다. 연근당은 맑은 내를 굽어볼 수 있는 높은 절벽에 있어서 죽서루와 그 아름다움을 다툰다. 죽서루 아래 오십천의 강물이 연근당 앞에 이르러 앞을 가로막은 남쪽의 남산바위에 부딪혀 또 꺾이어 동쪽으로 흐른다. 연근당에서 보면 오십천 물길이 연근당을 삼면에서 감아 돌았다. 따라서 여름에는 시원하고, 겨울에는 막힘 없이 햇살이 가득하여 따뜻하였다. 이러한 이유로 연근당은 연회를 베풀기에 적당한 곳이었다. 그래서 연회라는 뜻의 '燕'자를 취했고, 거처함에는 반드시 신중해야 한다는 뜻에서 '謹'를 취하여 이름을 연근당이라 하였다.

서별당은 연근당 아래쪽 관아의 담장 옆에 있었다. 서별당은 현종 2년 부사로 와 있던 허목이 중수하여 사용하였다. 1차 예송에서 서인에게 밀려나 삼척부사로 부임한 허목은 동해안 최고의 절경이라고 일컫는 죽서루에 올라도 쓸쓸한 마음을 달랠 길이 없었다. 마침 연근당 아래에 버려진 서별당이 있었는데, 허목은 황폐해진 자신의 마음을 추스르듯 퇴락한 집을 수리하였다. 집은 퇴락했지만 앞에는 기암절벽의 남산바위와 마주하고 정원에는 괴석들이 숲을 이루고 있어서 그 정취가 그윽하였다. 특히 저녁에 달뜨고 아침에 안개가 끼면 더욱 좋았다. 허목은 관아의 일과가 끝나면 이곳에 와서 책을 읽기도 하고 거문고를 타면서 자신을 다스렸다.

죽서루는 객사의 부속건물로 접대와 휴식, 향연을 주목적으로 한 누각이었다. 죽서루라는 이름은 이 누각을 세울 당시에 죽서루의 동쪽에 대나무숲이 있었고 그 속에 죽장사竹藏寺가 있어서 죽서루가 되었다고 한다. 다른 한편으로는 죽서루의 동쪽에 이름난 기생 죽죽선녀竹竹仙女의 집이 있어서 죽서루가 되었다고도 전해진다.

　죽서루가 언제 누구에 의해 건립되었는지 알 수는 없다. 다만 고려 명종 (1171~1197) 대의 문인인 김극기金克己의 죽서루 시가 전해지고 있고, 『제왕운기』를 편찬한 이승휴가 고려 충렬왕 1년(1275)에 벼슬을 버리고 두타산에 은거할 때 지은 시가 현재 죽서루에 걸려 있는 것으로 보아 창건시기는 적어도 고려나 그 이전으로 생각된다. 그 후 조선 태종 3년(1403)에 삼척부사로 재임한 김효손金孝孫이 옛 터에 인연해서 누각을 중건한 이후로 25차례의 중수, 증축, 개조, 단청이 있었다. 특히 선조 33년(1600) 삼척부사 김권金權이 동쪽 2칸을 개수하였으며, 숙종 41년(1715) 삼척부사 정호鄭澔는 없어진 죽림을 회복하기 위해서 대나무 수천 그루를 심었다.

　죽서루 주변의 아름답던 경관은 세월에 무너지고, 일제에 의해 파괴되었다. 일제가 경복궁을 헐어내고 식민지배의 상징인 조선총독부를 세운 것처럼 지방에는 동헌을 비롯한 관아를 헐어내고 그들이 지방 통치에 필요한 기관인 군청과 경찰서, 우체국을 건립하였다. 삼척도 마찬가지여서 일제는 삼척읍성과 함께 성내에 있던 관아 건물들을 헐어냈다. 성벽과 관아는 무너지고 그 돌들과 목재들은 시내에 지어진 집들의 건축 자재로 이용되었다. 당시 읍성은 철저하게 파괴되어 지금은 성내동城內洞이라는 이름으로만 그 터를 짐작할 뿐이다.

　죽서루는 용케도 세월을 이겨내고, 더욱이 일제의 야만적인 침략도 견디어 오늘도 당당한 모습으로 기암절벽 위에 자리하고 있다. 현재의 모습은 고 최규하 대통령의 지시로 새롭게 단장한 것이다. 당시로는 거금인 2억여 원을 투자하여 죽서루 경내를 확장하고 담장과 평삼문을 새로 만들었으며, 죽서루를 개수하고 기와를 새로 이었다. 짧은 재임기간의 최규하 대통령이 이룬 업적을 찾기가 쉽지 않은데, 그 하나가 이렇게 삼척에 숨어 있다.

자연과 조화를 이룬 가장 한국적인 건축물

한국 건축의 가장 큰 특징은 자연과의 조화이다. 전통적으로 인간을 자연의 일부라고 인식하듯이 건축물 또한 자연의 일부로 인식하였다. 따라서 건축물을 기존의 자연과 조화를 이루도록 만들었다. 서양 건축이 자연에 도전하고 이를 정복하겠다는 논리로 지어지는 것과는 대조적이다.

 죽서루는 자연과 조화를 이룬 가장 한국적인 건축물이다. 죽서루 마당에 서면 장방형의 누각이 둥지에 내려앉는 학처럼 고고한 모습으로 다가선다. 늘 푸른 대나무밭 속에 왼쪽에는 벚꽃나무가 호위병처럼 서 있고, 오른쪽에는 죽서루보다 큰 나무가 아기를 안은 엄마의 모습처럼 죽서루를 감싸 안고 있다. 죽서루는 자연 속에 또 다른 하나의 자연으로 서로 어울려 조화를 이루고 있는

죽서루 남측면. 죽서루의 주
출입구로 처마와 박공면의
곡선이 학이 날개를 펼친 듯
하다.

죽서루는 자연 지형을 최대한 이용하여 기둥을 세웠다.

것이다.

　죽서루의 선은 부드럽고 자연스러운 곡선이다. 푸른 하늘에 용마루의 곡선이 보일 듯 말 듯한 기울기로 선을 긋고 있다. 정면 7칸의 긴 지붕이기에 그 기울기는 매우 완만하다. 밭고랑처럼 아래로 지붕의 기와를 따라 내려오면 양쪽으로 추녀의 곡선이 살짝 들어 올려서 하늘로 향한다. 죽서루에서 곡선의 아름다움은 남·북의 측면에서 보는 지붕의 선이다. 직각으로 바위 위에 우뚝 선 기둥 위에 자연이 만들어낸 현수선을 따라 그어진 처마의 선은 추녀의 선과 조화를 이루면서 둥지를 박차고 비상하려는 학의 모습을 연상시킨다. 이렇게 죽서루는 우리나라 건축의 곡선미를 가슴 가득히 느끼게 한다.

　죽서루의 건축적 특징 가운데 하나는 기둥이다. 죽서루는 2층의 누각으로 상층과 하층으로 나누어지는데 상층과 하층의 기둥 수가 다르다. 상층 기둥이

20개인데 비해 하층의 기둥은 13개로 상층에 비해 일곱 개나 적다. 이것은 자연 암반을 이용하여 높은 암반이 있는 위치에는 바로 상층기둥을 세우고 암반이 없거나 낮은 암반이 있는 곳에만 하층기둥을 세웠기 때문이다.

죽서루의 기둥은 그 길이가 다르다. 하층기둥과 바로 상층을 지지하는 기둥을 합쳐서 죽서루의 기둥은 모두 22개이다. 이 가운데 자연 암반에 세워진 기둥은 13개이며, 이 가운데 아홉 개는 자연석의 초석 위에 세워져 있다. 자연 암반의 높이가 다르고 자연석 초석의 높이도 일정하지 않기 때문에 기둥의 길이가 제각각일 수밖에 없다. 특히 하층 13개 기둥은 0.9미터의 짧은 것에서부터 2미터의 긴 것까지 각기 다른 길이로 서 있다. 울퉁불퉁하고 높이가 다른 암반을 일정한 높이로 정리하지 않고 그 암반 위에 길이를 다르게 하여 기둥을 세웠기 때문이다. 그리고 자연 암반이나 자연 상태의 초석을 다듬지 않고 상당한 정성으로 그렝이질을 하여 기둥과 초석을 밀착시키고 있다. 이처럼 죽서루는 주어진 자연환경에 순응하는 한국 건축의 전형을 보여준다.

죽서루의 정면은 7칸이다. 죽서루의 정면은 원래 5칸이었다가 후에 좌우 1칸씩 증축하여 7칸이 되었다. 좌우 1칸씩을 증축하여 사다리를 이용하지 않고 좌우에 있는 천연 암반을 통해 양쪽에서 바로 누각 안으로 출입할 수 있도록 하였다. 좌우 증축된 1칸의 기둥은 남·북 측면 모두 천연 암반 위에 세워져 있음이 이를 증명한다. 그래서 죽서루에는 2층 누각이라면 반드시 있어야 할 사다리가 없다. 가능한 주어진 자연 조건을 최대한 이용하면서 인공구조물을 최소화하였다.

죽서루는 북측면이 2칸이고, 남측면은 3칸이다. 이는 양쪽 측면의 칸 수를 동일하게 하는 일반적인 건물과는 다른 점이다. 죽서루의 양 측면 칸 수가 차이가 있는 것은 자연 암반의 형태가 남측은 3칸, 북측은 2칸으로 세우는 것이 가장 적절할 뿐만 아니라, 홀수 칸인 남측면을 주 출입구로 삼기 위해서였다.

출입은 남측과 북측에서 모두 할 수 있는데, 남측은 3협칸의 어칸 부분에 박석으로 포장을 하여 출입에 편리하게 되어 있으나, 북측은 가운데 기둥 좌우로 자연 암반을 딛고 오르도록 되어 있다. 그리고 남측면에는 별도로 '죽서루'라는 현판이 걸려 있다. 이처럼 죽서루는 자연 암반의 형태에 맞게 기둥의 수를 적절하게 변형시키면서 자연스럽게 남측면을 주 출입구로 설정하였다.

죽서루의 공포拱包는 주심포柱心包와 익공翼工 두 가지 양식으로 되어 있다. 원래의 다섯 칸은 주심포로 되어 있으며, 좌우로 한 칸씩 증축된 곳에는 익공을 채택하였다. 한 건물에 주심포와 익공이라는 두 가지 양식을 사용하는 것은 일반 건축물에서는 드문 일이다. 한 건물에 하나의 양식을 채택하여 일관성과 통일성을 유지하고자 하는 일반적인 상식을 죽서루는 거부한 것이다. 죽서루는 두 가지 양식을 동시에 채택하여 조화시킴으로써 통일성과 함께 변화도 함께 추구하였다. 특히 동남쪽 귀공포의 장여뺄목을 황룡과 청룡을 조각하여 장식한 것은 이 같은 사고의 연장선에 있다. 많은 기둥 가운데 유일하게 한 기둥에만 이러한 장식을 한 것은 통일성에서 오는 경직성을 하나의 파격으로 풀어보고자 한 우리 민족만이 가지는 여유이다. 주어진 환경에 순응한 천연덕스러움과 파격적인 외관을 채용한 대담성은 죽서루를 자연과 잘 조화를 이룬 가장 한국적인 건축물로 만들었다.

누에 오르면 절경은 가슴 가득 밀려오고

죽서루가 관동팔경 가운데 제일이라고 하는 것은 죽서루 건물의 웅장함이나 아름다움 때문만은 아니다. 그보다는 죽서루에 올랐을 때 누각에서 바라보는 경관이 절경이기 때문이다. 우리나라의 누각은 주변 경관을 누정 안으로 끌어들이기 위해 기둥만을 세우고 사방에 벽체나 문을 세우지 않고 사방이 확 트이게 하였다. 고려시대 문신 이규보李奎報는 네 바퀴가 달린 누각 즉 사륜정四輪亭을 만들어서 경관이 수려한 곳을 찾아다니면서 경관을 즐길 수 있는 기발한 정자를 고안하기도 하였다. 이는 누각의 핵심은 누각 그 자체보다는 누각에 올라서 바라보는 주변 경관임을 말해준다.

우리나라의 전통 건축을 제대로 감상하는 첫걸음은 자신이 건물의 주인이되어서 그 건축물을 사용해보는 것이다. 죽서루를 제대로 감상하기 위해서는 멀리서 죽서루를 바라보지 말고 죽서루의 주인이 되어 누각에 올라 주변 경관을 감상해야 한다. 간혹 답사를 다니다 보면 누각을 보호한다는 명목으로 누각에 붙인 출입금지 팻말을 본다. 누각에 오르지 않고 멀리서 누각을 바라보기만한다면 그것은 누각의 알맹이는 두고 껍질만 보고 가는 것이다.

죽서루에 오르면 주변의 경관이 가슴 가득히 밀려온다. 기둥과 기둥 사이의한 칸은 살아 움직이는 한 폭의 그림이 된다. 앞뒤로 여덟 개 기둥 사이의 7칸은 7폭의 연속적인 그림을 이루어 7폭짜리 병풍을 앞뒤로 펼쳐놓은 듯하다. 이처럼 경치를 누각 안으로 끌어들이는 것을 이른바 차경借景이라고 한다.

산수화를 그릴 때 자연경관을 고원高遠, 평원平遠, 심원深遠의 세 가지 각도에서 보듯이 죽서루 주변 경관을 멀리 바라보고, 가까이 마주보고, 아래로 내려다보자. 죽서루의 주변 경관은 한 폭의 파노라마가 된다.

죽서루 난간에 기대어 멀리 바라보면 서쪽으로 북에서 남으로 달려가는 백두대간이 병풍처럼 펼쳐져 있다. 용이 구름 위를 날 듯 남쪽으로 달리던 백두대간이 잠시 솟아올라 가장 큰 키를 자랑하는 것이 두타산이다. 그리고 돌아서서 바라보면 동쪽으로는 숲과 언덕을 넘어 푸른 동해바다가 산 중턱에 수평선을 그으며 넘칠 듯이 죽서루를 향하고 있다. 이른 아침 동해에서 떠오른 햇살이 한낮에는 죽서루 지붕에 머물다가 저녁이면 두타산 너머로 들어가 하루가 된다.

죽서루의 최고 경관은 저녁 무렵 두타산으로 해가 질 때의 모습이다. 죽서루가 서쪽에 자리하기 때문에 아침의 동쪽 경관보다는 저녁의 서쪽 경관이 제격이다. 하루를 마무리할 때 황금빛 석양의 긴 그림자가 죽서루의 기둥들 사이로 밀려들어 누 안을 온통 붉게 물들이면, 낭떠러지 아래 오십천 강물도 황금빛으로 일렁인다. 원숙한 경지에 이른 예술가의 마지막 한 점까지도 모두 불태우는 정열적인 모습을 보여주는 것이 바로 죽서루에서 바라보는 석양이다.

가까이서 주변을 둘러보면 세 개의 봉우리가 죽서루를 에워싸고 있다. 동쪽의 봉황산鳳凰山, 남쪽의 근산近山, 북쪽의 갈야산葛夜山이 그것이다. 봉황산은 오십천 강물을 한숨에 들킬 듯한 코끼리의 모습으로 밀려오는 동해물을 막고 서 있다. 갈야산은 꼭대기에 산성이 있는 삼척의 주산이다. 근산은 조금 떨어져 있지만 가까이 있는 듯하여 이름이 근산이 되었다. 이들 산은 삼신산이 되고 그 속에 있는 죽서루는 신선이 살고 있는 선계仙界가 된다.

죽서루를 선계로 만든 또 하나는 누각 남쪽에 있는 괴석塊石이다. 흔히 동양의 정원에는 괴석을 배치하였다. 괴석은 일반 돌과는 달리 구멍이 뚫려 있거나 특이한 형상을 하고 있는 자연석이다. 다른 곳에서 채취한 이 같은 괴석을 누각이나 정원의 뜰에 늘어놓는 것은 그곳이 현실세계가 아닌 이상향의 세계임을 표현하기 위함이다.

중국의 정원은 먼 곳에서 채취한 괴석으로 조경을 하였다. 정원에 있는 자신이 현실세계가 아닌 선계에 살고 있는 신선이 되고자 하는 의도에서 였다. 죽서루 남쪽에 있는 괴석은 인위적으로 다른 곳에서 채취하여 가져다놓은 게 아니라 원래 그 자리에 있던 것이다. 석회암이 숱한 세월과 바람에 깎이고 빗물에 녹아서 구멍이 뚫리고 특이한 형상이 되었다. 그 구멍을 언제부터인가 용이 드나드는 용문龍門이라 불렀고, 그것을 대문에 현판을 걸듯이 행초서의 음각글씨로 새겨두었다. 더구나 용문바위 위에는 성혈性穴이 있어서 이곳이 더욱 신성한 곳임을 말해준다.

성혈은 선사시대부터 풍요와 다산을 기원하던 일종의 암각화이다. 후대로 오면서 민간신앙으로 정착하여 자식을 기원하는 신앙처가 되었다. 칠월 칠석날 자정에 부녀자들이 성혈터를 찾아가서 일곱 구멍에 좁쌀을 넣고 치성을 드린 후 좁쌀을 한지에 사서 치마폭에 감추어가면 아들을 낳는다고 믿었다. 이렇듯 도교의 칠성신앙과 연결된 죽서루의 정원은 신선이 사는 신성한 곳이라는 믿음이 있었음을 보여준다. 그래서 죽서루에 오르면 신선이 된 자신을 발견하게 된다.

죽서루 난간에 기대어 아래를 내려다보면 까마득한 절벽 아래 파란 강물이 감아 돌고 있다. 절벽이 높아서 난간에 선 사람은 공중에 떠 있는 듯 현기증을 느낄 정도이다. 죽서루 아래 강물은 오십천이다. 하늘에서 백두대간에 떨어진 빗물이 서쪽으로 흘러가면 한강이 되고, 남쪽으로 흘러가면 낙동강이 되고, 동쪽으로 흘러오면 오십천이 된다. 백두대간 골짜기 골짜기에서 만들어진 작은 여울물이 모여서 오십 굽이를 돌아 동해로 들어가는 데 죽서루 아래 굽이가 마흔일곱 번째 굽이이다. 강 주변은 하얀 자갈밭이고, 강물이 감아 돌면서 만든 넓은 평지에는 소나무가 가득했다. 허목이 삼척부사로 와서 심은 것이다.

오십천 맑은 물에는 고기들이 뛰놀고 그 강물 위에서 뱃놀이를 하였다. 응벽헌의 서쪽 모퉁이에 나 있는 돌길을 따라 오십천으로 내려서면 태을연엽주太乙

蓮葉舟라는 이름의 배가 기다리고 있었다. 배 이름은 중국 북송의 화가 이공린李公隣이 그린 그림 〈태일진인도太一眞人圖〉의 화제에서 유래한다.

「태일진인도」는 도를 깨우친 도인 곧 진인眞人이 연꽃 속에 누워 책을 읽고 있는 모습을 그린 것인데, 당시 최고의 문인 한구韓駒가 '태일진인연엽주'라고 화제를 써주었다. 신선처럼 연꽃모양의 태을연엽주를 타고 오십천 강물을 오르내리면 하늘에는 백구들이 날고 맑은 강물에는 은어들이 노닐었다. 특히 황혼 무렵 두타산 너머로 해가 질 때면 죽서루 옆 고사古寺에서 저녁 종소리가 울려 퍼지고, 강물에는 은어들이 석양빛을 받아 황금색으로 반짝였다.

배 위에 누워 절벽을 올려다보면 높은 곳에 죽서루가 걸려 있고, 그 아래 절벽 밑에는 구멍이 하나 있었다. 강물이 그 구멍 위에 이르면 새어 들어가는 것이 낙숫물 지듯 하고, 남은 물은 누 앞 석벽을 지나 동해로 흘러갔다. 옛날에 뱃놀이하던 사람이 잘못하여 구멍 속으로 들어갔는데 간 곳을 모른다고 하였다. 이를 두고 사람들은 이들 모두 용궁으로 갔다고 하였다. 지금은 그 구멍은 찾을 길이 없고 그 구멍이 있었던 부근 절벽에 숱한 사람들의 이름만이 새겨져 있다. 이 사람들이 모두 태을연엽주를 타고 그 구멍을 통해서 용궁으로 들어간 것은 아닐까?

그러나 현재의 죽서루는 더 이상 옛날의 죽서루가 아니다. 죽서루에 올라 난간에 기대어 누각 안으로 밀려오는 경관을 보면 옛날의 멋스러움은 찾을 수가 없다. 소나무가 가득하던 곳에는 아파트가 괴물처럼 자리하고 있다. 남산의 언덕은 잘려나가고 인공으로 만든 폭포물만 공허하게 다람쥐 쳇바퀴 돌듯 부서져 내리고 있을 뿐이다. 오십천을 오르내리던 배는 간 곳이 없고 오염된 강물 속에 몇 마리의 물고기가 호흡이 곤란한 듯 물위로 뛰어 올라와 긴 숨을 쉬고 내려간다.

죽서루를 잘 보존하는 것만 중요한 게 아니다. 누각이 누각다운 것은 누각에 올라 바라본 경관이 아름답기 때문이다. 언제쯤 누각에 올라 참 맛나는 죽서루를 느낄 수 있을까? 죽서루의 멋스러움은 진정 옛 그림 속에 남아 있을 뿐 그 경관 속에 나를 담글 수는 없는 것일까?

사람은 가도 그 흔적은 글씨로 남아

죽서루를 다녀간 숱한 사람들의 흔적은 시로 글씨로 그림으로 남아 있다. 이들의 자취는 편액으로 만들어져 죽서루 누각 안에 걸려 있기도 하고, 그들의 문집과 화첩 속에 숨어 있다.

죽서루에 걸려 있는 제액題額 현판은 여럿이다. 누각의 동쪽에는 삼척부사를 지낸 이성조가 쓴 '죽서루'라는 현판과 '관동제일루'라는 현판이 있다. 죽서루 현판 글씨는 대나무가 큰바람에 쓰러질 듯이 휘어지는 모습을 연상케 한다. 이성조는 죽서루가 관동팔경의 으뜸이라는 숱한 사람들의 말을 확인이라도 하듯이 가장 잘 보이는 곳에 관동제일루라는 편액을 걸었다.

죽서루의 남쪽 측면에는 '죽서루'라는 또 하나의 현판이 있다. 그 글씨는 마치 대나무와 같은 모습을 하고 있다. 세상의 어떤 풍상에도 자신의 모습을 지켜나가는 대나무처럼 죽서루도 온갖 시련을 견디어내기를 바라는 마음이 가득하다. 한 획 한 획이 한 마디의 대나무처럼 곧고 힘이 있다.

위부터 차례대로 이성조의 관동제일루 현판, 작자 미상의 죽서루 현판이다.

'해선유희지소海仙遊戱之所'는 삼척부사를 지낸 이규헌李奎憲의 작품이다. 이규헌은 1835년(헌종 1) 7월에 삼척부사로 부임하여 4년간 재임하면서 선정을 베풀어 주민들이 선정비와 흥학비興學碑를 세워주었다. 재임기간이 1년 남짓인 지방 수령의 평균 재임기간을 고려하면 상당히 오랜 세월 삼척부사로 재임하였다. 죽서루에 올라 자신이 신선이 된 듯한 감흥을 힘주어 글씨로 표현하였다.

'제일계정第一溪亭'은 허목의 글씨로 전해지고 있으나 허목의 글씨는 아닌 듯하다. 조선 후기 서예가였던 허목의 필적이 남아 있었으면 하는 이곳 주민들의 바람에서 허목의 글씨로 오해된 듯하다. 허목은 삼척부사로 있던 1662년(현종 3) 죽서루기와 서별당기를 짓고, 객사인 진주관과 응벽헌의 대액大額을 고전체의 큰 글씨로 썼다. 그러나 그의 필적이 죽서루에 남아 있지 않은 것은 남인의 영수였던 허목의 글씨가 집권세력인 서인들에 의해 훼철되었기 때문이다.

실제 삼척지방을 순찰하던 강원도 관찰사가 고의로 허목이 쓴 편액 '응벽헌'이라는 글씨를 깎아버렸다는 기록이 있다. 또한 노론인 송창宋昌은 허목이 쓴 현판을 떼어버렸다. 정치가 예술을 파괴한 것이다. '제일계정'은 허목의 글씨가 아니라도 좋은 글씨이다. 한획 한획이 오십천 강물이 휘감아 돌듯이 굽이쳐

위부터 차례대로 이규헌의 해선유희지소 현판, 작자 미상의 제일계정 현판이다.

흐르면서 절벽을 깎아내는듯한 힘을 느끼게 한다.

죽서루에 오른 감흥은 시가 되고

죽서루를 노래한 시는 현재 알려진 것만 500수가 넘는다. 위로는 국왕으로 부터 아래로는 아낙네에 이르기까지 다양한 계층이 그들의 삶에서 우러나오는 다양한 감흥을 노래했다. 아름다움에 감흥을 느끼는 데 남녀노소의 구분이 없듯이, 신분이나 계층, 성별의 구분 또한 있을 수 없다. 이들 가운데 현재 죽서루에 현판으로 만들어져 걸려 있는 몇 작품을 감상해보도록 하자.

죽서루를 노래한 국왕의 작품은 조선시대 숙종과 정조의 시가 남아 있다. 두 임금은 죽서루에 직접 오지 못했다. 그런데 어떻게 죽서루를 노래할 수 있었을까?

관동팔경은 당시 사람들이 꼭 한번 유람하고 싶어 했던 곳이었다. 특히 시인묵객이나 화가들에게는 이곳을 유람하고 시를 쓰고 그림을 그려야만 풍류를 아는 시인으로 화가로 대접받을 수 있었다. 나라를 호령하는 임금도 임금이기 이전에 한사람의 자연인으로 어찌 그 같은 욕망이 없었을까? 직접 관동팔경을 유람하는 것이 불가능하기에 대신 궁중의 화원들로 하여금 이곳 절경을 그려오게 하여 그것을 감상하는 것으로 스스로를 위로할 수밖에 없었다.

정조는 김홍도에게 금강산과 관동팔경을 비롯한 영동지방 절경을 그려오도록 어명을 내렸다. 정조의 어명을 받은 김홍도는 44세가 되던 해 가을에 관동지방의 해산승경海山勝景을 그림으로 그렸다. 이 그림은 정조가 실경實景을 보고

싫어 내린 어명을 의식하고 정성을 다하여 사진에 가까울 만큼 치밀하게 그렸다. 정조는 이 그림을 직접 보고 그 감흥을 칠언 절구로 노래하였다.

돌 다듬고 절벽 쪼아 세운 누각 하나	彫石鐫崖寄一樓
누각 옆은 푸른 바다이고 바다에는 갈매기 노네	樓邊滄海海邊鷗
죽서루가 있는 고을의 태수는 어느 집 아들인가	竹西太守誰家子
미녀들 가득 싣고 밤세워 뱃놀이하는구나	滿載紅粧卜夜遊

정조의 시에는 자신이 직접 죽서루에 가서 오십천 응벽담에서 뱃놀이하지 못하는 안타까운 마음이 담겨 있다. 궁궐에 갇힌 자신보다는 오히려 죽서루에서 자연과 벗하며 자유롭게 살아가는 삼척부사가 부러웠던 것이다.

당대의 최고의 문인들은 앞을 다투어 죽서루에 대한 감흥을 시로써 표현했다. 동안 이승휴가 안집사安集使 병부시랑兵部侍郎 진자사陳子俟와 함께 죽서루에 올라 판상板上에 있는 시의 운자韻字를 보고 그 운자대로 시를 지었다.

높은 하늘 푸른 빛은 가파르고 험준함을 더하고 　　　　半空金碧駕嶒崚

햇살 가린 구름은 누각 위에서 춤추네 　　　　掩映雲端舞棟楹

푸른 바위에 기대어 날으는 고니를 바라보고 　　　　斜奇翠巖看鵠擧

붉은 난간을 잡고 오가는 물고기를 세어본다 　　　　俯臨丹檻數魚行

산은 들을 둘러싸 동그란 경계를 만들었는데 　　　　山圍平野邧成界

이 고을은 높은 누각으로 더욱 유명하구나 　　　　縣爲高樓別有名

문득 벼슬을 버리고 조용히 늘어가려 했지만 　　　　便欲投簪聊公老

내 적은 힘이나마 나라 위해 바칠 작정이네 　　　　庶將螢爝蜀助君明

『제왕운기』의 저자인 이승휴는 과거에 급제하여 어머니가 계시는 고향 삼척
으로 금의환향하였다. 그러나 몽골의 침입으로 강도江都로 돌아가는 길이 막혀
벼슬길로 나갈 수 없었다.

동안 이승휴의 시 현판.

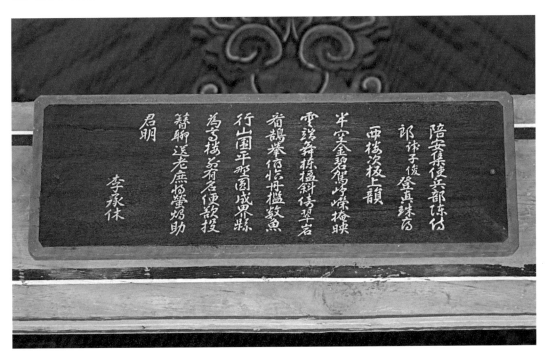

삼척 두타산 아래에서 몸소 농사를 지으며 홀어머니를 모시고 살기로 하였다. 그러다 강원도 안집사安集使로 온 병부시랑兵部侍郎의 주선으로 마침내 벼슬길에 오른다. 벼슬길로 나아가는 부푼 가슴을 안고 죽서루에 오른 이승휴는 그 감흥을 시로써 노래했다. 고대하던 벼슬길에 오르게 된 이승휴가 죽서루에 올라 바라보는 경관은 정말 아름다웠으리라.

율곡 이이 또한 죽서루에 있는 시를 차운次韻하여 시를 지었다.

누가 하늘 속에 이 아름다운 누각을 세웠는가	誰將天奧敞華樓
그 지나온 세월 얼마인지 알 수가 없구나	石老星移不己秋
들판 저 멀리 산은 봉우리가 떠 있는 듯하고	野外千瓊浮遠岫
강변 모래 가에는 맑고 찬 물이 흐르네	沙邊一帶湛寒流
시인과 묵객들은 한이 많다 하여도	騷人自是多幽恨

천하절경 바라보면 어찌 나그네의 수심이 일겠는가　　　　　　淸境何須惹客愁

온갖 인연 모두 떨쳐버리고 낚시대를 들고서　　　　　　會撥萬緣執釣竿

푸른 강변 서편에서 졸고 있는 갈매기와 논다.　　　　　　碧崖西畔弄眠鷗

　죽서루를 노래한 시는 또 다른 시를 낳았다. 율곡도 그러했듯이 죽서루에 왔
던 많은 사람들은 선인先人들의 시에 감동받고, 경치에 취하여 시를 지었다. 특
히 율곡의 시는, 율곡이 조선시대 성리학의 한 맥을 형성하고 있었을 뿐만 아
니라 조선 후기 집권세력인 서인의 비조였기에, 더욱 많은 사랑을 받았다.
1728년(영조 4) 양정호梁廷虎와 1804년(순조 4) 심공저沈公著가 각각 삼척부사로
왔다가 율곡의 시를 차운하여 시를 남겼으며, 정규형鄭奎亨도 율곡의 시를 차운
하여 시를 썼다.

　『세종실록지리지』를 보면 죽서루에는 죽서루 8경이 있는데 많은 시인 묵객
들이 이를 노래했다고 하였다.

　　죽장고사竹藏古寺(대나무밭 속의 오래된 절),

　　암공청담巖控淸潭(바위로 둘러싸인 맑은 못),

　　의산촌사依山村舍(산기슭에 의지한 시골집),

　　와수목교臥水木橋(강에 걸려 있는 나무다리),

　　우배목동牛背牧童(소 타고 가는 목동),

　　농두엽부壟頭饁婦(밭머리에 밥나르는 아낙네),

　　임류수어臨流數魚(물가에서 고기 세기),

　　격장호승隔墻呼僧(담 너머 스님 부르기)

　일찍이 고려 말기의 문인 안축安軸이 1330년 강원도존무사江原道存撫使로 부임
하여 부임지를 돌아보며 관동지방의 경관과 풍속을 읊은 기행시집『관동와주
關東瓦注』가 있는데, 이 가운데 삼척 죽서루 팔경을 노래한 것이 있다. 이후 이달

충李達衷, 이곡李穀 등 고려시대 대표적인 문인들이 죽서루 8경을 노래했으며, 조선시대에 들어와서도 이원진李元鎭, 민수천閔壽千, 채세걸蔡世傑, 최연崔演 등이 역시 죽서루 8경을 노래하였다.

죽서루를 노래한 기행문학 작품들도 많다. 고려 말기 문인 안축이 기행시집으로 『관동와주』를 짓고 이 기행 시문의 마무리로 경기체가의 「관동별곡」을 지었다. 조선시대에 들어와서는 1553년(명종 8)에 홍인우洪仁祐가 쓴 일기체 형식의 기행문 「관동일록關東日錄」이 있다. 선조 대의 문인이요 정치가인 송강 정철은 1580년(선조 13) 강원도 관찰사로 부임하여 강원도 영동지방 고을을 순시하면서 가사문학의 대표작인 「관동별곡」을 지었다. 정철은 45세가 되던 해에 강원도 관찰사로 제수받고 원주에 부임하여 3월에 내금강, 외금강, 해금강과 관동팔경을 두루 유람하면서 뛰어난 경치와 그에 따른 감흥을 노래하였다.

송강 정철 가사비.

진주관, 죽서루	진眞주珠관館죽竹서西루樓루
오십천 내린 물이	오五십十천川 ᄂᆞ린 물이
태백산 그림자를	태太백百산山 그림자를
동해로 담아가니	동東해海로 다마가니
차라리 한강을 향해	출하리 한漢강江의
남산에 이르고져	목木멱覓에 다히고져
관원의 발길은 한도가 있는데	왕王명程이 유有ᄒᆞᆫ限ᄒᆞ고

경치는 보고 봐도 싫증나지 아니하니

회포도 많고 많아

나그네 시름 둘 데 없다.

풍風경景이 못슬니

유幽회懷도 하도할샤

객客수愁도 둘듸업다.

아름다운 경관은 그림이 되고

화가들은 죽서루의 아름다운 경관을 화폭에 담아 간직하였다. 현재 전해지는
가장 오래된 죽서루 그림은 겸재 정선의 작품이다. 정선은 동해안을 유람하고
나서 『관동명승첩關東名勝帖』을 그렸다. 이 화첩 속에 죽서루 그림이 있다. 진경
산수화의 종장宗匠인 겸재 정선과 단짝을 이룬 진경시의 종백宗伯은 영조시대 최
고의 시인이었던 사천 이병연이었다.

정선, 1738년, 32.2×57.7,
관동명승첩, 간송미술관 소장.

이병연은 1732년(영조 8)에 삼척부사로 부임하여 1736년까지 재임하였다. 마침 정선도 지금의 포항시 청하현감으로 1733년에 부임하여 1735년까지 재임하였다. 이때 당대 최고의 화가 정선과 최고의 시인 이병연은 함께 동해안의 뛰어난 경치를 구경하면서 시인은 시로써 노래하고 화가는 그림으로 감흥을 보여주었다. 정선의 『관동명승첩』에 있는 죽서루의 그림은 바로 이때 그려진 그림이다.

그림을 보면 응벽담 위 절벽 높은 낭떠러지 위에 큰 집 셋이 자리하고 있다. 가운데 죽서루가 2층 누각으로 번듯하게 자리잡고 그 동쪽으로 연근당이 벼랑 끝에 아슬아슬하게 있고, 서쪽으로는 응벽헌이 바위 뒤에 살짝 숨어 있다. 응

김홍도, 『금강사군첩』, 1788년, 30.4×43.7, 개인 소장.

벽헌 서쪽으로 돌길을 암시하기 위해 절벽에 사다리를 걸쳐놓았는데 이를 타고 내려와 응벽담에 떠 있는 배에 올라타고 뱃놀이를 하였다. 물소리가 철철철 들린다는 연근당 벼랑 아래는 물목이 좁고 강바닥이 높은 듯 강물을 여울지는 물결로 표현했다. 그림 속 풍광을 보면 그 소리가 들리는 듯하다. 연근당에 담장을 두른 것은 그 위태함을 강조하려는 의도로 여겨진다.

바위 절벽을 대부벽준법으로 크게 쪼개듯 표현하고 산부추의 표시인 듯 바위 틈새에는 태점苔點을 많이 찍어놓았다. 평무平蕪한 절벽 위의 분위기를 나타내기 위해서인지 노거수老巨樹 두어 그루가 죽서루 좌우에 서 있을 뿐 소림의 표현은 극도로 자제되었다. 응벽담 위로 미끄러지듯이 오르락 내리락하는 놀잇배 위에는 세명의 선비가 죽서루를 올려다 보면서 그 경치에 취해 있고 누각 위에는 기생 셋이 서성대며 이들을 기다리고 있다. 곧 누각에서 음악이 흐르는 연회가 베풀어질 듯한 순간이 그림 속에 그대로 멈추어 있다.

정조는 김홍도에게 금강산과 관동팔경을 비롯한 영동지방 절경을 그려오도록 어명을 내렸다. 정조의 어명을 받은 김홍도는 44세가 되던 해 가을에 관동지방의 해산승경을 그림으로 그렸다. 이 그림은 정조가 실경을 보고 싶어 내린 어명을 의식한 만큼 치밀한 필치를 보여준다.

그림의 왼쪽으로 삼척의 주산 갈야산이 보이고 죽서루 너머에 봉황산이 동해를 향한다. 층층으로 쌓인 듯한 벼랑 위에는 죽서루를 중심으로 왼쪽에 응벽헌을 비롯한 관아 건물이 보이고 오른쪽에는 벼랑 위에 연근당이 자리하고 있다. 굽이도는 강물 위에는 놀잇배가 보이고 강가 모래밭에는 물새 세 마리가 먹이를 찾아 한가로이 거닐고 있다. 죽서루에서 건너편 모래밭까지 긴 줄이 연결되어 있다. 이것은 물건 운반용 줄이다. 죽서루에서 많은 선비들이 모여 백일장을 열었는데 그 장소는 죽서루 아래 오십천 강변이었다. 그리고 심사는 죽서루 누각에서 하였기에 이를 누각으로 올려 보내기 위해서 죽서루 기둥에 줄을 매고 도르래처럼 오르내리게 하였다. 지금도 죽서루의 기둥에는 줄을 매었던 자국이 그대로 남아 있다. 정조의 명을 받은 김홍도가 얼마나 죽서루를 사실적으로 그렸는지를 단적으로 보여주는 예이다.

죽서루를 그린 또 한 명의 화가, 강세황이 금강산을 유람한 것은 76세가 되던 해인 1788년이었다. 그 해 8월에 아들 강인이 회양부사로 부임하게 되자 그곳에 머무르다 정조의 어명을 받은 김홍도, 김응환과 함께 금강산에 오르게 되었다. 당시 금강산을 유람하면서 그린 것이 『풍악장유첩楓嶽壯遊帖』이다. 그가 금강산을 유람한 것은 화첩에 붙인 제목에서도 알 수 있듯이 유람을 통하여 단지 흥취를 경험하기 위한 것이라기보다는 사마천의 장유관壯遊觀을 토대로 견문을 넓히기 위한 목적이었다.

『풍악장유첩』 가운데 있는 죽서루 그림은 단원 김홍도와 거의 같은 시기에

강세황, 『풍악장유첩』, 1788
년경, 33.0×48.0, 국립중앙
박물관 소장

그려진 그림이어서 서로 비교하면 강세황과 김홍도의 화풍의 차이를 느낄 수 있다. 임금에게 바쳐야 하는 김홍도의 그림이 사실적이고 공적인 화원의 전형적인 모습을 보여준다면, 강세황의 그림은 사적이고 전형적인 문인화의 특성을 지녔다.

죽서루를 그린 그림은 앞에서 소개한 전통회화 이외에 민화 또한 적지 않다. 민화의 산수화는 병풍의 형태로 집안 장식용으로 이용되었다. 특히 금강산과 관동팔경이 가장 많이 애용되었기 때문에 관동팔경의 하나인 죽서루는 반드시 한 폭을 차지하였다. 민화 산수화는 실경을 그린 전통산수화와는 달리 환상적이고 관념적으로 표현하고 있는 것이 특징이다.

죽서루는 신분과 계급을 초월한 만인의 공간이다. 죽서루는 시간을 초월한 모든 시대인의 것이다. 오늘도 죽서루를 찾는 모든 이들은 죽서루에 올라 신선이 되고, 시인이 되고, 화가가 된다. 그리고 죽서루와 하나가 되어 자신의 목소리로 죽서루를 노래하고 있다.

도라지 꽃 핀 신라 너와집

두렁집
– 너와집과 굴피집

산에 있어 산을 닮은 집

우리나라 사람들은 자연에 도전하여 자연을 정복하기보다는 자연에 순응하면서 살아왔다. 주어진 자연환경에 순응하면서 추운 지방에서는 추위를 막을 수 있는 집을 지었고, 덥고 습한 지방에서는 통풍이 잘되고 더위를 막을 수 있는 집을 지었다.

집을 짓는 재료도 가까운 곳에서 손쉽게 구할 수 있는 것을 이용하였다. 양질의 목재가 많은 곳에서는 목조주택이 발달하였고, 나무가 적고 석재를 구하기 쉬운 곳에서는 석조건축이 발달하였다. 그리고 목재와 석재 모두가 귀한 곳에서는 흙으로 벽돌을 구워 만든 벽돌건축이 유행하였다. 다양한 자연환경만큼이나 다양한 집들이 지어졌다.

우리나라 전통민가의 유형은 평면의 형태, 구조, 지붕 재료, 벽체, 신분계층에 의해 다양하게 분류된다. 평면 형태에 따라서 일자一字집, ㄱ자집, 구자口字집, ㄷ자집, 일자日字집, 용자用字집, 전자田字집, 홑집, 겹집 등으로 분류된다. 구조에 의해서는 도리의 개수에 따라서 삼량집, 사량집, 오량집, 칠량집, 민도리집, 익공집 등으로 분류한다.

지붕재료에 따라서 기와를 이은 기와집, 볏짚으로 지붕을 이은 초가집, 볏짚 대신 새로 지붕을 이은 샛집, 널판으로 지붕을 이은 너와집, 상수리나무나 참나무의 껍질로 지붕을 이은 굴피집, 얇고 편편한 돌들로 지붕을 이은 돌너와

(돌능애)집 등이 있다. 그리고 벽체에 따라서 담집과 귀틀집으로 분류된다.

신분계층에 따라 일반 백성의 집인 여염집, 양반계급의 고급주택인 양반집, 중인계급의 살림집인 중인집, 노비 가운데 외거노비들이 살던 집인 가랍집 등으로 분류된다.

삼척을 중심으로 하는 영동지방에도 다양한 형태의 집들이 지어졌다. 강원도는 태백산맥을 기준으로 동서의 기후가 다르기 때문에 영서지방과 영동지방의 집들의 형태도 다르게 나타난다. 그리고 영동지방에서도 삼척을 기준으로 동서가 다르고 남북이 다르다. 삼척을 중심으로 하는 영동지방 민가의 기본 구조는 전자형田字形의 겹집이다. 전자형의 겹집은 밭전자 모양의 평면을 이룬 집으로 주로 함경도 지역에 많이 분포되어 있는 형태이다. 이는 앞뒤에 방들을 배치하여 열 손실을 적게 하고자 한 것으로 양통집이라고도 한다.

삼척을 대표하는 두렁집

삼척을 대표하는 산간 지역의 집은 두렁집이다.

두렁집이라는 용어는 건축학계에서 부르는 명칭이 아니라 실제 두렁집에 살고 있는 주민들이 부르는 명칭이다. 두렁집의 의미는 집의 실내가 마루 중심으로 주위에 방들이 있다 하여 붙여진 이름이다. 두렁이란 둥글다는 어원에서 온 말로 마루를 중심으로 방들이 둘레둘레 돌아가며 있다는 뜻이다. 논두렁과 밭두렁이라는 말도 같은 의미라고 할 수 있다. 두렁집이라는 용어는 강원대 건축과 임상규 교수가 현지조사를 통해서 확인한 것이다.

삼척 산간에 있는 집을 흔히들 너와집과 굴피집으로 부른다. 이는 지붕의 재료를 기준으로 붙여진 이름일 뿐 내부공간형식이나 형태의 특징을 기준으로 붙여진 이름은 아니다. 따라서 삼척을 대표하는 산간 지역의 집을 지칭하는 명칭으로는 그곳에 사는 사람들이 부르는 두렁집으로 하는 것이 마땅하다. 더욱

이 너와집과 굴피집은 삼척이 아닌 다른 산간 지역에도 많이 분포해 있기 때문이다.

두렁집이 분포한 지역은 삼척의 젖줄 오십천을 중심으로 하는 태백산맥 속 산간지방이다. 이들 지역은 옛날부터 '천년병화불입지지千年兵火不入之地'라 하여 수많은 전쟁의 화가 미치지 않는 곳으로 불렸다.

'삼척'이라는 지명의 의미 자체가 '가는 길이 멀고 험하다'라는 뜻이다. 삼척은 중앙으로부터 멀리 떨어진 은둔과 고요의 땅이었다. 즉 삼척은 교통의 불편으로 인하여 외지와 교류가 차단된 곳이었다. 육로는 태백산맥으로 막히고, 수로 역시 태백산맥을 넘지 못하였다. 따라서 이곳에 사는 사람들은 외지와의 교류가 없어서 넉넉하지는 못하였지만 끼리끼리 모여 사는 순박한 인심이 있었다. 실제 두렁집이 다수 분포해 있는 지역을 조사해보면 외부와는 차단되거나 위장된 지형으로 접근하기가 매우 어려운 곳이 대부분이다.

두렁집에 사는 사람들은 대개 화전민이다. 이들이 이곳 삼척 산간 지역으로 이주하게 된 계기는 정치적, 사회적, 경제적 요인으로 구분된다. 정치적으로는 전쟁을 피해서 산간 지역으로 이주하였다. 실제 신리에 있는 주민은 조상이 임진왜란을 피해 들어왔으며, 대이리 주민은 조상이 병자호란을 피해서 들어와서 지금까지 살고 있다.

사회적으로 주인에게 많은 신공身貢을 받쳐야 하는 노비의 신분으로부터 해방을 위해서나 과중한 조세의 부담을 피하기 위해 깊은 산속으로 숨어드는 경우도 많았다. 그리고 경제적으로 가산을 탕진하고 빈곤을 이기지 못하여 최후의 수단으로 화전火田을 위해 산간 지역으로 들어오는 경우도 있었다.

어떠한 요인으로 들어왔든지 이곳에 들어온 사람들의 생계를 해결할 수 있는 수단은 화전이었다. 산간의 화전지대는 대부분이 국유림이었기 때문에 손쉽게 경작지를 구할 수가 있었다. 자본이 없다고 하더라도 노동력만 있으면 생계를 꾸려나갔다. 더욱이 주변이 산이기 때문에 연료공급에 전혀 어려움이 없었으며, 최악의 경우에는 산채나물이나 산열매 등으로 연명하는 것이 가능하였다.

두렁집의 특징

두렁집은 일반 민가와는 다른 특징을 가졌다.

두렁집의 지붕은 대부분 너와집이나 굴피집이다. 두렁집의 지붕은 그 주변에서 구하기 손쉬운 것을 이용하였다. 너와집은 개마고원을 중심으로 하는 함경도와 평안도 산간 지역과 태백산맥을 중심으로 하는 강원도 산간 지역 화전민들이 주로 지었다.

너와는 소나무 널빤지를 기와처럼 잘라 지붕을 얹은 것이다. 크기는 보통 가로 20~30센티미터, 세로 40~50센티미터, 두께 4~5센티미터 정도이다. 너와를 기와처럼 지붕에 얹을 때 바람에 날아가지 않도록 무거운 돌이나 통나무로 지그시 눌러놓았다. 이러한 너와의 수명은 보통 10~20년인데, 지붕을 이은 지 오래되면 2~3년마다 낡은 너와를 새것으로 갈아주었다.

너와집은 방에 누우면 틈새로 하늘이 보이고, 불을 때면 틈새로 연기가 새어나간다. 수많은 틈새가 불안해 보이지만 실제 살아보면 이로 인해 여름에는 시원하고 겨울에는 눈이 덮여주어 온기가 밖으로 빠져나가지 못한다. 그리고 비가 오면 나무가 습기를 머금어 빗물이 새지 않는다. 그래서 너와를 만들 때에는 반드시 톱을 사용하지 않고 도끼를 사용하였다. 톱을 사용하면 나무의 섬유질이 파괴되어 빗물이 흐르는 길이 없어지기 때문이다.

굴피집은 너와집에서 파생했다. 국가에서 너와를 만들 소나무의 벌채를 금하자 대안으로 너와를 대신하여 상수리나무나 참나무의 껍질을 가지고 지붕을 이었다. 굴피로 지붕을 이을 때는 너와집과 마찬가지로 서까래 위에 20~30센티미터 간격으로 산자목을 놓고, 처마쪽에서 윗방향으로 굴피를 포개면서 이었다. 그리고 바람에 날리지 않도록 큰 돌을 올려놓거나 너시래를 얹어 눌러놓았다.

두렁집은 방과 부엌, 그리고 마구까지 모두 내부에 들어 있어서 외부에 대해 매우 폐쇄적이다. 지금의 아파트가 집안에서 모든 것을 해결하는 것과 마찬

두령집 내부. 두령집은 가운데 마루를 중심으로 주위에 방과 부엌, 외양간 등이 둘레 둘레 돌아가며 있다.

가지랄까. 이러한 까닭은 도적으로부터 식량을 보호하고, 폭설과 추위 그리고 맹수로부터 가족을 보호하기 위해서였다. 실제 삼척의 역사에는 호랑이가 나타나 많은 사람들에게 해를 입혔다는 기록이 남아 있다. 그러나 이 같은 폐쇄구조 속에서도 두령집은 교묘한 칸나누기와 다양한 출입문의 배치를 통해서 공간의 효율성을 높였다. 안방과 사랑방을 남녀의 내외공간으로 구분하면서도 가운데 있는 도장에 안방뿐 아니라 마루쪽으로도 문을 내어 샛방처럼 침실의 구실을 할 수 있도록 하였다. 까치구멍은 이처럼 폐쇄적인 두령집의 통풍을 위한 장치이다.

두령집은 자연지형을 그대로 이용해 집을 축조함으로써 자연에 순응하는 모습을 보여준다. 두령집은 산간의 경사진 지형을 그대로 이용하여 집을 지었기 때문에 대부분 입구에서 보면 오른쪽으로 기울어졌다. 이는 정지(부엌)와 마구, 정랑(화장실)을 비스듬히 하여 마구의 오물이 화장실을 거쳐 거름더미로 빠져나가게 했기 때문이다. 여기서 인분 냄새를 중화시키고 산간에서 구하기 어려운 거름을 얻으려는 지혜를 엿볼 수 있다. 그리고 취침공간 부분을 산쪽으로 위치하고 마구, 정지부분을 낮은 쪽으로 배치한 것은 지형을 이용하여 도장방을 보호하고 주출입구를 이용한 접근을 용이하게 하기 위함이다. 이처럼 두렁집은 자연 속에 있으면서 자연의 보호를 받고 있었다.

두렁집은 마당이 협소하다. 그리고 산을 개간하여 생활하기 때문에 내향적, 보호적, 폐쇄적이다. 이것은 산촌의 집들은 모여 있는 것이 아니고 이웃과 멀리 떨어진 독가獨家 형식을 취하기 때문이다.

두렁집은 공간 구분이 분명하다. 두렁집은 주거공간과 비주거공간, 여성공간과 남성공간으로 나뉜다. 그 접근 방법도 외부인이 접근하는 주출입구와 작업공간인 마당에서 접근하는 방법, 그리고 가족의 접근만을 허용하는 공간으로 구분하여 공간의 영역성이 확실하게 구분된다. 그리고 주거공간의 경우는 흙벽으로 축조하는 반면 비주거공간은 도적이나 짐승의 침입을 막고 여름의 원활한 통풍을 위해 널판으로 만들었다.

두렁집의 구조

두렁집의 공간은 내부공간과 외부공간으로 나뉜다.

내부공간은 다시 안방과 건너방의 주거공간과 마루, 정지, 도장, 마구, 정랑 등으로 이루어진 생활공간으로 구분된다. 두렁집의 안방은 정지와 면해 있는 여자들과 아이들의 공간이다. 아침 저녁으로 취사를 위하여 불을 지피기 때문에 비교적 따뜻하며, 안방의 윗목은 시어머니가 차지하고 며느리는 아랫목을 차지하였다. 사랑방이라고도 불리는 건너방은 시아버지와 가장이 거처하는 남자의 공간이었다. 그리고 가족의 수가 많을 경우에는 안방과 건너방을 둘로 나누어 각각 뒤쪽에 웃방과 윗사랑을 마련하기도 하였다.

두렁집의 마루는 내부마루와 외부마루로 구분된다. 내부마루는 겨울 동안에는 통로로 이용되지만 나머지 계절에는 가족들이 만나서 식사하고 휴식, 대화하는 공동의 공간이다. 그리고 내부 마루는 안방과 건너방 사이에 자리하고 있어서 안방과 건너방 사이의 기밀성을 보장해주는 역할도 한다. 내부마루는 안방과 건너방을 연결시켜줌과 동시에 완충작용도 함께 하는 것이다. 외부 마루는 툇마루의 형태를 띠며 내부공간과 외부공간을 연결시켜주는 역할을 한다. 내부로 들어가기 전에 준비공간으로 낮에는 휴식과 담소를 즐길 수 있는 장소로도 이용된다.

부엌인 정지는 불을 지피고 밥을 짓는 주부의 작업공간이다. 정지의 위치는 밥을 풀 때 대문방향으로 하면 복이 달아난다고 하여 정지를 집 안으로 향하게 하기 위해 집 안의 오른쪽에 두었다. 특히 삼척의 금기어禁忌語 가운데 '남자가 정지에 들어가면 불알이 떨어진다'는 말이 있듯이 정지는 오로지 여자만의 공간이었다. 또한 정지의 바닥은 울퉁불퉁한데 이는 정지바닥을 고르거나 파내면 집안이 망한다는 속설이 전해지고 있기 때문이다. 그리고 정지의 한가운데에는 불씨를 보관하는 장소인 화티가 있다.

도장은 현대식 용어로 창고를 말한다. 도장은 지역에 따라서 도장, 고방, 광, 곳간 등으로 불렀다. 도장의 용도는 곡식을 보관한다거나 귀중한 물건을 저장하는 장소이다. 두렁집의 도장은 항상 주인이 기어하는 방과 방 사이에 둠으로써 외부인의 접근을 막았으며, 가족들의 접근이 편리하도록 하였다. 도장을 방으로 만들어 도장방이라고 하는 경우도 있으며, 도장은 은밀한 곳이었기 때문에 부인들이 출산하는 장소로 사용되기도 하였다.

두렁집은 집 안에 마구를 두어 가축과 삶이 동거하는 형식을 취하고 있는 것이 특징이다. 이는 소중한 가축을 내부에 두어 추위를 막아주고 사람이 수월하게 관리하기 위해서다. 두렁집에서 소는 단순한 가축이 아니고 하나의 가족 구성원이었다. 마구는 집의 정면에 두어서 배설물이 낮은 곳으로 흘러 정랑으로 흘러가거나 외부로 나갈 수 있도록 하였다. 그래서 변소인 정랑은 마구에 붙어 있다. 한편 정랑이 남녀 구분되어 있는 경우도 있는데, 이는 남녀가 유별하다는 성리학적 사고가 이곳 깊은 산골에도 영향을 주었기 때문이다.

외부공간은 마당, 방앗간, 울타리 등으로 구성되어 있다. 두렁집의 마당은 산들이 첩첩이 싸여 있는 산간지방의 특성상 구릉지에 위치하기 때문에 비교적 협소하다. 논농사가 없고 주로 생산하는 곡식이 잡곡과 약초였기 때문에 넓은 마당이 필요하지 않았다. 따라서 주변과의 영역을 구분하는 것도 울타리나 담장이 아니라 건물 그 자체가 담이요, 울이었다. 그리고 다닥다닥 모여 살지 않고 멀리 떨어져 살았기 때문에 이웃과의 경계는 담장이나 울타리가 아니고 높은 산과 앞에 흐르는 개울이었다.

방앗간의 경우 하천이 없는 경우에는 각 집마다 디딜방아를 마련하였고, 하천이 있는 경우에는 공동의 물레방아나 통방아를 마련하였다. 물레방아는 물이 떨어지는 힘으로 바퀴를 돌려 보리와 쌀을 찧었고 때로는 탈곡이나 제분의 역할을 하였다. 소나무를 쪼개 너와지붕을 만들고, 방아 틀은 견고한 박달나무로 제작하였다. 확으로는 돌절구를 땅바닥에 묻었다. 이것으로 벼를 한 가마 찧는 데 대략 한 시간이 걸렸다. 통방아는 확, 공이, 수대로 구성된다. 물

통방아 전경(왼쪽)과 신리의 디딜방아(오른쪽).

통에 물이 담기면 그 무게로 공이가 올라가고 그 물이 쏟아지면 공이가 떨어져 방아를 찧게 된다. 사람이 발로 디디는 디딜방아보다 훨씬 힘이 들지 않아 편리하다.

두렁집의 생활

전하는 이야기 가운데 '도장 빌어 안방 빌고, 사랑 빌어 마당 빌면 아주 나간다'는 말이 있다. 이것은 두렁집에 사는 사람의 일대기를 두렁집 구조에 빗대어 표현한 것이다. 인간이 장가를 들어 어둡고 은밀한 곳인 도장에서 아기를 출산하고, 어린 시절을 따뜻한 안방에서 성장한다. 가장이 되어 건넌방에서 가정을 꾸려나가고 늙으면 사랑방으로 옮겼다가 죽게 되면 마당으로 나가 뒷산에 묻힘으로써 아주 저 세상에 간다는 뜻이다. 이는 인간 삶의 주기가 건축의 형태에서도 나타나고 있음을 보여준다. 자연의 법칙이 인간의 주거에 적용되어 건축의 평면이 구성되었음을 알 수 있다.

두렁집에서 인간과 자연이 공존하고 있는 또 하나의 모습이 있다. 밭에서 수확한 곡식으로 사람이 먹고 살고, 또한 들에서 채취한 사료를 먹고 가축이 성장한다. 이들이 배출한 인분과 분뇨는 정랑에 저장되었다가 봄이 되면 밭에 내어 작물이 자라는 비료가 된다. 이를 먹고 자란 농작물은 가을에 수확하여 다시 사람과 가축이 먹게 된다. 인간과 자연이 공생하는 자연 순환의 원리가 이곳에서 철저하게 지켜지고 있음을 본다. 자연과 인간이 하나임을 느끼게 된다.

두렁집에서 사용하는 생활 용구도 타 지역에서는 볼 수 없는 독특한 것들이다. 화티는 불씨를 보관하는 용구이다. 정지의 부뚜막 옆에 진흙으로 쌓아 화로 모양을 하고 있는 것이 화티이다. 화티의 위치는 정지에서 마루 사이에 있었으며, 이곳의 불씨는 재를 꼭꼭 눌러 덮어두고 그 위에 불돌을 얹어놓았다. 예전에는 이 불씨가 꺼지면 집안이 망한다고 믿었다. 그래서 며느리의 가장 중요한 임무가 이 불씨를 보존하는 것이었으며, 만일 며느리가 불씨를 죽이면 쫓겨나는 경우도 있었다.

코클은 조명기구이지만 난방의 역할도 하였다. 코클은 방과 정지 사이의 한쪽 벽 구석에 설치하였다. 방 바닥에서 약 40센티미터 정도 되는 높이에 두터운 널쪽을 귀에 맞게 대고 그 위를 흙으로 원통처럼 쌓거나 사리나무로 틀을 짠 위에 흙을 바른다. 이 원통은 위로 올라갈수록 좁아지며, 천정 바로 밑에서 정지쪽으로 뚫려 있다. 그리고 원통 아래에는 네모난 모양의 아궁이를 만들어놓았다. 저녁이 되어 어두워지면 이곳에 관솔불을 지펴서 방을 밝혔다. 연기는 원통을 따라 올라가서 정지쪽으로 빠지고 코클의 불빛은 은은하고 아늑하게 방안에 밝혔다.

코클. 코클은 조명기구이면서 난방의 역할도 하였다.

두둥 불은 원시적인 조명장치로 이곳에 관솔불을 놓아 정지를 비롯한 마루에 불을 밝혔다. 가로 세로의 길이가 40센티미터 정도인 바닥에 넓은 돌을 깔아놓고 그 위에서 불을 피우기 때문에 대부분 위는 검게 그을려 있다. 최근 들어서는 관솔불 대신에 호롱이나 등잔을 올려놓아서 양쪽 방을 밝히기도 하였다.

채독은 싸리나무로 만든 식량 저장용 독이다. 싸리나무를 엮어서 배는 항아리처럼 부르고 바닥은 네모난 평면 모양으로 만든 것이다. 독 안에는 쇠똥을 바른 후에 흙을 덧바르기도 하고, 처음부터 보릿겨와 진흙을 섞어서 바르기도 한다. 콩이나 감자 등 마른 곡식을 담아두는 산촌에서는 없어서는 안 될 필수품이었다.

김칫독은 직경이 70~80센티미터 되는 피나무 속을 완전히 파고 밑에는 통나무를 함지처럼 판 받침을 끼운 다음 그 둘레에 팽풀을 이겨 발라서 물이 새지 않도록 한 나무항아리이다. 이런 김칫독은 불편한 교통으로 인하여 독이나 항아리를 살 수 없는 산촌에서 귀중한 그릇이었다. 나무로 만든 김칫독은 극심한 추위에도 언제나 일정한 온도를 유지해주었기 때문에 산촌민들은 언제나 맛있는 김치를 먹을 수 있었다.

주루막은 산촌에서 사용하는 망태기이다. 사각형으로 엮어서 주머니처럼 주둥이를 조일 수 있으며, 멜끈이 달려 있다. 가늘게 꼰 새끼줄로 촘촘히 엮고 튼튼히 하기 위해 고리에는 칡뿌리나 왕골 혹은 가래나무 껍질을 감아놓았다. 곡물을 나르는 데도 사용하고 산을 다닐 때 낫과 같은 도구를 넣거나 점심을 넣어서 메고 다녔다.

설피는 눈이 왔을 때 신는 신발이다. 겨울철 눈이 많이 왔을 때 눈에 빠지거나 미끄러지는 것을 방지하기 위하여 신발 위에 이것을 덧신고 다녔다. 다래덩불이나 물푸레 혹은 노가지 나무의 껍질을 벗긴 후에 긴 원형으로 구부려서 만들었다. 그리고 눈길을 걸을 때 미끄럼을 방지하기 위하여 굴밤나무나 참나무로 발톱을 만들어서 끼우기도 하였다.

선창은 산에서 짐승을 잡을 때 사용하는 창이다. 사냥은 눈이 많이 온 겨울

채독과 김칫독. 채독은 싸리나무로 만든 식량 저장독이며, 김칫독은 피나무 속을 파서 만든 나무항아리이다.

에 주로 하였다. 눈이 많이 내리면 산돼지를 비롯한 산짐승들이 네다리가 눈에 빠져서 행동이 민첩하지 못하였다. 이때 부락민들이 모여서 사냥을 하는데, 주루막을 메고, 선창을 들고 설피를 신거나 썰매를 타고서 사냥을 하였다.

대이리 두렁집

인간이 살기 가장 좋은 곳은 어떤 곳일까?

풍수지리학자 최창조는 풍수가 찾고자 하는 터는 어머니의 품 속과 같은 곳이라고 하였다. 한마디로 불안이 없는 땅이다. 안온하고 안정되어 있으며 근심 걱정이 없는 터, 바로 어머니의 품 안 같이 생긴 땅에서 사람들은 편안하게 살았다. 풍수는 그렇게 생긴 터를 좋아한다. 그래서 좌청룡과 우백호는 어머니의 양팔이 되고 주산主山인 현무사玄武砂는 어머니의 몸이 된다. 그 가운데가 바로 명당이니 명당은 바로 어머니의 품속이 아니고 무엇인가. 그곳은 아무런 걱정 없이 태초의 평안 속에서 오직 만족만을 느끼며 살았던 품이다. 그 품을 떠나면서 근심과 불안은 시작된다.

삼척시 신기면 대이리의 골말이 바로 그런 곳이다. 태백산 연맥이라 할 수 있는 덕메기산德頃山을 비롯하여 같은 줄기인 양태메기, 지각봉, 물미산이 사방으로 둘러싸고 있으니, 이곳이 바로 어머니 뱃속이라고 표현할 수 있는 지세이다. 그리고 그 가운데 촛대봉이 있다. 이것은 아버지를 상징한다. 그래서 이곳은 더욱 어머니의 자궁이 되는 것이다. 이곳을『정감록』에서는 '십승지지十勝之地'의 하나로 삼재, 즉 전란, 흉년, 전염병이 없는 이상향으로 기록하고 있다. 실제 이곳에서는 6·25가 있었는지를 모르고 살았다.

대이리 골말에는 본래 20여 호 너와집과 굴피집의 화전민들이 살고 있었는데, 지금은 여섯 가구가 살고 있으며 이 가운데 너와집과 굴피집이 각각 한 채씩 남아 있다. 중요민속자료 221호로 지정된 너와집은 이종옥 할아버지가 사

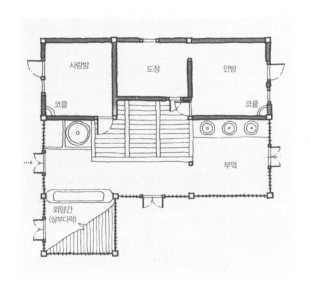

대이리 너와집의 도면.

는 집이다. 이 마을의 입향조入鄕祖는 병자호란 이후 인조 때 경기도 포천에서 이곳으로 들어왔다. 너와집에 살고 있는 이종옥 할아버지는 입향조의 11대 후손이다.

계곡의 서쪽 산등성이에 자리하고 있는 너와집은 좁은 골목을 쫓아 들어가서 있다. 너와집 마당에 들어서면 본채가 동남향으로 자리하고 있고, 마당의 왼쪽에 굴피로 지붕을 이은 곳간채가 있고, 마당의 남쪽에 측간이 지어져 있다.

본채는 정면 3칸, 측면 2칸의 장방형으로 동남쪽에 외양간을 달아내었다. 서쪽 입면 중앙은 대문간이고, 대문의 북쪽에 한 칸의 사랑방을 두고 남쪽에 달아낸 외양간 상부에 다락을 만들어두었다. 대문간을 들어서면 중앙에 마루가 반 간 정도 앞으로 나오고, 그 뒤쪽에 도장방이 있다. 마루 앞은 통로로 사용되면서 한편으로는 실내에서 가사 일을 할 수 있는 마당의 역할을 한다. 마당의 동쪽에 부엌이 한 칸 있고, 부엌 뒤로 안방이 자리하고 있다. 사랑방과 안방의 구석에는 조상 대대로 써오던 코클이 있어서 관솔을 지펴 실내조명과 난방을 하였다. 코클의 위치는 방 안 왼쪽이며, 앉아서 관솔을 지피기 좋을 만큼의 높이에 작은 아궁이를 만들어놓았다. 코클에 관솔을 지피는 이유는 화력이 좋을 뿐만 아니라 연기가 적고 냄새가 그윽하기 때문이다. 그리고 부엌과 마루 사이 벽에는 호롱불을 넣어두는 두둥불이 있다.

막돌 허튼층쌓기 기단 위에 막돌 초석을 놓고 네모기둥을 세워 납도리로 결구한 민도리 구조이다. 지붕은 우진각 지붕이며 용마루 양 측면에 수직의 삼각형 까치구멍이 있어서 집 안의 연기를 배출할 수 있도록 하였다. 벽체는 통나무를 조개서 만든 널빤지를 붙여 만든 널판지벽이며, 지붕은 너와집이다.

이종옥 할아버지는 며느리, 손자와 함께 살고 있다. 사진 찍는 사람들에게

모델이 되고 취재 온 방송국 사람들에게 인터뷰를 많이 해서 이미 세상 사람들에게 많이 알려졌다. 찾아오는 관광객이나 취재를 온 방송국 사람들에게 20년 전 전기가 들어오면서 사용하지 않는 코클에 불을 피우는 것을 재연해주기도 한다. 사랑방에는 양대 방송국에서 주고 간 시계 두 개가 나란히 벽 한곳에 자리하고 있다. 그 밑에 달력이 세월의 흐름을 지켜보고 있다. 80세가 넘어신 할아버지가 너와집의 마지막 세대인 듯하다.

중요민속자료 223호 지정된 굴피집은 이종순 가옥이다. 이 굴피집은 너와집 바로 아래에 있는데, 300여 년 전 현재의 이종옥 할아버지가 살고 있는 너와집에서 분가해 지었다고 한다. 원래 이 집도 처음에는 너와집이었으나 1930년대 너와채취의 어려움 때문에 대신 굴피로 지붕을 이게 되었다.

굴피집은 동에서 서로 길게 뻗은 계곡의 냇가 북측에 집터를 마련하고 동향

대이리 굴피집, 이종순 가옥.

으로 자리 잡고 있다. 대문을 들어서면 사랑마당에 이르고 이 마당의 맞은 편에 집의 남측면을 마주하게 된다. 남측면은 3칸으로 중앙에 대문을 달고 이의 서쪽 안에 사랑방을 한 칸, 동쪽 아래쪽에 외양간 한 칸을 두었다. 대문간을 들어서면 외양간 맞은 편 사랑방 앞쪽에 큰솥을 건 부뚜막이 있고, 바로 앞쪽에 마루가 있어서 사랑방과 안방을 출입할 수 있다. 마루 앞은 대문간 마당과 연이어진 바닥으로 부엌의 출입뿐만 아니라 실내에서 가사노동을 할 수 있다. 이 공간의 안쪽에 부엌 한 칸과 안방 한 칸이 동서로 자리한다.

집의 구조는 막돌 흙다짐 기단 위에 막돌 초석을 놓고 네모기둥을 세워 납도리로 결구한 민도리 구조이다. 지붕은 우진각 지붕이며 용마루 양 측면에 수직의 삼각형 까치구멍이 있어서 집안의 연기를 배출할 수 있도록 하였다. 벽체는 통나무를 조개서 만든 널빤지를 붙여 만든 널판자벽과 흙으로 만든 흙벽으로 이루어져 있다. 지붕은 참나무 껍질을 두껍게 벗겨 만든 굴피로 이었다.

굴피집은 지금은 식당으로 바뀌었다. 이전에는 장뇌삼을 키우는 것을 주업으로 하였으나 환선굴이 개발되면서 몰려드는 많은 관광객을 상대로 식당을 한다. 식당을 운영하면서 본채는 그대로이나 마당이나 들어서는 입구는 많이 변하였다. 굴피집이라는 그 자체를 하나의 관광 상품으로 내놓은 것이다. 보는 사람의 입장에서는 안타까운 마음이 없지 않으나 사는 사람의 입장에서는 어쩌면 변화가 당연한 것인지도 모르겠다.

계곡에 자리한 통방아는 백여 년 전에 대이리 마을의 방앗간으로 만들어진 것으로 일명 물방아 벼락방아라고도 한다. 이곳의 통방아는 2002년 태풍 루사로 유실되었다가 2003년에 복원되었다. 통방아를 돌린 물은 흘러 오십천이 되어 삼척의 젖줄이 된다.

신리 너와집

삼척시 도계읍 신리新里에는 옛날부터 '하늘이 5천 평이다'라는 말이 전한다. 즉 북쪽으로 육백산과 남쪽으로 호암산 등 사방이 산으로 둘러싸여서 하늘이 매우 작다는 것을 우회적으로 표현한 말이다. 도시에서 멀리 떨어진 깊은 산속에 숨은 듯이 자리한 신리는 전형적인 산촌마을로 원시적인 화전민의 생활상을 보여준다. 산에 의지하여 살고 있는 이곳 사람들은 산을 섬기면서 살아왔다. 지금도 산을 대접하는 의례인 '산메기'를 행하고 있다.

산메기는 대개 나무에 꽃이 피기 시작하고 풀잎이 선하기 시작할 때 하는데 대략 4월 초파일을 전후하여 행해진다. 각각의 집안마다 산을 하나 선택하여 제사를 지내는데 군웅산, 응봉산, 사금산, 육백산 등에게 제사를 지내서 집안의 평안과 가축의 무사와 번식을 기원하였다.

신리는 가곡천의 지류가 흐르는 골짜기를 따라 길게 펼쳐진 마을인데 20년

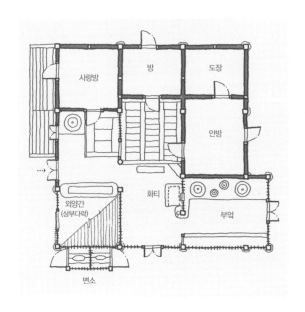

신리 너와집의 도면.

전까지만 하더라도 마을 전체가 너와집과 굴피집이었다. 그러나 지금은 전부 스레이트집으로 고쳐 짓고 중요 민속자료로 지정된 너와집 두 채와 물레방아, 통방아만이 예전의 모습을 보존하고 있다.

신리 두렁집 역시 자연에 순응하고 있다. 지형이 경사지이면 그것을 깎거나 북돋아서 집을 짓는 것이 아니라 있는 그대로의 지형을 이용하여 집을 지었다. 그리고 일조량을 고려하고 양택론에 입각해서 집을 짓는 일반주택과는 달리 짐승이나 도적으로부터 가족을 보호할 수 있도록 주거공간인 방은 무조건 산 쪽으로 하고 가사공간은 그 반대쪽에 배치하였다. 그리고 위생적인 것을 염두에 두어 오·폐수의 흐름에 대한 배려와 가축의 접근이 용이하게 꾸며져 있다.

그리고 치간을 실내에 두고 있는 집도 있는데 이것은 산간지방이라 겨울철 폭설에 대비하여 이용이 편리하도록 함과 동시에 맹수들로부터 가족을 보호하기 위한 것이다. 실제 기록에도 호랑이의 피해가 기록되어 있다. 따라서 두렁집에는 안방 외부출입문 안쪽에 짐승으로부터 가족을 보호하려는 의도로 잠금장치인 호창을 만들어두었다.

신리마을을 들어서면 먼저 만나는 두렁집이 김진호의 너와집이다. 골짜기의 서쪽 산등성이에 집터를 마련하고 서향으로 너와집을 지었다. 정면 세 칸, 측면 세 칸의 정사각형의 평면으로 된 집이다. 남측면의 중앙에 문간을 두고, 이를 기준으로 동쪽에 외양간을 두고 서쪽에는 솥을 걸어 쇠죽을 끓이는 등의 집안일을 할 수 있는 공간을 두었다. 그리고 그 서쪽에 사랑방을 배치하였다. 사랑방과 안방 사이에 마루를 두고 마루의 서쪽에 온돌방을 두었다. 그리고 가장 북쪽에 부엌과 안방, 도장방을 차례로 배치하였다. 따라서 외양간과 부엌 사이

의 공간은 집안일을 할 수 있는 옥내 공간이며, 한쪽에 불씨를 보관하는 시설인 화티가 있고, 또 방에는 코클이 벽모서리에 자리하고 있다.

막돌 허튼층쌓기 기단 위에 막돌 초석을 놓고 네모기둥을 세워 납도리로 결구한 민도리 구조이다. 지붕은 우진각 지붕이며 용마루 양 측면에 수직의 삼각형 까치구멍이 있어서 집안의 연기를 배출할 수 있도록 하였다. 벽체는 통나무를 쪼개서 만든 널빤지를 붙여 만든 판자벽이며, 지붕은 너와집이다. 그러나 이 집은 지금 아무도 살지 않은 빈집이어서 집 안에서 사람의 온기를 느낄 수가 없다.

김진호 너와집 앞에는 골짜기를 흐르는 개울물을 이용한 물레방아가 있다. 공동으로 물레방아를 만들어 사용함으로써 타 지역에서 개인집에 디딜방아를 둔 것과는 대조적이다. 물레방아는 물이 떨어지는 힘으로 바퀴를 돌려 보리와 쌀을 찧었고, 때로는 탈곡이나 제분의 역할을 하였다. 더구나 물이 들어오는 통로를 통제하도록 되어 있어 쓰지 않을 때는 물이 다른 곳으로 흐르도록 된 다. 강원도에서 서식하는 소나무를 쪼개 너와지붕을 만들고, 방아 틀은 견고한 박달나무로 제작하였다. 이 물레방아도 중요민속문화재로 지정되어 보호받고 있다. 신리의 이 물레방아는 우리나라 물레방아의 대표가 되어 독일로 갔다. 2003년 8월 22일 세계 각국의 풍차와 수차 등을 모아 전시하고 있는 독일 기 폰Gifhorn의 '풍차마을 박물관'에 신리 물레방아를 표본으로 제작된 한국 물레 방아가 제작 전시되었다. 이제 삼척의 물레방아가 세계의 물레방아가 된 것이 다. 세상이 돌고 돌아가듯 오늘도 물레방아는 물을 안고 돌고 돈다.

신리 강문옥 가옥은 김진호 가옥에서 골짜기를 따라 한참을 올라가서 있다. 깊은 산골짜기 북쪽의 산등성이에 남향으로 집을 지었다. 마당에 들어서면 너 와집의 본체가 남서향으로 위치하며, 이것의 동쪽 측면 마당에 디딜방앗간 채 가 자리 잡고 있다.

본체는 정면 세 칸, 측면 세 칸의 정사각형의 평면으로 구성된 집이다. 서측

신리의 물레방아.

면의 중앙에 대문간이 있고, 대문간의 북쪽으로 사랑방과 고방이 자리 잡고 있
다. 대문간 남쪽에는 외양간이 있으며, 외양간 상부에는 다락을 만들어 수장
공간으로 사용하였다. 외양간 남쪽 벽에 측간 두 개를 붙여 지어놓았는데, 마
당쪽은 외측, 안쪽 것은 내측으로 구분하여 사용하였다.

대문간을 들어서면 맞은편 부엌간과 연결되는 중앙통로가 되는데 이 북쪽에
마루가 길게 남북으로 놓여 있고, 이 마루의 동쪽에 안방이 있다. 그리고 안방
앞에는 부엌이 있다. 따라서 마루 앞의 공간은 통로로서의 기능과 마당의 기능
을 겸한다. 사랑방과 안방의 구석에는 코클이 있어서 밤에 관솔가지를 태워 조
명과 난방을 겸하였다.

이 집의 구조는 막돌 허튼층쌓기 기단 위에 막돌 초석을 놓고 네모기둥을 세
워 납도리로 결구한 민도리 구조이다. 지붕은 우진각 지붕이며 용마루 양 측면

신리 너와집, 강문옥 가옥.

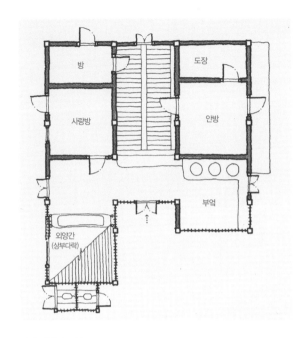

신리 너와집 도면.

에 수직의 삼각형 까치구멍이 있어서 집 안의 연기를 배출할 수 있도록 하였다. 벽체는 통나무를 조개서 만든 널빤지를 붙여 만든 판장벽이며, 지붕은 너와집이다. 그러나 이 집에도 사람이 살고 있지 않아 박제를 보는 느낌이다.

세월 속에 두렁집은 사라지고

2000년까지 삼척시 미로면 내미로리 천태 밭골에도 굴피집이 있었다. 천은사로 가는 길에서 오른쪽 계곡을 따라 들어가서 길가에 작은 굴피집이 있었다. 동네에서 서낭당 나무로 모시는 커다란 느티나무를 지나 왼쪽으로 접어들면 감나무에 기대어 노인 내외분이 사시던 굴피집이 있었다. 굴피로 지붕을 이은 지 20여 년이 지나 비가 새도 돈이 없어 슬레이트로 고치지 못하다가 2000년에 슬레이트로 지붕을 바꾸었다. 굴피집이 없어져서 슬픈 일이지만 할아버지는 돌아가시고 혼자 살고 계시는 할머니의 입장에서는 큰일을 하나 던 것이다. 새마을 운동으로 그렇게 많던 초가집이 순식간에 없어졌듯이 너와집과 굴피집도 이제는 역사 속으로 사라지고 있다.

최근 삼척시 도계읍 신리 주민들은 너와집을 다시 지었다. 관광객 유치를 위하여 신리 주민들이 '두메산골 새생명 체험여행'이라는 프로그램을 마련, 산촌마을의 훈훈함과 향수를 체험할 수 있도록 하였다. 봄에는 나물 캐고 밭 갈고, 여름에는 물장구치고 고기잡고, 가을에는 일년 농사를 수확하고 단풍놀이도 가고, 겨울에는 썰매타고 감자 구워먹는 체험을 준비하였다.

정보화마을로 지정되어 마을 홈페이지(http://neowa.invil.org)도 만들었다.

새로 조성된 신리의 너와 산
촌마을.

첩첩산중에 자리한 화전민 마을이 초현대식 정보화 마을로 탈바꿈한 것이다.
신리 주민들은 오염되지 않은 물과 깨끗한 공기 그리고 순박한 고향의 정을 상
품으로 만들었다. 계곡과 산에서 흙냄새와 풀냄새를 맡게 하고 너와집에서 고
향의 맛을 느낄 수 있도록 배려하였다. 아쉽게도 이제 너와집과 굴피집은 사람
들이 살아가는 주거 공간이 아니라 추억을 되살리는 이벤트성 공간으로 겨우
명맥을 유지하고 있을 뿐이다.

참고문헌

최창조, 『한국의 자생풍수』1, 민음사, 1997.

이용한, 『사라져 가는 오지마을을 찾아서』, 실천문학사, 1998.

삼척시, 『完譯 陟州集』, 1997.

주남철, 『한국의 전통민가』 아르케, 1999.

최완수, 『겸재를 따라가는 금강산 여행』, 대원사, 1999.

金尚星외, 『시화집 關東十境』, 효형출판, 1999.

삼척시, 『三陟 竹西樓 精密實測調査報告書』, 1999.

임상규, 『전통민가의 이해』 성은, 2000.

차장섭 외, 『죽서루竹西樓』, 삼척시, 2004.

4
-
미술

美
術

陟州東海碑

顯宗二年先生来守是邦撰篆東海碑立於汀羅島為風浪激沉先生聞而改書今叅考兩本大字用舊本小字用新本刻堅于竹串島時

上之三十五年己丑春三月也

척주동해비.

허목과 척주동해비

성난 바다를 물리친 위대한 예술

삼척 육향산 꼭대기에 척주동해비陟州東海碑가 있다. 척주동해비는 미수 허목許穆
이 삼척부사로 와서 글을 짓고 전서체로 글씨를 써서 세웠다. 허목이 삼척부사
로 재임하던 당시 삼척지방은 자연재해가 극심하였다. 1661년(현종 2) 여름에
는 큰비가 내리고 태풍이 불어 지붕의 기와가 날아가고 아름드리 나무가 뿌리
째 뽑히기도 하였으며, 하천이 범람하여 논밭이 수몰되었다. 이 같은 자연재해
로 동요하는 민심을 진정시키기 위해 허목은 동해를 칭송하는 글인 동해송東海
頌을 짓고, 그의 독특한 전서체인 미전체眉篆體로 글을 써서 돌에 새겨 정라도汀羅
島에 비석을 세웠다. 이것이 '척주동해비'다.

척주동해비는 삼척민들에게 단순한 비석 이상이다. 척주동해비가 건립되고
나서 자연도 이 신비로운 문장과 글씨에 감동되었는지 조수의 피해가 없어졌
다. 이에 삼척민들은 조수를 물리친 신비한 비석이라 하여 일명 '퇴조비退潮碑'
라고 부르게 되었다. 또한 척주동해비 비문을 소장하면 재액災厄이 없어진다고
하여 많은 사람들이 집에 소장하거나 몸에 지니고 다녔다. 척주동해비는 단순
한 예술 작품이 아닌 지역과 자신을 지켜주는 수호신으로 받아들이고 있다. 아
울러 허목도 삼척사람들에게 삼척부사를 지낸 한 인간이 아니라 삼척을 지켜
주는 신의 모습으로 존재한다.

척주동해비는 허목 서예의 대표작일 뿐만 아니라 우리나라 서예사에 있어서
중요한 자리를 차지하고 있다. 척주동해비는 전체적으로 자간字間과 행간行間의

육향산 전경. 육향산 아래 미수 허목을 모시는 사당이 새롭게 건립되었다.

상호배열과 호응이 전서篆書의 기본적인 포치布置를 잘 보여준다. 또한 중복되는 글자에서 보여주는 자형字形의 변형과 그에 따른 형질形質은 고문古文에 대한 해박한 지식과 심미안을 보여주고 있다. 특히 중국의 영향을 받으면서도 중국과는 다른 독창성을 지니고 있으며, 아울러 정신미와 조형미의 조화를 이루고 있어서 허목 서예의 진수를 보여주는 대표작이라 할 만하다.

문文을 쥐고 태어나다

허목은 본관이 양천陽川이고 태어날 때 손바닥에 '문文'자가 새겨져 있어서 자字를 스스로 문보文甫라고 하였으며, 눈썹이 눈을 덮을 정도로 길어서 호를 '눈썹이 긴 늙은이'이라는 의미의 미수眉叟로 하였다.

1595년 한양 창선방에서 현감 허교許喬의 삼형제 가운데 맏아들로 태어난 허목은 1682년(숙종 8) 천수를 다 누린 88세로 생을 마감하였다. 허목은 당시 최고 벌열 가문의 후손이다. 증조부는 찬성을 지낸 허자許磁이며, 조부는 별제 허강許橿, 부는 현감을 지낸 허교이다. 어머니는 정랑 임제林悌의 딸이다. 임제는 선조 당시의 유명한 시인으로 예조 정랑까지 지냈으나 동서분당東西分黨을 개탄하여 비분강개한 마음으로 명산을 주유하다가 요절한 인물이다. 외삼촌의 이 같은 행적은 허목이 은거하여 학문과 글씨에 몰두하는 데 영향을 미쳤으리라 생각된다.

어렸을 때부터 비범하였던 허목은 9세에 독서를 시작하였고, 10세 때에는 교관으로부터 학문을 배우기 시작하였다. 19세에 완선군 이의전李義傳의 딸이면서 영의정 이원익李元翼의 손녀와 혼인하였다. 당시 이원익은 허목을 매우 총애하여 '후일에 내 자리에 앉을 자는 반드시 이 사람일 것이다'라고 하면서 큰 기대를 하였다.

허목은 경기도 광주 우천에 있는 자봉산에 들어가 독서와 글씨에 전념하였는데, 32세에 박지계사건으로 과거응시 자격을 박탈당하였다. 허목이 동학재임東學齋任으로 있을 때 서인계 유신儒臣인 박지계朴知誡가 인조의 생모인 계운궁 구씨에 대하여 추숭론을 제기하자, 그는 임금에게 아첨하여 예를 문란시킨다고 비판하고 그의 이름을 유적儒籍에서 지워버렸다. 이것이 문제가 되어 허목은 과거응시 자격을 박탈당하였다. 후에 비록 정거停擧가 풀렸지만 과거에 대한 뜻을 버리고 자봉산에 은거하면서 학문에 몰두하였다.

허목은 56세에 최초로 정릉참봉靖陵參奉으로 제수받음으로써 늦게 관직과 인연을 맺기 시작하였다. 그러나 곧 사직하였으며, 다음 해에는 내시교관內侍教官을 제수 받아 효종의 내문來問에 응하다가 다음 해 사직하고 고향 연천으로 돌아갔다.

그 후 63세 되는 해 지평持平으로 제수됨으로써 본격적인 관직의 길로 나아가게 되었다. 효종이 죽자 인조의 계비인 조대비의 복제문제(1차 예송논쟁)로 서인과 대립하였는데, 여기서 패배하여 삼척부사로 좌천되었다. 삼척부사로 2년 간 재임하면서 향약으로 지방교화에 힘쓰고 척주지를 편찬하고 척주동해비를 건립하였다. 이후 연천에 낙향하였다가 1674년 제2차 예송논쟁에서 남인이 승리하고 이어서 숙종이 즉위하자 대사헌大司憲으로 특배되었다. 다음 해에는 성균관 제주祭酒가 되었으며, 숙종의 극진한 우대를 받아 1년 만에 대사헌과 이조판서를 거쳐 우의정으로 임명되는 파격적인 영전을 거듭하였다. 1679년 고향 연천으로 낙향하였다가 다음 해 경신대출척庚申大黜陟으로 남인이 몰락한 상태에서 1682년 88세의 나이로 파란만장한 생을 마감하였다.

영원한 라이벌, 허목과 송시열

미수 허목이 삼척과 인연 맺게 해준 삼척부사 부임은 당쟁에서 비롯되었다. 허목은 남인과 서인의 당쟁이 한창 치열하던 시절, 남인의 거두로서 한 축을 형성하고 있었으며, 그의 상대편에는 우암 송시열이 서인의 영수로 있었다. 허목과 송시열 두 사람은 당파는 물론 학통, 서체, 외모 등 여러 가지 면에서 영원한 라이벌이었다.

　허목과 송시열은 학통이 서로 달랐다. 허목은 퇴계학파에 속한다. 퇴계학파는 지역적으로 영남학파와 근기학파로 나누어지는데, 허목은 바로 근기학파 성립의 기초를 마련하였다. 즉 영남학파는 서애 유성룡과 학봉 김성일에 의해 계승되었고, 근기학파는 허목에 의해 성립되어 이익 등에게로 계승되었다.

　허목은 원래 서울에서 자랐으나 향리인 경기도 연천에서 만년을 보냈다. 그런 그가 영남성리학을 접하게 된 것은 한강寒岡 정구鄭逑를 스승으로 섬기면서부터이다. 23세 되는 해 아버지가 거창현감으로 임명되자 아버지의 임지를 따라가서 영남 여러 고을을 왕래하면서 정구를 경북 성주로 찾아가 만났던 것이다. 허목은 정구의 많은 제자 가운데 가장 후배였으나, 수제자가 되어서 퇴계학파

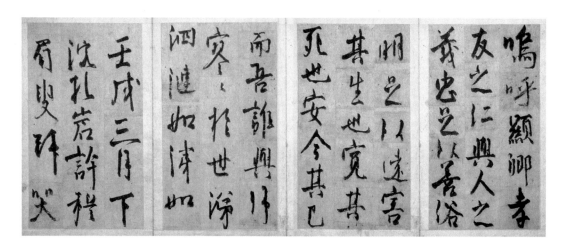

의 학통을 근기近畿지방으로 가져와서 근기학파를 형성하였다.

　허목은 비록 영남성리학의 학통을 계승하면서도 오랜 세월의 수련과 자득自得을 통하여 '육경지학六經之學'을 바탕으로 하는 새로운 학풍을 전개함으로써 다음 세대에 근기지방을 중심으로 일어난 남인 실학파의 초석을 마련하였다. 허목은 우리나라 유학사상사에서 예학禮學에서 실학實學으로 넘어가는 전환점을 마련한 인물이다. 따라서 허목의 학통은 성호 이익과 그의 가계인 이가환李家煥을 거쳐서 다산 정약용에 와서 결실을 맺게 되었다.

　반면 송시열은 율곡학파에 속한다. 송시열은 율곡의 학통을 계승한 김장생金長生에게서 성리학과 예학을 배웠으며, 김장생이 죽은 뒤에는 그의 아들인 김집金集의 문하에서 학업을 마쳤다. 따라서 송시열의 학문은 전적으로 주자의 학설을 계승한 것으로 정통 성리학의 입장을 견지하였다. 조광조 → 이이 → 김장생으로 이어지는 기호학파의 학통을 충실히 계승 발전시켰다. 그의 학통은 권상하權尙夏·김창협金昌協·이단하李端夏 등으로 이어졌고, 권상하의 문하였던 한원진韓元震·윤봉구尹鳳九 등이 조선 후기 성리학의 주류를 이루었다. 이들을 통한 송시열의 학통은 조선 말기 위정척사론과 연결된다.

　허목과 송시열 두사람은 서체에서도 차이가 있었다. 허목이 미전체라면 송

송시열, 〈대자(大字) 칠언대구(七言對句)〉, 자본묵서, 개인 소장

시열은 양송체兩宋體였다. 허목은 선진유학을 지향하면서 삼대문자인 고문을 연구하여 특이한 전서체인 미전체를 창안하였다. 반면 송시열은 처음에는 안진경체顏眞卿體를 익히다가 뒤에 주자의 서풍을 모방하여 양송체를 유행시켰다.

허목의 미전체는 임진왜란과 병자호란을 겪은 후 서예사적으로 혼란했던 시대를 배경으로 출현하였다. 조선 초기에 크게 유행한 서풍書風은 원나라의 조맹부의 서풍이었다. 송설체宋雪體라고 불리는 이 서풍은 안평대군 등 많은 서예가를 배출하면서 한 시대를 풍미하였다. 그러나 송설체가 지닌 지나친 세련미와 이에 도달하기 위해 요구되는 고도의 기교와 수련은 자기수양을 중요시하는 성리학자들의 생리와는 동떨어진 것이었다. 따라서 성리학이 본격적으로 연구되기 시작한 16세기부터 왕희지의 서법으로 환원하는 경향을 보였다. 그러나 송설체를 극복하기 위해 시도된 왕희지체의 복귀가 그 정수에 이르지 못하고 외형의 미를 다듬는 데만 급급하여 글씨의 품격이 낮고 격조와 운치가 결여되었다. 이를 극복하기 위해 허목은 기교를 필요로 하는 외형적인 미에 치우치는 행서나 초서보다는 필법이 단순하면서도 근엄한 기상을 지닌 상고시대의 서체인 전서의 연구에 전념하였다. 그리고 마침내 하·은·주 삼대 문자로의 복고를 신념으로 고전체古篆體의 특징을 취하여 독특하고 기고奇古한 서체인 미전체를 창안한 것이다.

송시열의 서체인 양송체는 주자성리학을 신봉하던 서인의 영수인 송시열과 송준길의 서체를 말한다. 특히 송시열의 서체는 필획이 좀 살찌고 거친 맛이 있으나 매우 개성적인 경지에 이르러 창고蒼古하고 힘이 넘치는 것으로 평판이 나 있었다. 그의 서체는 그를 추종하는 유림들이 적극적으로 배워 사용하였으며, 이를 위해 글씨를 받아간 사람들이 무수히 많아서 현재도 그의 작품이 많이 전한다.

허목과 송시열은 실제 모습에서도 현저하게 대조적이었다. 허목과 송시열의 모습은 다행히도 두 사람 모두의 초상화가 남아 있어서 지금도 알 수 있다. 허목과 송시열의 초상화는 여러 점이 전해지고 있는데 이 가운데 국립박물관에 소장되어 있는 두 사람의 초상화는 우리나라 유학자 초상화의 대표작으로 손꼽히고 있다. 두 작품 모두 정조의 명에 의해서 당대 초상화의 제일 명수이자 어용화사御用畫師였던 이명기李命基가 그린 것이어서 노학자의 참모습이 더욱 잘 드러난다.

우리나라의 초상화는 '터럭 한 올이라도 어긋나면 그 사람이 아니다一毫不似 便是他人'라 하여 철저하게 사실적으로 그렸을 뿐만 아니라 '전신사조傳神寫照'라고 하여 그 대상의 정신까지도 그려내야 했다. 따라서 조선시대의 초상화를 보면 그 사람의 골상뿐만 아니라 학식과 인격, 성격까지도 파악할 수 있다. 두 인물의 초상화를 비교해보면 그림을 잘 모르고 관상을 잘 모르는 사람이라 하더라도 서로가 얼마나 대조적인가를 단번에 알 수 있다.

허목의 초상화는 관복 차림의 좌안칠분면左顔七分面의 전신부좌상全身趺坐像이다. 화면의 상단에는 정조 때 영의정을 지낸 채제공의 표제가 있어서 이 영정이 82세의 허목임을 알 수 있다. 이 초상화는 허목이 우의정으로 재직하고 있던 1675년(숙종 1) 임금으로부터 사궤장賜几杖의 교서를 받는데 이를 기념하여 그려진 것을 정조 때 이모한 것이다.

안면은 갈색선으로 윤곽을 잡고 눈·양뺨·턱 등은 옅은 음영의 줄기가 드리

文正公許穆八十二歲眞

허목(왼쪽)과 송시열(오른쪽)
초상화. 국립박물관 소장.

워져 있어 수척하고 깡마른 노인의 모습을 그대로 나타내고 있다. 희고 긴 눈
썹은 그의 호를 눈썹이 길어 눈을 덮은 늙은이라는 뜻으로 미수라 한 이유를
설명해주며, 크고 처진 두 귀는 88세까지 천수를 누렸음을 상징적으로 보여준
다. 약간 아래로 향한 시선에서 그의 성격이 활달하기보다는 내성적이고 조용
한 성품임을, 굳게 다문 입술에서 그의 성격이 타협을 하지 않는 원칙론자임을
알 수 있다. 좁은 턱은 그의 날카로운 성격을 그대로 나타낸다.

치밀하고 차분하면서도 철두철미한 성격이 느껴지는 허목의 초상화에서처
럼 그의 성격은 실제로도 그러했다. 2차 예송에서 남인이 승리함으로써 서인
의 영수였던 송시열은 덕원으로 유배를 갔다. 유배 중인 송시열의 처벌 문제를
놓고 남인들 가운데 청남과 탁남으로 갈라졌다. 영의정 허적을 중심으로 한 탁
남은 송시열 처벌 문제에 대해 온건론을 주장하였으나, 허목이 중심이 된 청남

은 가혹하게 처벌할 것을 주장하였다.

송시열의 초상화도 여러 점이 전하는데 이 가운데 국립박물관 소장품이 대표적이다. 이 송시열 초상화는 복건에 유복儒服 차림을 한 좌안칠분면의 반신상이다. 그림의 오른쪽 상단에는 송시열이 지은 제시題詩가 적혀 있고, 위쪽에는 정조의 어제찬문이 씌어 있다.

화법은 거의 음영법을 사용하지 않고 갈색 선으로 안모의 외곽과 주름살을 표현했는데, 숱이 많은 눈썹, 강한 눈매, 붉은 입술은 그의 엄정하면서도 과격한 그의 성품의 일단을 보여준다. 아울러 그 위에 검은 복건과 백색 유복, 간결한 의습 처리의 검은 선이 빚어내는 흑백대조는 보는 이로 하여금 유학자로서의 풍도를 쉽게 접할 수 있게 한다.

실제 송시열은 독선적이고 강직한 성품을 가지고 있었다. 그래서 교우관계가 끝까지 좋게 이어지지 못하는 경우가 많았다. 그의 교우관계 중심은 스승인 김장생과 김집의 문하에서 동문수학한 사람들이었다. 그러나 송시열의 독선적이고 고집스러움은 이경석, 윤휴 및 윤선거, 윤증 부자와의 알력으로 정치적인 문제를 야기하여 당쟁의 한 요인이 되기도 하였다. 만년에는 이유태와 분쟁을 일으키기도 하고, 평생 동반자였던 송준길마저도 뜻을 달리하게 되었다.

공을 넘어서는 사적인 교유

영원한 라이벌 허목과 송시열은 사적으로는 인간적인 신뢰를 유지하였다. 두 사람은 앞에서 보았듯이 여러 가지 측면에서 대립관계를 유지하고 있었다. 그러나 두 사람의 공통점은 대인大人이라는 점이다. 공과 사를 엄격하게 구분하였으며, 정적이라고 하더라도 서로 부정하기보다는 서로를 인정하고 있었다. 오히려 두 사람의 아랫사람들이 대립을 조장했는지도 모르겠다. 이를 보여주는 작은 일화가 하나 있다.

서인의 영수였던 송시열이 중병을 얻어서 자리에 눕게 되었다. 백약이 무효로 병세는 점점 악화되었다. 이때 송시열은 그의 정적인 남인의 거두 허목에게 측근의 반대를 무릅쓰고 사람을 보내어 약 처방전인 화제和劑를 내어주기를 부탁하였다. 허목은 의약에도 상당한 지식을 가지고 있었다. 허목은 송시열의 병세를 자세히 듣고 나서 약처방을 보내주었다. 송시열의 가족과 문하생들이 처방전을 보니 약재 속에 극약의 일종인 비상砒霜이 들어 있었다. 송시열의 추종자들은 허목이 송시열을 독살하려고 극약인 비상을 섞었다고 단정하고 일대 성토를 하면서 송시열에게 절대로 처방대로 약을 지어서는 안된다고 주장하였다.

그러나 송시열은 빙긋이 웃으면서 허목이 보내준 약 처방대로 약을 짓도록 지시하였다. 송시열은 그 탕약을 먹고 신통하게 병이 나아서 활동할 수 있게 되었으며, 감사의 서한을 허목에게 보냈다. 송시열이 그의 최대의 정적인 허목에게 화제를 부탁한 것은 허목이 한의학에 밝을 뿐만 아니라 공과 사를 엄격하게 구분할 줄 아는 인격의 소유자임을 알고 있었기 때문이다.

허목은 송시열의 증세를 듣고 장에 이물질이 쌓여 소화와 배설이 잘 안되는 것으로 진단하였다. 당시 송시열은 건강을 위하여 어린아이의 오줌인 동변童便을 장기복용하고 있었다. 이로 인해 장에는 오줌 찌꺼기가 쌓여 장이 기능장애를 일으켰던 것이다. 막히다시피 한 장을 씻어내기 위해서는 극약인 비상이 들어가야만 했다. 그래서 허목은 비상이 든 화제를 지어주었다. 그리고 송시열도 이를 의심하거나 물리치지 않을 것이라는 사실을 알고 있었다. 대인은 대인만이 알아보는 것이다. 결국 두 사람 간의 이 같은 신뢰로 송시열의 병이 나을 수 있었다.

대결과 좌절

영원한 라이벌 허목과 송시열은 복제문제로 정면 대결하였다. 현종·숙종 대에 걸쳐 효종과 효종비에 대한 조대비의 복제문제로 남인과 서인이 논쟁을 벌였다. 남인의 거두인 허목과 서인의 영수인 송시열이 그 논쟁의 중심에 있었다. 이른바 예송으로 불리는 이 논쟁은 두 차례에 걸쳐 이루어졌다. 1차 예송인 기해예송己亥禮訟은 효종이 죽자 효종에 대한 조대비의 복상기간을 3년으로 할 것인가, 기년朞年으로 할 것인가에 대해 논쟁이었다. 주자의 『가례家禮』에 따르면 부모가 장자에 대해서는 삼년상이고, 차자 이하의 아들에 대해서는 기년상이었다. 효종은 어머니인 조대비의 신하가 될 수 없고, 조대비에게는 둘째 아들이므로 기년상이 당연하다고 주장한 것은 송시열을 비롯한 서인이었다. 반면 허목을 비롯한 남인들은 효종이 비록 둘째 아들이지만 왕위를 계승하였음으로 장자로 대우하여 삼년상을 해야 한다고 주장하였다. 1차 예송은 서인의 승리로 끝이 났다. 라이벌 간의 대결에서 송시열이 승리하고 허목이 패배하여, 허목은 삼척부사로 좌천되었다.

2차 예송은 효종비인 인선왕후가 죽자 다시 재현되었다. 『가례』에 따르면 효종비를 장자부長子婦로 보면 기년이고, 차자부次子婦로 보면 대공大功(9개월)이었다. 송시열을 비롯한 서인은 차자부로 보아 대공을 주장하였고, 허목을 비롯한 남인은 장자부로 보아 기년을 주장하였다. 2차 예송에서는 허목의 남인이 승리하고, 송시열의 서인이 패배하였다. 패배한 송시열은 유배되었다. 두 라이벌의 흥망에서 당쟁으로 인한 권력의 허망한 모습을 본다.

삼척가는 길

허목과 삼척의 인연은 허목이 삼척부사로 임명되면서 시작되었다. 허목은 1차 예송에서 송시열과 대결에서 패배의 쓴잔을 마시고 1660년(현종 1) 10월 삼척부사로 좌천되었다. 허목은 패배의 쓰라린 가슴을 안고 삼척부사로 좌천되어 임지로 부임하는 자신의 모습을 기행문 『삼척기행三陟紀行』에 자세히 적고 있다.

초겨울 눈이 내리고 찬 바람이 부는 날 허목은 삼척을 향해 길을 재촉하였다. 삼척부사로 제수된 지 3일 만에 본가가 있는 경기도 연천으로 내려와 행장을 꾸렸다. 음력 10월 13일 고향의 친척, 이웃들과 이별을 하고, 66세 고령의 허목은 고달픈 7백여 리의 먼 여정에 올랐다.

평강과 김화를 지나면서 날씨는 그의 마음처럼 을씨년스러웠다. 아침에는 짙은 안개가 길을 막고 고갯길을 넘어서면 눈보라가 몰아쳐서 추위를 견디기가 힘들었다. 산 높고 골짜기가 깊은 협곡을 따라 이어진 작은 물줄기를 따라 화천과 양구를 지나 원통에 이르렀다. 산이 깊고 인적이 드문 곳이기에 그 길은 외로움의 연속이었다. 원통에서 한계 寒溪를 지나 마침내 미시령에 올라서서 주변의 경치

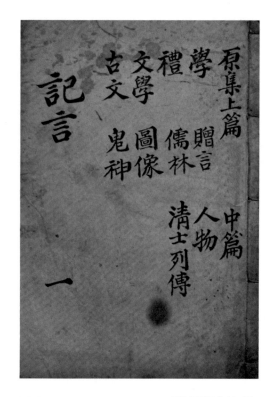

를 살펴볼 정도의 여유를 가지게 되었다. 울산바위의 빼어난 모습을 보고 이곳이 금강산의 남쪽 기슭임을 느끼고 발 아래로 펼쳐진 푸른 동해바다의 끝이 없음을 보면서 마음의 평정을 조금씩 되찾았다.

미시령에서 속초로 내려와 이제는 동해를 따라 남쪽으로 향하였다. 양양에 이르러 그는 양양부사로 와 있던 강경숙姜京叔을 만났다. 강경숙 역시 지난 가을 언관言官으로 있으면서 간언한 일로 인하여 양양부사로 좌천되어 와 있었다. 동병상련의 두 사람은 술잔을 앞에 놓고 가슴에 맺힌 한을 서로 위로하였다. 강경숙의 "사람들 중에는 재주가 능한 사람이 있고 능하지 못한 사람도 있는데 능하지 못한 사람은 마땅히 떠나야 한다"는 말에 동감을 표시하고 있음은 두 사람의 마음을 상징적으로 표현해준다.

미시령을 내려와 동해안을 따라 삼척까지 오는 길은 관동팔경의 빼어난 경치로 인하여 풍류를 아는 시인 묵객들이 갈망하는 곳이다. 그러나 허목에게 이

길은 아픈 추억들만이 가득한 곳이었다. 25년 전 병자호란이 일어났을 때 피란을 다녔던 곳이 바로 이곳 영동지방이었다. 이곳을 지나면서 하루 한 끼를 먹은 사람은 살고 못 먹은 사람은 죽는 가시밭길의 옛 기억이 가득하였다. 좌천되어 부임지로 향해 불편한데다 그 당시에 만났던 친척들이 지금은 다 죽고 없어서 허망함에 스스로 탄식할 수밖에 없었다.

지방관으로 펼친 이상

허목은 66세에 삼척부사로 임용되어 68세인 1662년(현종 3) 8월 도계진상到界進上을 궐봉闕封하여 파직되기까지 약 2년 동안 삼척부사로 재직하였다. 허목은 당쟁에서 서인에 패배하여 삼척부사로 좌천된 것에 대해 많은 불만을 가지고 있었다. 그러나 일단 삼척부사로 부임하여 자신이 구상하고 있던 이상을 몸소 실천함으로써 역대 삼척부사 가운데 가장 많은 업적을 남겼다. 패배의 아픔을 이상의 실천으로 승화시킨 셈이다.

첫째로 허목은 향교의 제기를 새롭게 제작하고 삼척부에서 거행되는 제사용 제단을 정비하였다. 삼척부사로 부임한 다음날 향교의 문묘를 열어 유생들과 참배하였는데, 제기가 격식에 맞지 않았다. 이에 삼례도三禮圖를 참고하여 제기를 격식에 맞게 새롭게 제작해 향교에 보관하고 여러 제사에 사용하도록 하였다. 또한 사직단과 여단을 정비하였다. 예학의 대가답게 자신의 예학사상을 지방에서부터 몸소 실천하고자 하였다.

둘째로 허목은 향약과 이사제里社制의 실시를 통해서 지방제도를 정비하였다. 향약의 실시를 통해서 백성들로 하여금 노인을 공경하고 나이 어린 고아들을 보살피는 등 유교윤리를 실천하게 하고, 아울러 지방 토호들의 횡포를 막음으로써 하층민들이 안정화될 수 있도록 하였다. 이사제는 전통적인 마을 제사로 리里(100호 단위)마다 사社(토지와 곡식의 신)에게 봄 가을 두차례씩 리민里民들이 모여 함께 제사지내는 것이다. 허목이 이사제를 삼척에 도입한 것은 굿이나 불교행사와 같은 음사淫祀를 유교적인 제의로 정비하여 성리학적 이념을 확산시키고, 제사를 매개로 고을 사람들끼리 공동체의식을 가질 수 있도록 하기 위함이었다. 허목은 향약과 이사제를 통해서 지방자치를 실천하고자 하였다.

셋째로 허목은 수리시설을 확충하고 식수植樹사업을 전개하는 등의 치산치수治山治水 사업을 시행하였다. 해마다 반복되는 가뭄을 극복하는 방안으로 허물어진 저수지를 수축하고 수로를 정비하였다. 아울러 (1661)현종 2년에는 죽서루 건너편 황무지에 소나무를 심었다. 그러나 이때 심었던 소나무는 5·16쿠데타 이후 화전민들의 이주촌을 건설하면서 모두 베어내었다.

넷째로 허목은 삼척 최초의 사찬私撰 읍지인 『척주지』를 편찬하였다. 허목이 삼척읍지를 편찬한 것은 삼척의 역사와 문화를 비롯하여 각 고을의 자연환경, 산업, 주민의 동향, 풍속 등을 파악하여 그 특성에 맞는 통치를 하기 위함이었다.

허목의 위민사상이 돋보이는
척추동해비각과 척추동해비.

　삼척읍지는 다른 지방의 읍지와는 구별되는 독특한 체제를 갖추고 있었다.
단순히 삼척지방의 역사 자체만을 정리한 것이 아니고 당시의 국정과 관련하
여 서술하고 있다. 즉 거시적 안목을 가지고 한국사라는 전체사 속에서 삼척지
방의 역사를 서술하였다.

예술로 펼친 위민사상 – 척주동해비

허목이 삼척부사로서 남긴 업적 가운데 현재 가장 주목받고 있는 것은 척주동
해비의 건립이다. 척주동해비는 비록 시기를 알 수 없지만 얼마 되지 않아서
파괴되었다. 척주동해비가 파손된 것은 풍랑에 의해 부러져 바다에 가라앉았
기 때문이라고도 하고, 혹은 비석 이웃에 살고 있던 사람들이 비석을 탁본하
여 보내는 부역이 힘들어 비석을 깨뜨려 바다에 던져버렸기 때문이라고도 한

다. 그러나 이 모두가 그다지 설득력이 없었다. 아마도 다른 이유가 있었을 것이다.

허목에 대해 반감을 가진 누군가에 의해 고의적으로 파손되었을 가능성이 크다. 허목은 척주동해비의 건립과 거의 같은 시기에 죽서루 옆에 있는 응벽헌의 편액을 역시 그의 독특한 전서체인 미전체로 썼다. 그는 응벽헌의 편액을 갈필葛筆로 세 개의 판목에 대자大字로 썼는데 그 글씨의 획이 등나무나 칡같이 구불구불하였다. 그런데 1680년(숙종 6)에 경신대출척으로 남인이 몰락하고 서인이 정권을 장악하면서 허목의 관작이 삭출削黜된 이후 강원도 관찰사로 부임한 누군가가 삼척지방을 순시하면서 허목의 글씨라는 이유로 이를 깎아서 없애버렸다. 남인의 영수였던 허목에 대한 반감으로 서인들은 허목의 글씨마저도 철저하게 파괴하고자 하였던 것이다. 아마도 척주동해비도 똑같은 이유로 파손된 것이 아닐까. 서인으로 당시 송설체의 대가였던 판서 이정영李正英이 허목의 독특한 서체인 미전체를 금지시키자는 주장을 하는 것을 보면 이를 짐작케 한다.

척주동해비는 허목이 복관復官되어 시호諡號를 받고 그의 서원이 건립되는 등 명예가 회복되고 난 후에 재건립되었다. 1709년(숙종 35)에 삼척부사였던 홍만기洪萬紀와 평해군수 한성흠韓聖欽, 강원관찰사였던 송정규宋廷奎가 주축이 되어 재건립하였다. 새롭게 건립될 비석에 새길 원문은 홍만기가 허목의 제자인 한숙韓塾으로부터 구하였다. 이에 새로 건립된 척주동해비의 큰 글씨는 원 척주동해비의 구본舊本을 사용하고, 작은 글씨는 한숙으로부터 구한 신본新本을 사용하여 비석을 새겨서 삼척진영 성 안의 죽관도竹串島에 옮겨 세웠다. 이것이 현재 삼척시 정상동 육향산에 있는 척주동해비이다.

척주동해비는 속칭 '퇴조비'라고 불린다. 이 비석을 세우게 된 계기가 극심한 동해의 해일 피해를 막기 위한 것이기 때문이다. 삼척에는 상습적으로 조수潮水가 시내까지 올라와 여름철 홍수 때에는 강 하구가 막히고 오십천이 범람하여 농작물이 유실되고 많은 사상자와 이재민이 발생하였다. 이에 허목은 바다를 달래는 축문 형식의 동해송을 짓고 이를 비석에 새겨 세웠다. 자연도 이 신비로운 문장과 글씨에 감동되었는지 그 후 조수의 피해가 없어졌다. 이에 조수를 물리친 신비한 비석이라 하여 퇴조비라고 부르게 되었다. 척주동해비에는 4언 고시古詩 192자로 된 고풍체의 시가 새겨져 있다.

척주는 옛날 실직씨悉直氏의 땅으로 예허의 남쪽에 있어 서울과 거리가 7백리쯤 되는데 동으로 큰 바다에 임하고 있다. 다음과 같이 송頌한다

큰 바다 가이 없어	瀛海漠瀁
온갖 냇물 모여드니	百川朝宗
그 큼이 끝이 없네	其大無窮
동북쪽은 사해여서	東北沙海
밀물 썰물 없으므로	無潮無汐
대택이라 이름했다.	號爲大澤
파란 물 하늘에 닿아	積水稽天
출렁됨이 넓고도 아득하니	濊濊汪濊
바다가 움직임에 음산함이 있네.	海動有曀
(중략)	
옛 성인의 원대한 덕화德化에	古聖遠德
온갖 오랑캐 거듭 통역하여 모여드니	百蠻重譯
멀리까지 복종하지 않는 곳이 없구나	無遠不服
크고도 빛나도다	皇哉熙哉
그 다스림 넓고 커서	大治廣博
유풍遺風이 오래 가리라.	遺風邈哉

허목의 서예 세계

척주동해비는 허목 서예의 진수를 보여주는 대표작이다. 또한 우리나라 서예
사에 있어서 가장 중요한 자리를 차지하고 있다. 허목의 서예는 정신미와 조형
미가 조화를 이루어야 함을 강조하였다. 서예는 형식적인 미만을 추구하는 것
이 아니라 글씨를 쓰는 사람의 내면의 세계 즉 정신의 세계를 통해 이루어진
다. 내면의 세계가 필획에 전달되는 과정을 김응현金膺顯은 "마음이 바르면 신
기身氣가 안정된다. 신기가 안정되면 필이 원활해지고, 필이 원활하면 붓이 단
정하다. 붓이 단정하면 묵墨이 뜻대로 되고, 묵이 뜻대로 되면 상象이 윤택하게
되어 뜻을 두지 않아도 뜻에 맞고, 법을 의식하지 않아도 모두 법에 맞는다"고
하였다. 허목은 특정한 서예가의 서풍書風을 익히려면 그 서풍의 외양만을 모방
하기에 앞서 그 서예가의 정신 세계 즉 필획에 응축된 서예가의 정신을 본받아
야 한다고 하였다.

당시에 유행하던 송설체는 외형의 미를 다듬는 데만 급급하여 글씨의 품격
이 낮고 격조와 운치가 결여되어 있었다. 이를 극복하기 위해 허목은 조형미와
정신미가 서로 조화를 이룬 독특하고 기고奇古한 서체인 미전체를 창안하여 척
주동해비를 건립하게 된 것이다.

허목이 서예에서 추구했던 또 다른 하나는 창고미蒼古美이다. 창고미는 아주
옛스럽고 질박한 아름다움을 말한다. 고문古文을 바탕으로 이루어진 허목의 글
씨에는 창고미가 흘러 넘친다. 허목 서예에 대한 평가는 다양하다. 조선 영조
때 학자인 홍양호洪良浩는 "지금 동해비를 보니 그 문사文辭의 크기가 큰 바다와
같고 그 소리가 노도와 같아 만약 바다에 신령이 있다면 그 글씨에 황홀해질
것이니, 허목이 아니면 누가 다시 이 글과 글씨를 썼겠는가?" 하였다.

허목의 척추동해비에 나타난 예술 세계에 대한 평은 당쟁을 피해갈 수가 없
다. 동일한 미수의 작품을 놓고 노론은 폄하하고 배척하는 분위기이고 소론은
비교적 중립적인 태도를 견지하였으며, 남인은 극단적인 칭송 일변도였다. 그

러나 백성들에게 있어서 척주동해비는 신격화되어 있다. 허목의 고전이 당색에 따라 전혀 다른 방향으로 평가되는 것과는 달리 백성들은 척주동해비를 단순한 예술 작품이 아닌 지역과 자신을 지켜주는 수호신으로 받아들이고 있다.

또 다른 하나의 비석 – 대한평수토찬비

척주동해비 아래 또 다른 비각이 하나 더 있다. 우전각禹篆閣이라는 비각 속에 있는 비석은 '대한평수토찬비大韓平水土贊碑'다. 이 비문은 허목이 중국의 형산신우비문衡山神禹碑文 77자 가운데 48자를 선택하여 글을 짓고 목판에 새겨둔 것을 240년이 지난 1904년(광무 8) 9월에 칙사勅使 강홍대康洪大와 삼척군수 정운석鄭 雲晳이 왕명에 의하여 돌에 새겨서 삼척의 현 위치인 육향산 당시의 죽관도竹串島에 세운 것이다.

형산신우비는 중국 최초의 나라인 하나라를 세운 우 임금이 천명을 받들어 나라를 세우고, 그 내용을 천지신명과 산천풍토에 제사를 지내어 고하는 의식에서 세운 것이다. 즉 우 임금이 치산치수를 잘하고 나서 물건의 모양을 따서 글자를 만들어 비석에 새겨서 현재 중국의 후난성 형산에 신우비를 세웠다. 그런데 이 비석을 세운 이후로 간악한 귀신과 괴상한 동물들은 사라지고 백성들은 평화롭게 살아 갈 수가 있었다. 이는 허목이 삼척에 조수를 막기 위해서 전서체로 척주동해비를 세운 의도와 형식이 꼭 같다. 이에 허목은 삼척부사를 마치고 고향 연천으로 돌아온 그 이듬해에 형산신우비의 탁본을 직접 보고 이 비석에 대한 의미를 살려 비문 77자 가운데 48자를 집자하여 글을 짓게 된 것이다.

대한평수토찬비는 자신이 삼척부사로 내려가 제도를 정비하고 척주동해비를 세워 조수를 다스려서 백성들이 평화롭게 살아가게 되었음을 나타내주고 있다.

집을 떠난 지 오랫동안 임금의 뜻을 받들어서	久旅忘家翼輔承帝
온갖 지혜 다 짜내 일하고 규범을 만들었더니	勞心營知袞事與制
땅이 안정되고 물이 고요해져서	泰華之定池瀆其平
물에도 땅에도 고기와 짐승이 제 모습을 나타내니	處水奔麓魚獸發形
형통하게 되었고 비색함이 없어져	而岡弗亨伸盃疏塞
밝은 사회 이룩되어 영원토록 잘 살리라	明門與庭永食萬國

대한평수토찬비가 허목이 글을 지은 지 240년이 지난 뒤에 세워진 이유는 무엇일까? 그리고 삼척에 세운 이유는 무엇일까? 이는 1897년 국호를 대한 제국이라 하고 연호를 광무光武, 왕을 황제라 칭하면서 우리나라가 명목상으로

대한평수토찬비.

'제국帝國' 즉 천자天子의 나라가 되었기 때문이다. 즉 중국의 우 임금이 나라를 세우고 형산신우비를 세워 천지신명께 이를 고하였듯이 우리나라도 천자의 나라가 되었음을 천지신명께 알리려는 취지에서 '대한평수토찬'이라는 이름의 비석을 세우게 되었다. 그리고 이 비석을 삼척에 세운 이유는 그 비문을 삼척부사를 지낸 허목이 지었을 뿐만 아니라 허목이 삼척에 세운 '척주동해비'가 형산신우비의 건립 의도와 형식이 같은 것이었기 때문이다. 결국 대한제국의 성립을 천지신명께 고하고 백성이 평화롭게 살 수 있도록 하기 위해 같은 의도와 형식의 대한평수토찬비를 척주동해비와 나란히 세우게 된 것이다.

형산신우비는 선진고문先秦古文의 대표적

인 글씨로 평생 고문제일주의를 주창해온 허목에게 이 비문의 열람은 매우 충격이었다. 형산신우비는 4천여 년 동안 그 존재를 알 수 없다가 명나라 가정嘉靖 연간에 와서 비로소 세상에 나타났다. 이를 1663년(현종 4)에 선조 임금의 손자인 낭선군朗善君 이우가 중국에 사신으로 갔다가 그 탁본을 얻어 와서 국내에도 알려지게 되었다. 허목이 이 비문 77자를 보게 된 것은 삼척부사를 마치고 고향 연천으로 돌아온 그 이듬해였다. 옛 글씨와 그림에 취미를 가지고 이를 수집해온 이우가 중국에서 구해온 형산신우비의 탁본을 당시 전서의 대가였던 허목에게 보내어 그 논평을 듣고자 하였다. 허목은 평소에 항상 동경해왔던 글씨를 현실에서 직접 감상한 그 감격은 이루 말할 수 없었다.

대한평수토찬비 탁본.

허목은 형산신우비 탁본을 본 감격을 『형산신우비발衡山神禹碑跋』과 『신우비기神禹碑記』를 지어 나타냈다. 먼저 발문에서 허목은 '그 글씨가 천지의 조화를 곁들여 마치 새가 나는 듯, 짐승이 뛰는 듯, 용이 치솟는 듯, 범이 서성이듯 하니, 신기롭고 상서로운 모양들의 힘과 얼이 번뜩이어, 도저히 필력이 미처 본뜰 수 없다'고 하였다. 그리고 『신우비기』에서도 '그 글자는 용사龍蛇·조수鳥獸·초목草木의 모양과 같이 빛나고 신기하고 괴이하여 어떻게 형용할 수가 없다'고 극찬하였다.

형산신우비문의 열람은 허목의 서체 형성에 있어서 또 다른 전기를 마련해주었다. 그러나 허목은 형산신우비를 수용하고 소화하는 데 있어서 외형미보다는 그 속에 내재된 정신미의 추구에 주력하였다.

육향산 기슭에 있는 또 다른 비석들

육향산 꼭대기에서 우리나라 서예사의 한 획을 이룬 척주동해비와 대한평수토
찬비를 감상하고 내려오면 산으로 오르는 입구에 몇 개의 비석들이 자신들만
의 모습으로 서 있다. 어느 고을에서나 흔하게 볼 수 있는 선정비善政碑들이다.

　일곱 개의 비석 가운데 좀 큰 비석 두 개는 관찰사의 '유혜불망비遺惠不忘碑'이
고 양쪽에 자리한 나머지 다섯 개의 비석은 삼척포진 영장營將의 선정비이다.
관찰사는 각 도의 우두머리로 지금의 도지사에 해당하며, 영장은 지방군대인
진영의 우두머리이다. 삼척은 일찍부터 군사요충지로 조선시대에는 수군기지
인 삼척포진이 있었다. 육향산 밑에 돌로 쌓은 석성이 남아 있는데 이곳이 동
해를 지키기 위해 삼척에 설치했던 삼척포진성의 흔적이다.

육향산 입구에 세워진 선정
비.

관찰사홍상국재현유혜불망
비의 비석머리.

선정비는 그 지방을 다스린 수령이 선정을 베풀 경우에 그의 공덕을 기념하는 의미로 백성들이 스스로 세운 비석이다. 그러나 조선 말기가 되면서 지방 수령들이 임기를 마치고 떠나기 전에 스스로 자신의 선정비를 만들어놓고 떠났다. 따라서 선정비에 기록된 인물은 선정을 한 인물이기보다는 오히려 탐관오리가 더 많다.

육향산 아래 자리하고 있는 선정비는 비석 내용보다는 비석머리에 새겨진 무늬가 재미있다. 다른 지역에서 흔하게 볼 수 있는 선정비의 비석머리는 용을 새기거나 꽃을 새기는 것이 일반적이다. 그러나 이곳의 비석머리에는 추상적인 무늬가 새겨져 있다.

비석머리를 새긴 사람은 삼척에 살던 무명의 석공이었을 것이다. 그는 이를 통해서 무엇을 표현하고자 했을까? 추상무늬는 보는 사람의 마음에 따라서 다르게 보인다. 그래서 어떤 사람은 동해에서 해가 떠오르는 모습이라 하고, 어떤 사람은 해바라기 꽃이라고도 한다. 그런데 일곱 개의 비석 가운데 '관찰사홍상국재현유혜불망비觀察使洪相國在鉉遺惠不忘碑'의 비석머리는 또 다른 느낌을 준다.

가운데 표현된 것이 남근과 여근이 아닌가하는 생각이 든다. 석공은 추상을 빙자하여 비석의 주인공을 은근히 골려주고픈 마음이 있었던 것은 아닐까? 어쨌든 비석에 이름이 새겨진 사람들의 헛된 욕망과는 대조적으로 비석머리에 새겨진 문양은 석공의 진실되고 솔직한 맛을 느끼게 한다.

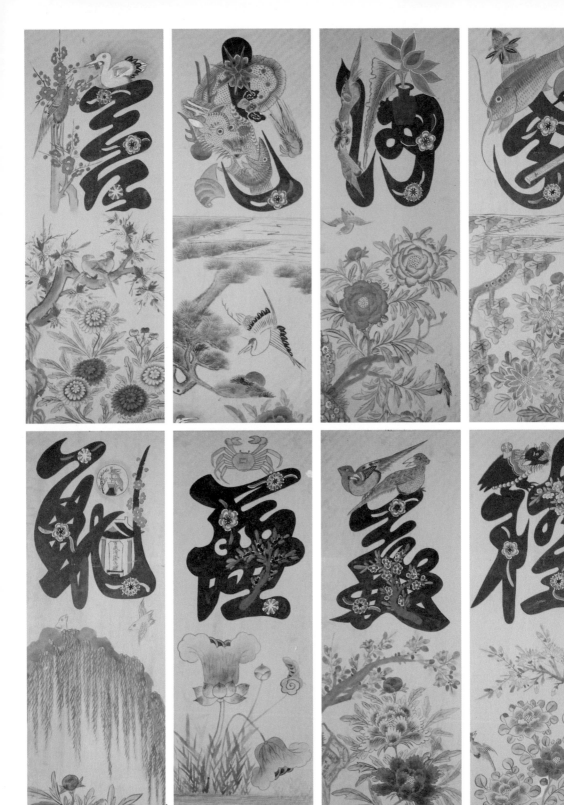

민화작가 황승규와 이규황

이름을 감추고 싶었으나 이름이 알려진 화가

민화는 민중을 위하여 민중 화가에 의해서 그려진 그림이다. 그러나 학계에서 민화에 대한 관심을 가진 것은 그리 오래되지 않았다. 민화의 작품성이 뛰어난 데도 제대로 대접받지 못한 이유는 지배층 중심의 역사인식에서 비롯되었다. 역사의 주체가 피지배층이라는 즉 민화에 대한 관심은 민중 중심의 역사관이 정립되면서 본격화되었다.

민화는 예술을 위한 예술이 아니라 삶을 위한 예술이다. 민화는 일반 민중의 요구에 따라 그려진 소박하고 꾸밈없는 실용적인 그림이다. 따라서 민화는 일정한 장소와 때에 따라 사용되었다. 민화는 예술적 행위를 통한 그림이 아니라 사용할 장소와 시기가 결정된 이후에 작업을 시작하여 완성한 그림이기 때문이다. 민화는 공간적으로 인간이 생활하는 생활공간을 장식하는 데 이용되었다. 생활공간을 편안하고 아늑하게 때로는 훈시적訓示的으로 장식하는 데 이용된 생활화였다. 민화는 시간적으로 시기에 따라 그 용도와 기법, 주제를 달리하였다. 민화는 회갑이나 혼례 등의 행사와 일년 중 중요한 절기 때마다 사용되는 그림으로, 삶 그 자체를 표현한 것이었다. 이처럼 민화가 실용적인 그림이라는 인식은 민화의 보존에 악영향을 미쳤다. 즉 민화는 쓰고 버리는 것이라는 생각으로 보존에는 신경을 쓰지 않아 오래된 민화는 많이 남아 있지 않다.

민화는 민중의 꿈과 사랑, 믿음을 표현한 그림이다. 민화는 민중들의 가슴속에 공유한 꿈과 희망을 솔직하게 표현한 그림으로 민중의 삶과 얼과 멋을 느낄 수 있다. 민화에는 민중이 가지는 해학과 여유가 넘쳐흐른다. 이들이 그려낸 꾸밈없고 순수한 민화의 세계 속에는 어린이의 꿈과도 같은 원색적인 아름다움이 있다. 이 같은 민화의 기교적 서투름과 삶에 대한 솔직한 표현은 역설적으로 민화를 예술적 경지로 승화시켰다.

민화는 작가가 드러나지 않은 경우가 대부분이다. 또한 제작연대도 알려져 있지 않은 것이 특징이다. 민화가 민중들에게 상당한 인기를 누리고 있었으면서도 그 작가가 알려지지 않은 데는 두가지 이유가 있다. 첫째, 민화의 목적이 생활 속의 필요를 만족시키기 위한 실용적인 것이지 개성이나 독창성을 표현하고자 하는 것이 아니었기 때문이다. 둘째, 민화를 그리는 작가에 대한 사회적 인식이 그리 높지 않았기 때문이다. 조선시대 도화서의 화원을 양반이 아닌 중인 신분으로 차별대우한 것과 마찬가지로 민화를 그리는 화가들에게 사회적으로 정당한 지위를 부여하지 않은 것은 어쩌면 당연한 것인지도 모르겠다.

민화 작가 가운데 유일하게 세상에 알려진 화가는 석강 황승규이다. 석강 황승규는 그의 작품에 당당하게 자신의 이름을 써넣었다. 그것은 그 자신이 그림을 그린다는 데 대한 긍지와 자신의 작품에 대한 자신감에서 비롯되었다. 황승규에 대한 이해는 우리나라 민화를 이해하는 데 중요한 의의를 가진다.

그림 같은 황승규의 생애

석강 황승규의 본관은 평해^{平海}이다. 그러나 그는 호보다는 '황노인'이라는 별칭이 더 알려져 있었다. 그의 그림과 글씨를 '황노인 그림', '황노인 글씨'라고 불렀다. 황승규는 1886년 11월 5일 아버지 건^鍵과 어머니 김녕 김씨 사이에 외동아들로 태어나서 1962년 5월 12일에 향년 76세를 일기로 생을 마감하였다. 황승규의 이름은 셋이다. 호적상의 이름은 황응선^{黃應先}이며, 평해 황씨 족보에는 황기영^{黃紀英}으로 되어 있다. 실제 불렀던 이름은 황승규^{黃昇奎}로 알려져 있는

황승규 족보. 평해 황씨 족보
에는 황승규가 기영으로 기
록되어 있다.

데 족보에는 자字가 승규昇奎로 되어 있다. 호적상에 황
응선으로 오른 것은 일제시대 창씨개명 때문으로 생각
되며, 족보에 황기영으로 된 것은 항렬자를 따서 이름
을 바꾸어 족보에 등재하였기 때문이다.

황승규는 경북 평해읍 기성에서 태어나 강원도 삼척
시 근덕면 동막리로 이주하였다. 그의 아버지 황건은
평해 기성면 덕실에서 황대구黃岱九의 둘째로 태어났으
며, 결혼 후 삼척으로 이주한 것으로 생각된다. 당시
장자우위의 상속 탓에 선대로부터 별다른 재산을 물려
받지 못한 황건은 동해안을 따라 올라와 삼척시 근덕
면 동막리에 정착하였다. 따라서 황승규의 가세는 한
미할 수밖에 없었다.

황승규는 함창 김씨와의 사이에 외동아들 병한炳美을 두었으며, 병한은 세 아
들을 두었다. 황승규의 맏손자가 창회昌會인데, 족보에는 항렬자를 따서 재회載
會로 기록되어 있다.

황승규는 기골이 장대한 6척 거구였으나 품성은 인자하고 온순하였다. 남
에게 싫은 소리를 할 줄 모르고 남의 부탁을 받으면 거절을 하지 못하였다. 어
느 날 친구로부터 화투 한 벌만 그려달라는 부탁을 받고 밤새 화투 한 벌을 정
성스레 그려 다음날 아침 친구에게 건네주었다. 이후 동네 화투는 그의 몫이
되었다. 따라서 그에게는 많은 친구가 늘 함께 했으며, 인근의 칭송이 자자하
였다.

황승규가 가장 가깝게 지냈던 사람은 옥람玉藍 한일동韓溢東이었다. 한일동은
당시 강원도 근대 서화가를 대표하는 인물이었다. 황승규는 한일동보다 일곱
살 연하였다. 두 사람은 말술을 마다하지 않을 정도였으나 술에 취했다고 하더
라도 한점 흐트러짐이 없었다. 황승규의 생가에 걸려 있던 '石岡'이라는 현판은
바로 한일동의 작품이다. 한일동이 황승규의 호를 지어주고 직접 글씨를 써서

보내준 것이었다. 그러나 지금은 도난당하여 생가에서 확인할 수 없다.

황승규는 다재다능하여 '칠능七能'이라고 불렀다. 시詩·서書·화畵·기棋·주酒·재담才談에 뛰어난 능력을 발휘하였다. 나이 20세에 동네 사람들로부터 '문장가 어른' 또는 '황문장黃文章 어른'으로 불릴 만큼 문장력이 뛰어났다. 그리고 그는 기억력이 뛰어나고 배우고자 하는 집념이 대단하여 장기·바둑은 스스로 익혀 그를 당해낼 자가 없었다. 그의 손재주 또한 뛰어났다. 뒷간에서 용변을 보는 동안 한지를 꼬아서 만든 지승紙繩 씨앗 바구니를 만들어서 나오기도 하였다. 또한 그의 재담은 좌중을 압도하였고 한번 시작하면 끝날 줄을 몰랐다. 사랑방에 모여든 사람을 상대로 얘기를 시작하여 말문이 터졌다 하면 『삼국지』는 한 달이 걸려도 끝나지 않았다. 구수하고 재치있게 끌어가는 말솜씨는 이야기 책 속의 주인공과 당시에 함께 살았던 듯이 생동감이 있었다.

생계를 위해 배운 민화

황승규가 민화를 처음 배운 것은 이초시 어른으로 알려진 이규황李圭璜이다. 이규황은 황승규의 생가가 있는 삼척시 근덕면 동막리의 강 건너편 삼척시 근덕면 부남리에 살면서 대대로 민화를 그려왔다. 이규황은 아들 이종하李鍾夏에게 민화를 전수하였다. 이규황은 1868년생으로 황승규보다는 18세 연장자였다. 이규황은 그의 아들 이종하와 황승규에게 민화를 가르쳤다. 황승규는 그림에 대한 재주가 뛰어나고 손재주가 뛰어나 이규황에게 그림공부를 배운 지 반년도 못 되어 기본을 익혔다. 이후 스스로 자신의 손재주를 바탕으로 지혜를 모아 독학을 하였다.

재주가 좋고 그림을 잘 그린다는 소문이 퍼지면서 주문이 쇄도하였다. 당시 병풍의 수요는 상당히 많은 편이었다. 어느 정도 사는 집에서는 다양한 용도의 다양한 병풍을 마련하고자 하였다. 혼병婚屛에는 부부의 인연을 맺을 때 쓰는

황승규의 불화. 강릉시립박
물관 소장.

모란병풍, 신랑 신부의 신방 분위기를 감싸주던 화조병풍이 있었다. 제병祭屏은
제사나 장례식 때 사용하는 것으로 글씨나 사군자를 색깔없이 그렸다. 이외에
일상병日常屏으로 노인방 외풍을 막아주는 머리병풍, 아낙네가 화장할 때 가려
주는 가리개병풍 등이 있었는데, 이들은 감상용이 아니라 장식을 위주로 하는
실용적인 병풍이었다.

황승규는 그림을 그릴 때 침식을 잊을 정도로 몰두하였다. 아침 일찍 작업을
시작하는 것을 보고 가족들이 이웃 동리 잔치를 보러갔다가 저녁이 되어 집에
돌아와 보면 아침에 떠날 때 있었던 그 자리에서 조금도 자세를 흐트리지 않고
작품에 몰두하고 있었다. 점심을 걸러가며 끼니를 잊은 채 일만 할 때가 많았
다. 때로는 먼 곳에서 주문이 들어오면 한두 달 집을 떠나 유랑화공流浪畵工 노릇

황승규의 민서 병풍. 강릉시립박물관 소장.

도 하였다. 호구지책으로 그림을 그린다고 하더라도 황승규는 그림을 그리는 그 자체를 즐겼다.

그러나 후손에게는 민화를 그리는 화업畵業을 전수하지 않았다. '그림을 그리면 눈이 빠진다'고 할 만큼 힘든 작업이기도 했지만, 무엇보다도 환쟁이라는 사회적 멸시를 물려주고 싶지 않았던 것이다. 고향을 떠나와서 생활 기반을 마련하기 위해 민화를 그리기는 하였지만 민화 작가에 대한 당시 사회적 지위는 매우 열악하였다.

황승규는 민화를 그리는 것과 함께 표구하여 병풍으로 만드는 작업도 손수 하였다. 10폭 병풍을 기준으로 종이에 그릴 경우에는 15일 정도가 걸렸으며, 옥양목에 그릴 경우에는 한 달 정도가 걸렸다. 당시 병풍 한 틀의 가격이 쌀 3~4가마 정도였음을 고려하면 민화를 그려서는 거의 생계를 유지할 정도에 지나지 않았다.

황승규는 단청 작업에도 참여하였다. 오대산 월정사를 비롯하여 근덕면에 있는 신흥사의 단청 작업에 참여하였다. 단청 작업은 고도의 기술을 필요로 했을 뿐만 아니라 목돈을 만질 수 있는 기회였다. 황승규의 작품을 보면 유채油彩보다는 분당채粉唐彩가 많이 발견되는데, 민화를 그리면서 단청 안료를 많이 사용하였음을 알 수 있다.

황승규는 글씨에도 조예가 깊었다. 해서·행서·초서 3체 모두를 잘 썼다. 민화에는 흔치 않는 화제畵題를 직접 썼다. 그리고 병풍의 뒷면에도 행서나 초서로 글씨를 써주었다. 그의 글씨는 가장 가까운 친구로 지냈던 한일동의 영향이 큰 것으로 생각된다.

황승규의 글씨 가운데 주목되는 것은 이른바 '민서民書'이다. 민서는 민화와 대칭되는 것으로 회화적이고 상형적인 글씨를 말한다. 민서는 인간의 본능적인 작태作態·교태嬌態·춘의春意 등을 은유적으로 쓴 글씨를 일컬으며, 작희적이고 해학적인 관념세계와 예술적 시각에서 형상화된 글씨라 할 수 있다. 익살스럽고 빈정거림에 절로 웃음을 자아내는 민서는 사대부의 사랑방과 같은 장소에는 절대 금물이었으나 신혼방의 화조병풍 뒤에 종종 등장하였다.

황승규 작품의 선과 색

황승규 민화의 특징은 선과 색에 있다. 대부분의 선은 두툼하고 힘차다. 그러면서도 온유하면서 매끄럽다. 그래서 황승규 민화의 형상들은 원만圓滿으로 가득차 있다. 황승규의 색은 '색의 마술사'라고 불릴 만큼 색을 구사하는 능력이 뛰어났다. 적赤·청靑·황黃·흑黑·백白의 색깔을 사용하면서 색상의 대비, 조화, 균형, 비례가 기막힌 관계를 이루며 색다른 멋을 보여준다.

황승규의 민화병풍은 몇백 틀이 넘을 만큼 많은 작품이 전한다. 그 수만큼이나 산수도, 화조도, 책가도, 영모도, 문자도 등 다양한 그림을 보여준다. 이 가운데 가장 많은 것은 문자도이다. 전체 민화의 약 80퍼센트가 문자도이다. 황승규 문자도의 특징은 정형화된 문자도 속에 상감한 듯 상징성을 그려넣고 문

자를 중심으로 상단이나 하단에 산수, 화조, 책거리 등을 첨가하여 이중구도
를 이루고 있다. 그리고 반드시 화제를 적었으며, 강렬한 단청류의 채색을 하
였다.

가회박물관이 소장한 화조문자도花鳥文字圖는 황승규의 후기작으로 추정되는
걸작이다. 문자도는 삼강오륜의 교훈적이고 길상적인 뜻을 지닌 문자를 통해
소망하는 것을 이루고자 하는 의도에서 제작된 그림이다. 특히 효제도는 문자
도를 대표하는 것으로 효孝・제悌・충忠・신信・예禮・의義・염廉・치恥의 여덟 글자
에 회화적 요소를 가미했다. 그리고 화조도는 꽃과 새가 한데 어울려져 아름다
운 조화를 이루는 그림이다. 화조문자도는 이 두 가지를 상・하단에 이중으로

배치하였다.

역시 가회박물관에 소장되어 있는 책거리문자도는 그의 대표작이라 할 만하다. 책거리그림은 책을 중심으로 문방사우나 혹은 이와 관련된 물건들을 그린 것으로 주로 선비들의 사랑방이나 서재를 장식하였다. 책거리그림에는 선비들의 애장물인 책과 문방사우를 중심으로 사랑방의 기물인 도자기·화병·화분·부채 등과 선비의 여가 생활과 관련된 술병·술잔·담뱃대·악기·도검·활·투호·바둑판·시계·대모 안경 등을 책 사이에 적절하게 배치하여 조화를 이루게 하였다. 책거리문자도는 책거리그림과 문자도를 상·하단에 이중으로 배치한 그림이다.

이들 문자도에는 각 글자마다 네 가지의 고사를 화제畵題로 기록하고, 글자 속에 그림으로 그려넣었다. 효孝 글자에는 효와 관련하여 화제로 '대순탄금大舜彈琴', 왕상빙리王祥氷鯉, 맹종읍죽孟宗泣竹, 황향선침黃香扇枕'을 썼다. 그리고 이와 관련된 고사를 그렸다. 진나라의 선비인 왕상이 계모를 위해 얼음을 깨고 잉어를 잡아 드렸다는 고사, 순 임금이 눈먼 아버지와 계모 이복동생의 구박 속에서도 효심을 지켜 요 임금으로부터 양위를 받았다는 이야기, 오나라의 맹종이 한겨울 눈 속에서 노모를 위해 뜨거운 눈물로 죽순을 자라게 했다는 고사, 후한 황향이 홀로된 아버지를 위해 여름에는 부친의 이부자리와 베개를 부채로 시원하게 하고, 겨울에는 자신의 몸으로 이부자리를 데워 따뜻하게 해 드렸다는 고사를 그렸다.

　제悌 글자에는 형제 간의 우애와 관련된 화제로 '춘회재분春回載盆, 상체화홍
尙㑶花紅, 일난명원日暖鳴園, 척령화명鶺鴒和鳴'를 썼다. 그리고 관련된 고사를 그려
넣었다. 옥매화는 형제 우애가 좋아야 옥매화처럼 집안이 번창한다는 것을 의
미하며, 산앵두나무의 꽃과 꽃받침, 꽃과 잎은 서로 돕고 의지하는 형제애를
상징한다. 할미새 두 마리가 정답게 벌레나 꽃잎을 나누어 먹는 모습은 형제
애를 보여주며, 시끄럽게 우는 모습은 형제 간에 다급할 때 서로 알려준다는
의미이다.

　충忠 글자에는 임금에게 충성하고 군신간의 화합과 관련하여 화제로 '비우간
쟁比干諫爭, 용봉직절龍逢直節, 어변성룡魚變成龍, 하합상허鰕蛤相許'를 썼다. 그리고 관

련된 고사를 그려넣었는데, 잉어가 용문을 차고 올라서 용이 되었다는 어변성룡은 과거에 급제하여 임금에게 충성을 바치는 것을 의미한다. 새우[鰕]와 조개[蛤]는 그 발음이 화합과 유사하여 군신 간의 화합을 이루어 충성하는 것을 의미한다.

신信 글자에는 화제로 '상림추풍上林秋風, 백안전신白雁傳信, 요지벽도瑤也碧桃, 청조애남靑鳥哀濫'을 썼다. 그리고 이와 관련하여 요지춘궁瑤也春宮으로부터 서왕모西王母가 온다는 소식을 전하는 청조靑鳥와 상림桑林에서 편지를 물고 온 흰기러기를 그렸다. 이는 믿음은 서로 약속하고 의사를 전하는 것에서부터 시작된다는 것을 의미한다.

예禮 글자에는 화제로 '낙귀빈도洛龜負圖, 천지절문天地節文, 행단춘풍杏壇春風, 강론시서講論詩書'를 썼다. 예 글자와 관련된 그림으로 책을 진 거북이를 그렸다. 책을 등에 진 거북이는 중국 하도낙서河圖洛書 고사와 관련된다.

의義 글자에는 화제로 '록하지당淥荷池塘, 관저화조關雎和鳥, 도원결의桃園結義, 작작기화灼灼其花'를 썼다. 그림은 『삼국지』에 나오는 유비, 관우, 장비가 도원에서 의형제를 맺는 도원결의와 주나라 무왕이 은나라를 토벌하자 백이, 숙제는 이를 부끄러이 여기고 수양산에 숨어들어 고사리와 나물로 연명하였다는 고사를 그렸다.

염廉 글자에는 '염계한천廉溪寒川, 전진후퇴前進後退, 율리송국栗里松菊, 울림재석鬱林載石'를 썼다. 관련 그림은 수천만 리를 날고 배가 고파도 조를 쪼아 먹지 않고, 오동나무 그늘에서만 잠을 잔다는 청렴함을 상징하는 봉황을 그렸다. 염치

를 아는 군자는 들어설 때와 물러날 때를 알아야 한다는 의미에서 뒷걸음질치는 게를 그려넣었다. 그리고 요 임금 때 허유許由는 문왕이 제상의 자리를 맡아달라는 요청을 받고 당장 냇물에 귀를 씻었고, 이 소리를 들은 소부巢父는 자기의 소가 그 물을 마실까 두려워했다는 내용을 담고 있다.

치恥 글자에는 화제로 '수양매월首陽梅月, 이제청풍夷齊淸風, 유유도중悠悠途中, 사금불수辭金不受'를 썼다. 백이와 숙제가 수양산에 들어가 고사리를 캐먹고 살았는데 그들을 돌아오게 할려고 산에 불을 지르니 그냥 산속에서 타죽었다는 일화와 관련한 그림을 그렸다. 백이와 숙제의 수양매월首陽梅月을 형상화한 매화와 그들의 무덤, 위패, 월상도를 그려넣었다.

후손에게 남겨준 산수화

민화에서 산수화는 정통회화의 관념산수에서 크게 벗어나지는 않지만 좀 더 자유스럽고 독창적인 면이 있어 이들 그림과 구분된다. 산수민화山水民畵는 소상팔경과 관동팔경을 주로 그렸다. 황승규의 산수민화 가운데 대표작은 손자 황창회가 소장하고 있는 작품이다. 소상팔경을 기본으로 하면서 자신의 모든 정열을 쏟아서 그린 10폭의 관념산수도이다.

황승규가 이 작품을 완성하게 된 의도는 상업적인 목적이 아니라 후손에게 남겨주기 위해서였다. 옥양목이나 종이에 그린 다른 작품과는 달리 비단에다 온갖 정성을 쏟아서 완성하였다. 병풍의 뒷면에도 자신의 글씨로 후손들이 지켜야 할 일들을 유언하듯이 쓰고 있다. 황승규는 병풍 뒷면에 다른 사람의 글씨를 받고자 하였다. 그러나 손자 황창희는 다른 어떤 사람의 글씨보다 조부의 글씨로 써줄 것을 요청하였고, 황승규는 손자의 청을 받아들여 직접 병풍 뒷면 8폭에 글씨를 썼다.

산수도는 민화풍이기는 하지만 정통산수화에 가까운 걸작임을 알 수 있다. 황승규는 자신이 민화를 그린 환쟁이가 아니라 정통 산수화를 그린 문인화가로 후손들에게 기억되길 바랐던 것이다. 그래서 그의 최후의 작품은 그의 모든 역량을 쏟아서 그린 것으로 그의 작품 가운데 가장 뛰어난 작품이다. 손자 황창회도 이 병풍을 조부 황승규를 모시듯이 극진한 마음으로 보관하고 있다. 황승규는 떠났지만 황승규의 산수화는 안방에서 집안의 울타리처럼 후손을 지켜보고 있다.

손자 사랑은 작품으로 승화되고

황승규의 작품은 손자에 대한 사랑이다. 황승규는 평해에서 갓 이주해와 제대

황승규 생가. 그의 손자 황창
회가 생가를 둘러보고 있다.

로 정착하지 못하고 불안전한 생활을 하였다. 황승규는 집안을 돌보기보다는 그림을 그리면서 전국을 돌아 다니는 유랑 생활을 하였다. 때문에 아들에 대한 교육을 소홀히 할 수밖에 없었다.

그러나 손자가 태어나면서 손자에 대한 극진한 사랑은 황승규의 생활을 바꾸었다. 아들을 교육시키지 못한 황승규는 손자 교육을 통해서 집안을 일으켜 세워야 한다는 생각을 했다. 그래서 초등학교를 졸업하고 3년째 집안을 돕고 있는 손자 황창회를 삼척공업고등중학교에 입학시켰다. 근덕면 동막리에서 40여 리 떨어진 삼척시내에 하숙을 시키며 손자를 공부시켰다.

한편 작업실에 손자가 들어오는 것을 금지시켰다. 당시 민화 작가는 환쟁이라는 이름으로 차별 대우를 받았기 때문에 민화를 그리는 일을 가업으로 전수하고 싶지 않았다. 환쟁이로 불리며 받았던 설움을 손자에게는 물려주기 싫었던 것이다. 손자에게만은 신식 교육을 통해 가문의 입지를 세워줄 것을 기대하였다.

이때부터 황승규는 손자를 공부시키기 위해 그림을 그리기 시작하였다. 황승규의 손자에 대한 사랑은 민화로 승화되었다. 손자 교육이라는 뚜렷한 목적으로 황승규의 민화는 절정에 이르렀다. 그의 손자에 대한 사랑은 시간과 공간을 초월하였다. 손자가 그리우면 40리 밤길을 걸어서 손자의 하숙집을 찾아가 등교하는 손자의 얼굴을 보고 오기도 하였다. 그리고 주말이면 사랑방 문을 열고 신작로 정류소에 손자가 버스에서 내리기를 기다렸다.

황창회는 할아버지의 소원을 절대적으로 실천하고자 하는 효손孝孫이었다. 황승규의 소원은 손자가 결혼하여 증손자를 보는 것과 공직으로 나아가 환쟁이로 살아오면서 받았던 설움을 떨쳐버리는 것이었다. 손자 황창회는 24세에 결혼하여 황승규의 품에 증손자를 안겼으며, 평생 공무원으로 근무하다가 최근 산림조합 조합장으로 정년퇴임하였다. 그리고 최근에는 묘역을 정비하여 할아버지에 대한 효도를 마무리하였다.

황승규가 남긴 삶의 흔적

황승규의 생가는 삼척시 근덕면 동막리에 있다. 7번 국도변에 있는 생가는 황승규가 직접 지은 집이다. 강가의 돌을 가져다 돌담을 쌓고 정면 다섯 칸, 측면 두 칸의 비교적 큰집을 지었다. 그리고 집 주위에는 배나무와 살구나무, 감나무 그리고 호두나무까지 울타리를 치듯이 심었다. 그곳에서 그는 사랑방 문을 열고 사랑하는 손자가 버스 내리는 모습을 기다렸던 것이다.

그러나 지금의 생가는 더 이상 예전의 모습이 아니다. 사람이 살지 않으면서 안방 처마 밑에 있던 '石岡'이라는 현판은 물론 기둥에 걸려 있던 주련柱聯도 도난당하였다. 새마을운동으로 지붕은 짙은 하늘색의 슬레이트 지붕으로 바뀌고, 인심도 변해 들어오는 대문도 집 앞에서 옆으로 바뀌었다. 최근에는 태풍 루사로 인해 기둥만 겨우 남았던 집을 대대적인 보수를 하여 석강 황승규가 살았던 당시의 모습은 찾아보기 어렵다. 그래도 허물어진 돌담 사이로 살구꽃이 피고, 감나무 위에서 까치가 울면 이곳이 민화가 생산되었던 예술가의 집이었음을 느끼게 한다.

황승규의 산소는 생가 건너편 언덕 위에 자리하고 있다. 2000년 동해안 산불로 산에 있던 모든 나무들이 불탔는데 황승규 산소의 소나무는 산소를 지키는 호위병처럼 10여 그루가 남았다. 소나무가 산소를 지켜주듯이 황승규는 죽어서도 후손을 돌보고 있다. 그가 살았고 후손들이 살고 있는 삼척시 근덕면 동막리가 바로 눈 아래 있다. 그 마을 한가운데 숲속에 생가가 바로 보인

황승규 산소. 그는 무덤 속에 누워 산 아랫마을에 있는 생가를 내려다 보고 있다.

다. 그는 죽어서도 후손 곁을 떠나지 않았다.

후손들은 언제나 울타리가 되어주는 조부의 묘역을 정비하고 비석을 세웠다. 그러나 그의 비석에는 황승규의 예술의 세계에 대한 기록은 한마디도 없다. 민화를 그리는 환쟁이라는 사실을 숨기고 싶어 한 황승규의 마음을 후손들이 배려한 것일까? 그의 삶에 대해 "인자仁慈하고 온후溫厚한 성품에 근면성실하며, 인우상조隣友相助하고 상경하애上敬下愛하는 효친 등 숭조사상崇祖思想이 투철하여 인근에서 칭송이 자자하였다"라고 기록하였다.

푸른 동해바다를 따라서 백두대간이 흐르고 그 사이 언덕 위에서 석강 황승규는 영원한 삶을 누리고 있다.

강원도 영동 민화의 비조, 이규황

이규황은 황승규의 스승이자, 영동 민화의 비조鼻祖이다. 이규황의 행적이 밝혀진 것은 민화 전문 박물관인 가회박물관 윤열수 관장의 끈질긴 집념의 결실이다.

현재 국내에서 민화 작가가 전혀 알려져 있지 않은 상황에서 민화의 작가를 찾아서 전국을 다니던 가운데 삼척에서 첫 결실을 맺었다. 그것이 석강 황승규이다. 윤열수 관장은 여기서 그치지 않고 황승규의 스승인 이규황의 행적을 추적하였다.

최근 발표한 그의 논문에 그의 집념이 그대로 반영되어 있다. 이초시로 알려진 황승규의 스승이 이규황임을 밝힘과 동시에 강원도 민화의 계보를 발견한 것이다. 민화 작가를 찾으려는 윤열수 관장의 노력은 자신을 숨기려 했던 민화 작가들의 노력, 그것을 능가하였다. 결국 윤열수 관장의 노력으로 세상에 민화 작가의 모습이 드러나게 되었다.

이규황은 신분이 양반이었다. 그는 경북 울진에서 살다가 삼척 근덕면 부남

이규황, 책거리문자도, 가회
박물관 소장

으로 이주하여 살았다. 이규황은 영남의 학자들과 교유하면서 학문과 덕을 닦
았으며, 초년에는 소과小科에 응시하기도 하였다. 비록 과거에 급제하지는 못하
였으나 삼척에서는 소과에 응시하는 것 자체만으로도 그의 학문을 인정받기에
충분하였다.

따라서 이규황은 이름보다는 '이초시 노인'으로 더 알려져 있다. 그리고
1902년(고종 6)에는 특별히 가자加資되어 '가선대부 중추부사겸오위장'의 품계
를 받았다.

그러나 이규황이 어떠한 연유로 민화를 그리게 되었는지 알 수가 없다. 그에

대한 기록은 후손들에게 전해지는 이야기와 삼척 근덕면 부남 2리 뒷산에 있는 그의 비문이 전부이다. 그의 비석은 그의 유언대로 무덤없이 그가 살던 집 바로 뒷산에 '연호호옹유허비蓮湖毫翁遺墟碑'라는 비명으로 쓸쓸하게 남아 있다.

비문에 의하면 그의 이름은 규황이며, 자字는 대여大如이고, 호號는 연호蓮湖이다. 1868년에 태어나 1926년까지 58년이라는 짧지 않은 생애를 통해 많은 걸작의 민화를 남겼다. 특히 그의 책거리문자도는 동해안 민화의 전형을 보여준다.

연호 이규황의 작품은 대체로 서울, 경기도 일원에서 흔히 보이는 양식으로 보이지만 구체적으로 어떤 화풍의 영향을 받아 정형화되었는지는 알 수가 없다. 하지만 이규황의 민화가 동해안 민화의 전형이 된 것은 분명하다.

그에 의해서 시작된 동해안 지역 민화의 전통은 제자인 황승규와 아들 이종하에 의해서 계승되었다. 그리고 북쪽으로는 평안도 북청에서부터 남쪽으로는 경북 감포에 이르기까지 같은 양식의 민화들이 발견된다. 동해안의 뱃길을 따라서 하나의 화맥畵脈을 형성한 것이다.

연호호옹유허비

이규황의 묘비. 그의 유언대로 무덤 없이 비석만 서 있다.

공의 이름은 규황이며, 자는 대여이고, 호는 연호蓮湖이다. 1868년(戊辰) 4월 13일에 태어났으며, 상서공尙書公의 후손이다. 오래전 칠대조 침랑공이 숙종 연간에 일어난 사화를 당하여 세속의 번거로운 일에 초연하게 지내왔는데, 대대로 명철한 뜻이 있어서 울진에 이르러 자손들이 번창하였다. 공의 대에 삼척으로 이주한 이후 대대로 살고 있다.

공은 일찍이 학자들과 교유交遊하였으며, 재예才藝가 탁월하고 지조가 분명하고 확고하였다. 이에 영남에 유학하여 이름난 학자의 문하에 들어가서 착한 일을 하도록 서로 권하고, 바른 길로 나가도록 서로 경계하였다. 학우와 서로 도와서 학문과 덕을 닦고 스스로 선악을 가려 취사함에 있어서도 능히 그에 미치는 사람이 없었다.

또한 초년初年에 소과 과거시험에 응시하였으나 급제하지는 못하였다. 그러나 이를 조금도 개의치 않고 돌아와 바다와 산속에서 마음이 너그럽고 욕심이 없이 세상을 피하여 살았다. 벼슬에 뜻을 두지 않고 적막한 벽지에서 다시 자연을 즐기면서 처사로써 수양하고, 자연 속에 노닐며 시가를 읊으면서 일생을 마쳤다.

1902년(고종 6)에 특별히 가자加資되었다. 공의 선조가 대대로 충정을 돈독하게 이어왔음을 이를 통해서 가히 알만하다. 그런데 공은 사용포호飼龍捕虎의 재주가 있었으면서도 어찌 바닷가에 깊이 숨어서 세상에 쓰여 지지 않았는가? 애석하고 원통하다.

그런 도중에 불행하게도 병이 깊어서 여러 해 동안 병상에 있었다. 공의 부인 최씨는 성품이 곧고 맑으며, 자애롭고 인자하여 예禮로써 남편을 받들었다. 결국 아름다운 마음으로 힘을 다하니 천지신명의 도움으로 병이 치료되었다.

이규황 비석 비문.

이 어찌 특별한 일이라 하지 않겠는가? 이 같은 굳은 정조와 절개를 지키는 행적은 속수 삼강행실續修 三綱行實에 실려 있다.

아들이 둘 있었는데 장자는 종하鍾夏이고 차자는 종한鍾漢이다. 딸이 둘 있었는데 장녀는 사인士人 차병남에게 시집을 갔으며, 차녀는 사인 오순근에게 시집을 갔다.

무릇 공의 서화는 청초하고 정숙하였다. 품성은 항상 변함이 없었으며, 타고난 재능과 인품은 방정하고 준수하였다. 공의 글씨와 문장은 흐르는 물처럼 거침없이 써내려갔음은 이미 알고 있는 바이다. 평상시 공이 가진 취미는 대개 세상과는 다른 것이며, 다른 사람들과는 멀리 있었으니 이를 우리가 어찌 알겠는가?

또한 만년晩年에 아들에게 경계하여 말

하기를 '무덤을 거창하게 만드는 것은 원래 나의 뜻이 아니다. 죽은 후에 비석을 세우고 연호호옹 네 글자를 돌에 새겨 나의 무덤임을 표시하여라. 그러면 천추만세千秋萬歲 오래오래 영혼이 오르내리면서 무한하게 자손을 도와서 영원히 뛰어난 인재를 배출하는 땅이 되도록 하는 것이 내가 원하는 바이다'라고 하였다.

이에 재주가 없는 나 호락鎬洛에게 비문을 부탁하였는데 나는 그 사람이 아니라고 사양하였다. 그러나 평소에 친밀히 사랑하고 그 성대한 의지를 저버릴 수 없어서 이에 대체의 줄거리를 감히 우매함을 무릅쓰고 비문을 찬하게 되었다.

1933년(癸酉) 4월 13일 비를 새겨 세우다.

풍산후인豊山后人 김호락 근찬謹撰

참고문헌

김동건, 『미수 허목의 서예연구』, 홍익대 대학원 석사학위논문, 1992.

유용태, 「석강 황승규」, 『江原의 美』 제1집, 강원일보사, 1993

김영학, 『민화』 빛깔있는 책들 147, 대원사, 1994

윤열수, 『민화이야기』, 디자인 하우스, 1995.

박남일, 『역사의 라이벌』 4, 계백, 1996.

임두빈, 『민화란 무엇인가』, 서문문고, 1997

尹絲淳 외, 『許眉馬의 學·藝·思想 論攷』 眉馬硏究會, 1998.

윤열수, 『민화』, Korean Art Book 예경, 2000.

배재홍, 『國譯 陟州誌』, 삼척시립박물관, 2001.

정옥자, 『우리선비』, 현암사, 2002.

가회박물관, 『문자도』, 가회박물관출판부, 2004.

5
_
민속

民
俗

해신당.

해신당

바다와 땅이 만나 풍요를 기원하다

성性은 만물의 근원이다. 우리 인간을 비롯한 만물은 성으로부터 비롯되었기 때문에 성은 본질적으로 숭고하다. 그러나 성은 이중성을 가지고 있다. 가장 숭고하면서도 가장 추악하게 소모될 수 있는 요소를 가졌다. 성이 합리적으로 사용될 때 그것은 가장 아름답고 창조적이지만, 그것이 비합리적으로 이용될 때는 인간의 가장 추악한 모습으로 나타난다. 따라서 성문화에 대한 표현 방법도 열린 공간에서의 표현 방법과 닫힌 공간에서의 표현 방법이 다르게 나타난다. 열린 공간에서 성문화는 성을 숭배하는 것이다. 반면 닫힌 공간에서는 성을 탐닉한다.

인간은 성 숭배를 통해서 풍요와 다산을 기원하였다. 인간은 성을 생산과 풍요를 가져다주는 성스러운 것으로 인식하였다. 따라서 성행위나 성기를 신성시하면서 일상생활 속에서 자연스럽게 성을 숭배하게 되었다. 성 숭배는 민간신앙의 형태, 줄다리기 등과 같은 놀이의 형태, 탈춤과 같은 민속 연희의 형태, 풍수지리 같은 사상의 형태 등 다양한 형태로 나타났다.

삼척에서도 성을 다양한 형태로 숭배하고 있다. 동해 바닷가에서부터 두타산 산속에 이르는 여러 곳에서 다양한 모습으로 성 숭배가 행해지고 있다. 두타산의 성 숭배는 쉰움산에서 이루어진다. 쉰움산은 그 이름에서 알 수 있듯이 꼭대기에 50개의 움이 있다. 이것이 바로 여성의 성기를 상징한다. 그 맞은편에는 남근 바위가 있어서 남녀 성기의 결합을 통해서 풍요와 다산을 기원한다.

두타산 쉰움산 남근바위와
여근바위.

동해안의 어촌마을에는 일반적으로 대개 두 개의 서낭당이 있다. 마을의 산 위에 있으면서 마을 전체를 수호하는 기능을 갖는 남서낭당(할아버지 서낭당)과 바닷가에 있으면서 풍어와 어민들의 무사안녕을 담당하는 여서낭당(할머니 서 낭당)이 그것이다. 특히 여서낭당의 당제에서는 황소의 우랑이나 나무로 만든 남근을 봉헌하였다. 이는 음양의 화합을 통해 풍어와 어민들의 무사안녕을 기 원하기 위함이었다.

삼척에서 성 숭배를 대표하는 곳은 원덕읍 신남이다. 동해 물결이 치올라 오 는 마을 북쪽의 벼랑 끝에 향나무와 마을 처녀 초상을 모신 해신당이 있다. 이 곳 해신당에서 매년 정월 대보름과 음력 10월 첫 번째 오午일에 남근을 깎아놓 고 제사를 지낸다. 마을 사람들은 남근 숭배를 통해서 풍어와 다산 그리고 마 을의 안녕을 기원한다.

성 숭배의 기원과 의의

원시미술에서 민속 신앙에 이르는 성의 표현은 일차적으로 풍요와 다산을 기원하는 상징이었다. 성은 인간을 포함한 모든 생명의 근원이기 때문에 성에 대한 숭배를 통해서 풍요와 다산을 기원하였던 것이다. 이 같은 인식은 인류의 역사와 함께 한다. 즉 구석기시대부터 시작해서 현재까지 계속되고 있으며, 앞으로도 이는 지속될 것이다. 뿐만 아니라, 세계 모든 민족에게 공통으로 나타난다. 세계 각국에 산재한 어떤 민족에게도 이 같은 의식은 살아 있다. 결국 성에 대한 숭배는 시간과 공간을 초월하여 모든 인류에게 존재한다.

인류 역사에서 성을 표현한 가장 오래된 유물은 오스트리아에서 출토된 '빌렌도르프의 비너스'라고 불리우는 여체 조각상이다. 2만~1만 년 전 후기 구석기시대의 유물이다. 조각상은 얼굴이나 팔다리보다, 둔부와 유방이 강조되어 있다. 11센티미터에 불과한 작은 크기인 이 조각은 아마도 들고 다니면서 아기 낳기를 기원하는 용도로 이용되었을 것으로 추정된다.

유물로 남아 있는 성 숭배 문화

발렌도르프의 비너스

한국의 원시미술 가운데 성性을 표현한 가장 오래된 것은 암각화이다. 암각화는 1970년대 이후 본격적으로 알려지기 시작하였다. 울주 반구대 암각화가 대표적이다. 이 반구대의 암각화는 기하학적인 추상문양이 주축을 이루는 다른 지역의 암각화와는 달리 사실적인 표현이 특징이다. 이 암각화에는 10여 명의 인물상이 등장하는데, 가장 눈에 띄는 인물은 왼쪽 맨 위에 거북이 세 마리와 함께 서 있는 인물상이다. 옆모습을 한 이 인물상은 두 손을 머리에 대고 무릎을 약간 굽힌 자세인데, 양 가랑이 사이로 남근男根을 잔뜩 발기시켜놓은 모습을 하고 있다. 이 인물상은 우리나라에서 남근을 드러낸 첫 사례로 성기숭배신앙의 기원으로 볼 수 있다. 남근을 드러낸 표현은 풍어제나 산신제를 지내는 민속으로 지금도 널리 알려져 있다.

청동기시대는 농경문화의 정착과 계급사회가 본격화한 시기일 뿐만 아니
라 국가라는 형태가 나타나는 시기이다. 우리나라 청동기시대의 대표적인 유
물 가운데 농경문화의 발전된 생활상과 신앙을 보여주는 것이 농경문 청동기
이다. 이 유물은 기와집의 가옥 형태를 하고 있어 정확한 용도는 알 수가 없다.
앞면에는 나뭇가지에 앉은 새가 음각되어 있고, 뒷면에는 농사짓는 모습이 새
겨져 있다. 그런데 뒷면 그림 가운데 오른쪽에 따비질을 하는 인물상이 있는
데, 양 가랑이 사이에 남근이 뚜렷하게 드러나 있다. 이는 성기 숭배를 통해서
다산과 풍요를 기원하였던 당시의 모습을 보여준다. 그리고 반대 면의 새 그림
은 지금의 솟대신앙과 연결된다.

토우土偶는 흙으로 만든 인형을 말한다. 넓은 의미로는 사람의 형상뿐만 아니
라 여러 가지의 동물이나 생활용구, 집 등 모든 것을 본떠서 나타낸 것을 일컫

는다. 고대의 토우는 크게 장난감, 주술적인 우상偶像, 부장품으로 구분된다. 따라서 토우는 세계 어느 나라, 어느 민족, 어느 지역이나 각기 성격을 달리 하면서 제작되었다.

한국의 토우는 신라 토우가 대표적이다. 통일신라시대에는 독립된 형태의 토용土俑이 보인다. 고려시대에는 그 예가 거의 알려지지 않았으나 조선시대에 들어오면 백자로 만들어 무덤에 넣는 경우가 있었다. 이들을 흔히 명기明器라 부르며 인물, 동물, 생활용기 등이 만들어졌다. 이 가운데 신라시대의 토우에 주목할 필요가 있다.

신라 토우는 토기에 부착되어 있는 토우와 독립적으로 만들어진 토용으로 구분된다. 토기에 부착된 토우는 기마상騎馬像, 배를 탄 사람, 수렵하는 사람, 성교 중인 사람, 악기를 연주하는 사람 등 다양한 모습이다. 그리고 개, 멧돼지, 말, 뱀, 개구리, 토끼, 용, 호랑이, 원숭이, 각종 새, 각종 물고기의 모습 등 다양한 형태의 동물상이 있다. 그리고 독립적으로 만들어진 토우에는 사람과 말, 소 등의 모습이 있다. 그런데 이들 토우 가운데 남녀상과 남녀 성교상이 많다는 것이 주목된다. 이들 인물상들을 살펴보면 성기를 과장되게 표현하고 있거나, 남녀가 성교하는 모습, 임신부, 심지어는 출산 중인 여인의 모습까지도 있다. 이를 통해서 신라인의 생활상과 성에 대한 의식을 살펴볼 수 있다.

신라의 토우는 무덤의 부장품으로써 죽은 사람이 저승에서 재생하여 영생永生하도록 기원하는 장송의 한 장면이다.

농경문 청동기.

성적 결합을 통한 재생·영생의 기원은 동물이 아니라 바로 죽은 그 사람이다. 따라서 토우의 인물상은 생산력과 재생력을 지닌 성기를 노출하고, 성적 결합을 통하여 고인의 재생을 기원하였던 것이다. 즉 신라 토우의 각종 성애상性愛像은 성적 결합을 통한 새로운 탄생을 기원하고 그러한 과정을 모의적으로 보여준다.

신라의 토우에는 남자의 성기를 노출한 남자상과 여자의 성기를 노출한 여인상, 남녀가 결합 중인 남녀 성교상이 많다. 이 토우들은 각기 나름대로 몸매, 자세, 표정을 짓고 있다. 성기를 노출한 남자 토우의 공통점은 남근이 신체의 균형에 비해 과장되게 표현되었다는 것이다.

토우가 붙어있는 신라토기.

인물상에서 드러난 남근은 남성 성기의 무한한 재생력, 생산력, 번식력의 상징적 표현이다. 여성 토우상은 흉부에는 유방이 달리고 하체에는 음호가 뚫려 있으며, 혹은 임산부의 모습을 보이는 것도 있다. 여성의 성기를 과다하게 노출한 것은 풍요와 다산을 상징한다. 남녀의 결합인 성행위의 본질은 생명의 탄생이다. 신라의 토우는 결합된 남녀상을 통해서 죽은 이의 새로운 생명의 탄생을 기원하였다.

민간신앙으로서 성 숭배

민속이나 민간신앙의 하나로 성기에 대한 숭배는 조선시대에도 계속되었다. 성 숭배의 가장 대표적인 예는 남근석에 대한 숭배이다. 성 숭배의 유형은 대개 실제 성기 모양을 만들거나 이와 비슷하게 생긴 암석, 선돌 등에 대한 성기 암석 신앙, 당제의 신물로 봉납되는 모형 성기 신앙, 자연지형에 성적 의미를

남근석 모양의 수석.

결부시킨 풍수도참신앙 등이 있다. 더 구체적으로 살펴보면 암탑과 수탑, 여근
암과 남근암, 성기바위, 좆바위와 씹바위, 공알바위, 처녀바위 등 다양하게 나
타난다.

성기숭배 사상의 구체적인 유형들을 살펴보면 남근 조형물, 무속·불교와 결
합된 성, 성기를 닮은 자연지형물 숭배신앙, 남근형의 마을 지킴이 등으로 구
분된다. 이 가운데서도 성신앙적인 조형물의 백미는 역시 남근형이다. 이를 조
각한 사례들은 여러 곳에서 살펴볼 수 있다.

삼척 해신당의 나무로 깎은 남근목과 정읍·순창·남원·임실 등지의 남근석
은 그 소재가 성기여서 그렇지 조각적인 사실미와 예술성을 뽐내고 있다. 조선
후기에는 남근석을 비롯한 성 신앙적인 조형물을 중심으로 마을 공동체가 활
성화되면서 그것이 불교·무속과 결합하는 현상을 보였다. 특히 임진왜란과 병

삼척 기줄다리기 모형. 암줄
과 숫줄이 결합하는 형상으
로 음양의 결합을 의미한다.

자호란을 겪고 난 후 불사의 중흥과 함께 불교에 민간신앙적인 요소들이 수용
되는 양상이 뚜렷해졌다. 사찰 입구에 장승이 들어서는 경우와 마찬가지로 남
근석이나 여근석 같은 성 신앙적인 조형물이 들어서거나, 경내의 특정 바위나
계곡이 성 신앙과 결합하기도 하였다.

한편 우리나라 성 신앙은 조각적인 조형물도 있지만 자연물에 그 의미를 부
여하는 경우도 많다. 성 신앙에서 여성의 성기 표현은 대부분 산이나 계곡, 바
위틈, 나뭇가지상의 구멍과 같은 자연물을 대상으로 삼는 것이 통례이다. 또한
남근석과 같은 성 신앙적 조형물은 그 기능이나 의미에서 장승이나 벅수와도
연관성을 가지고 있었다.

전체적으로 선돌세움식의 형태감이 유사하고, 장승과 남근석이 함께 세워져
동제洞祭의 중심이 되거나 마을 지킴이 역할을 한다는 데서 그러하다.

조상들은 남근석이나 여근석 같은 성기 조형물을 중심으로 동제의 한 전통
을 만들어냈다. 또 그 마을 공동체의 의례나 그 속에서 벌어지는 놀이에서도

성은 커다란 역할을 해왔다. 그러한 공동체 문화의 전형을 보여주는 행사가 줄다리기이다.

줄은 암줄과 숫줄 두 가닥으로 나누고, 서로의 줄머리를 올가미처럼 둥글게 틀어 '도래'라고 불리는 고리모양으로 만든다. 널찍하게 만든 둥근 암줄의 도래에 머리가 좁은 숫줄의 그것을 끼우고 비녀목으로 고정하게 된다. 좁고 넓은 각각의 도래 형태는 남녀의 성기를 상징한다. 그리고 줄을 서로 밀고 당기는 과정은 성행위를 암시한다.

신남 해신당

삼척시 원덕읍 신남에 있는 해신당에서는 매년 정월 대보름과 음력 시월 오일 午日에 마을 사람들이 남근을 깎아놓고 제사를 지낸다. 동해안에는 이처럼 성황당에서 남근을 숭배하는 사례가 많이 발견되는 데 현재까지 가장 잘 보존되는 곳이 바로 이곳 해신당이다.

동해안 마을에서는 남신과 여신을 구분하여 따로 모시는 것이 특징이다. 타지역에서 여신과 남신을 한 건물에 모시는 것과 비교된다. 여신은 바다-여성-풍어로 이어지며, 남신은 산-남성-풍년으로 이어진다. 따라서 어업을 주소득원으로 하는 동해안에서는 남신보다는 여신이 중심이 될 수밖에 없다. 여신을 모시고 있는 해신당에 남신을 상징하는 남근을 바침으로써 남녀의 합일을 통해서 풍요를 기원하였다.

신남은 전형적인 어촌마을로 산기슭에 '큰당'이라 불리는 서낭당이 있고, 마을 앞쪽 바닷가 언덕 위에 '작은당'이라고 부르는 해신당이 있다. 큰당인 서낭당에는 남신을 모시고 있으며, 작은당인 해신당에는 여신을 모시고 있다. 큰당인 서낭당은 마을 들어오는 입구 산기슭 소나무 숲 속에 있다. 마을 어귀에 교회가 있고 그 뒤쪽에 서낭당이 있다.

교회로 올라가는 가파른 계단을 딛고 서면, 용트름을 하는 향나무가 있어서 그곳에 서낭당이 있음을 짐작케 한다. 그러나 정작 서낭당은 산속으로 더 올라가야 한다. 교회 바로 뒤쪽에 사람이 별로 다닌 흔적이 없는 산죽이 도열한 작은 오솔길이 있다. 이 길을 따라 가면 금줄이 나오고 잘 생긴 소나무 아래 서낭당이 있다. 2000년 동해안 산불로 소실되었던 것을 최근에 복원하였다. 서낭당 앞에 서면 바로 건너편에 해신당이 보인다. 남신을 모신 큰당인 서낭당은 여신을 모신 작은 당 해신당과 서로 마주보고 있다.

해신당에 걸려있는 나무남근.

해신당은 마을에서 바다쪽으로 뻗은 언덕 위에 있다. 해신당은 1986년에 새로 지어졌고, 원래 작은당은 벼랑 끝에 있는 향나무를 신목으로 하여 제사를 지냈다. 수백 년 동안 갯마을 어민들의 애환을 지켜보았던 향나무에는 '해신당海神堂'이라고 판자가 걸려 있어서 그곳이 해신당이었음을 알 수 있다. 또한 오색의 천조각과 함께 굴비를 꿰듯 새끼줄에 엮은 남근목이 걸려 있었다.

삼단으로 쌓은 제단에는 세월이 흘러 남근목을 엮은 새끼가 썩으면서 떨어져 쌓인 남근들이 여기 저기 흩어져 있었다. 그러나 지금은 남근의 흔적을 찾을 수 없다. 해신당에 바쳐진 '나무고추'가 사내아이를 낳는 데 효험이 있다는 소문이 퍼지면서 모두 주워갔기 때문이다.

신남 해신당에서 남근을 숭배하게 된 유래와 관련하여 슬픈 전설 하나가 전해져 내려온다.

옛날 신남마을에는 결혼을 약속한 처녀, 총각이 살고 있었다. 어느 날 처녀는 총각이 태워주는 배를 타고 해초를 뜯기 위해 해변에서 조금 떨어진 바위에 내렸다. 총각은 다시 태우러 오겠다는 약속을 하고 돌아갔다. 시간이 지나 폭풍우와 파도가 몰려와 살려 달라고 울부짖었지만 처녀는 끝내 파도에 휩쓸려 바다에 빠져 죽고 말았다. 그렇게 처녀가 애를 쓰다 죽었다고 하여 그 바위를 '애바위'라고 불렀다.

이렇게 처녀가 죽은 이후에 이상하게도 고기가 잡히지 않았다. 주민들 사이에서는 애를 쓰다 죽은 처녀 때문이라는 소문이 나돌았다. 그러던 어느 날 고기가 잡히지 않아 시름에 빠진 어부가 술을 먹고 지금의 해신당 자리에 오줌을 누었더니 그 후 만선이 되었다고 한다. 그리하여 마을 사람들은 죽은 처녀의 원혼을 달래고자 나무로 실물 모양

향나무 해신당.

의 남근을 깎아 제사를 지냈는데, 신기하게도 그 후로 역시 고기가 많이 잡혔다. 이후 풍어를 기원하며 남근을 깎아 사당에 걸고 제사를 지내게 되었다. 향나무 앞에 새로 지은 해신당에는 분홍치마와 푸른저고리를 입은 여인의 화상이 모셔져 있다. 바다에 빠져 죽은 마을 처녀를 신으로 모시고 향나무로 남근목을 깎아 바치고, 이를 통해서 풍어와 해상의 안전을 기원하였다.

해신당에 지내는 제사를 오일에 모시는 이유는 처녀의 기가 세기 때문에 기가 가장 센 날인 말날午日로 잡은 것이라고 한다. 제물은 밥과 떡, 술, 과일, 나물, 고기, 소머리와 간 등을 차린다. 제관은 마을 사람 가운데 생기복덕을 가려 정결한 사람 다섯 명을 뽑는데, 그 가운데 세 사람은 제물을 준비하는 당주이고, 두 명은 제관이다. 제를 지내기 3일 전에 당을 깨끗이 청소하고 금줄을 쳐

애바위. 멀리 보이는 바위가
처녀가 애를 태우다 죽었다
는 애바위다.

서 사람의 출입을 금한다. 제일祭日이 되면 당주집에서 장만한 제물을 가지고
가서 먼저 큰당에 제를 지낸 후에 작은당인 해신당으로 간다.

　해신당제에는 당일 낮에 만들어놓은 남근 세 개 혹은 다섯 개씩을 짚으로 엮
어 제를 올린다. 남근에는 붉은 황토를 칠해서 실물과 같은 피부색을 만들기도
한다.

　3년마다 한 번씩 당굿을 할 때에는 유교식 제의를 지낸 다음, 큰당의 서낭신
과 작은당의 익사한 처녀신을 마을 중앙 모래사장에 모셔놓고 무당이 굿을 하
기도 한다.

　남근은 당제를 지내기 일주일 전에 향나무를 재료로 하여 낫이나 자귀를 이
용하여 남근을 깎는다. 그런데 매년 남근의 모양이 조금씩 다르다. 그 이유는
남근은 마을 사람들이 돌아가면서 깎는데, 항상 자기 것을 모델로 해서 깎기

때문이다. 그래서 여러 해 동안 깎은 남근들을 보면 같이 목욕탕에 가지 않아도 마을 남자들의 남근 모양을 모두 알 수 있다고 한다.

남근깎기는 축제가 되고

남근은 삼척의 명물로 자리하였다. 1999년 죽서 문화제의 한 행사로 남근깎기 대회를 개최하였다. 지금까지 세계 어느 곳에서도 시도하지 못했기 때문에 당시 세계 언론에 토픽뉴스로 소개될 만큼 사람들의 이목을 집중시켰다. 그

해신당에 모셔진 처녀 영정.

러나 반대 의견도 만만치 않아서 의견 조정을 위해 2년간 행사가 중단되기도 하였다. 2002년 동굴축제를 하면서 남근깎기 대회는 다시 부활되었으며, 행사의 규모도 국내에서 국제행사로 확대되었다.

남근깎기 대회는 통나무를 주고 그것을 일정 시간 내에 깎게 한다. 다 깎아진 남근은 심사를 위해 세워서 땅에 고정시켜야 한다. 조각을 위해 주어진 통나무의 크기가 만만치 않아서 세우는 일이 장정 5~6명이 붙어도 쉬운 일은 아니었다.

남근깎기 대회에서 깎아진 남근상은 해신당 주변과 해신당 위 언덕 남근 조각공원에 전시하고 있다. 첫해에 깎아진 남근상은 해신당 주변에 자리하고 있으며, 두번째 남근깎기 대회의 남근상은 남근 조각공원에 전시되어 있다.

첫해에는 국내에서 주로 장승을 깎던 사람들이 참가하여 대회를 이끌었는데, 두 번째는

국내외에서 조각가들이 참여했기 때문에 작품의 수준에 차이가 있다.

　남근 조각공원에 있는 작품명들을 보면 음양의 조화, 한마음, 힘의 원천, 성·행복, 우주의 근원 등과 같은 좀더 근원적인 제목에서부터 기다림, 수줍음, 애랑낭자의 삶, 망부와 같은 해신당 전설과 연관된 것도 있고, 미녀와 난봉꾼, 덕배도령과 같은 장난끼가 있는 것들도 있다.

　다양한 남근의 모습만큼이나 남근 조각공원을 지나가는 관람객들의 반응은 그야말로 각양각색이다. 작품이 작가를 떠나면 이후의 몫은 감상하는 사람의 것이기에 다양한 반응이 오히려 당연한 것일지도 모른다.

　어촌민속전시관 안에는 성민속실이 있다. 성민속실은 우리나라와 세계 각 지역의 중요한 성민속을 모형을 통해서 소개하고 있다. 삼척의 성민속을 비롯한 우리나라의 성민속을 전시한다. 이어서 중국과 일본 그리고 동남아시아, 이

집트와 중동 지역, 남태평양을 중심으로 하는 오세아니아와 아프리카, 그리고 유럽의 성문화를 소개하고 있다. 전시실이 좁아서 전시품이 제한적일 뿐만 아니라 전시하고 있는 모형이 실제 크기와 다르고 조잡한 면이 없지 않으나 세계 성민속을 이해하는 데 도움이 된다.

우리나라의 성민속

성민속실 입구는 삼척 기줄다리기 암줄과 숫줄이 연결된 모습으로 만들었다. 삼척의 기줄다리기는 음양의 결합을 통해서 풍년과 다산을 기원하였다.

부안 돌솟대.

전시실에 들어서면 정면 벽에 울주 반구대 암각화의 모형이 있다. 이 반구대 암각화의 인물상 아래 다양한 모습의 고래가 새겨져 있는 것으로 보아 남근 숭배를 통해서 고래가 많이 잡히도록 기원하였다고 판단된다.

왼쪽 진열실에는 신라시대 토우 모형들이 전시되어 있다. 이를 통해서 신라인의 생활상과 성에 대한 의식을 살펴볼 수 있다.

오른쪽에 있는 것은 새끼줄에 감겨진 돌기둥 위에 한 마리의 새가 앉아 있는 모습으로, 전라북도 부안에 있는 돌솟대이다. 솟대신앙과 성민속이 결합한 형태이다.

솟대는 마을 입구에 세워서 마을의 안녕과 수호를 기원한다. 나무나 돌로 만들어진 기둥 위에 오리나 기러기와 같은 새를 만들어 솟대 위에 올려놓은 형태가 일반적이다.

새는 솟대 앞에서 기원하는 인간의 소망을
하느님에게 전달하는 우편배달부의 역할을
한다.

　그런데 부안에 있는 돌솟대는 정월 열나
흗날 솟대에 감긴 묵은 줄을 풀어내고 대보
름날 줄다리기를 한 후에 그 줄로 당산에 옷
을 입히는 당산제를 지냈다. 솟대와 성민속
에 결합된 대표적인 사례이다.

　남근 모양에 불상이 새겨진 것은 전라남
도 화순에 있는 벽나리 민불民佛이다. 불교와
성민속이 결합한 형태이다. 민중들이 자기
가 살고 있는 마을에 자신들의 마음을 의탁
할 불상을 만들어 세운 것이 민불이다.

　산중 절집에 있는 근엄한 불상 대신에 자
신들 속에 이어져 내려오던 여러 가지 신앙
과 생활을 가미하고 통합하여 불상을 만들

화순 벽나리 민불.

었다. 그래서 성 숭배 신앙이 불상과 결합한 형태가 나타나게 되었다. 화순에
있는 실물은 높이가 4미터에 이르는 큰 불상으로 앞에서 보면 인자한 불상이
지만 뒤에서 보면 영락없는 남근상이다.

　제주도의 돌하르방도 마찬가지이다. 제주도의 돌하르방은 육지의 장승과 그
맥을 통하는 것인데, 앞에서 보면 장승의 모습이지만 뒤에서 보면 남근을 닮았
다. 머리 위에 쓰고 있는 벙거지가 오히려 남근 형상의 사실성을 더욱 강조하
고 있는 것이다.

　고려시대 청동거울과 조선시대 엽전도 전시되고 있다. 전시 모형은 실물보
다는 크게 만들어졌다. 특히 청동거울은 개성 부근에서 출토된 고려시대 것으
로 실제 크기는 직경이 9센티미터 정도로 손에 딱 쥘 수 있는 크기이다. 청동

거울의 뒷면에 네 가지 체위의 성교상이 새겨져 있다. 은밀히 침실에서 감상하는 부부화합의 용도이거나 기자祈子신앙의 부적 역할을 하였을 것으로 짐작되며, 무당이나 제사장이 사용한 주술적 의기일 가능성도 있다.

삼척의 성민속에 대해서 죽서루에 있는 성혈과 신남 해신당, 옥원리와 임원리의 미륵바위, 그리고 갈남리 남근석을 소개하고 있다.

세계의 성민속

중국의 성 숭배를 볼 수 있는 성 숭배물.

세계 성민속실은 중국과 일본으로부터 시작한다. 중국의 성민속은 소수민족의 성민속을 소개하고 있다. 중국 운남의 소수민족인 혁거인은 중요한 절기 때마다 성년 남자들이 나무를 이용해 모조성기를 만들어 허리춤에 걸고 춤을 춘다. 이때 여자 음부를 상징하는 항아리나 대바구니 주둥이 부분에 모조성기를 꽂으며 성교장면을 연출한다. 한편 묘족苗族 석굴 안에는 남녀 조상신의 조각상과 찰흙으로 만든 생식기가 모셔져 있고, 이곳에서 조상에 대한 제사의식을 거행한다. 소수민족 지역에 많이 남은 이러한 원시 성풍속은 단순한 의식이 아니라 조상에 대한 제사와 함께 풍성한 수확과 인구의 번창을 기원하는 것이다.

중국 고대의 암각화와 성 숭배물은 중국인들의 고대철학인 천인합일론天人合一論에 근거한다. 사람은 작은 우주이며, 남자는 양이고 여자는 음인데, 음과 양이 결합하여야 만물이 변화·생성한다고 믿었다. 이러한 믿음 때문에 중국에서는 성이 중시되었다.

신장 호도呼圖 암각화를 비롯한 중국 고대 암각화에는 여성의 임신, 성인과 어린 아이, 남녀결합을 주관하는 신령, 남녀 생식기의 그림, 성교 관련 그림 등이 새겨져 있다. 한편 중국인들은 돌덩이와 도기 등을 이용하여 남녀의 생식기와 비슷한 물건을 만들어서 절을 하면서 숭배하기도 하였다.

일본에는 여근을 숭배하는 신사神社와 남근을 숭배하는 신사가 있다. 여근을 숭배하는 신사는 대현신사大縣神社이다. 일본에서 여자의 성기는 주로 바위의 갈라진 틈, 멀리서 본 산의 계곡, 자연적으로 생긴 동굴 등으로 형상화되었다. 아이치 현 이누야마 시에 위치한 대현신사는 이처럼 자연스럽게 여성 성기 모양을 닮은 돌이나 나무 등을 모시고

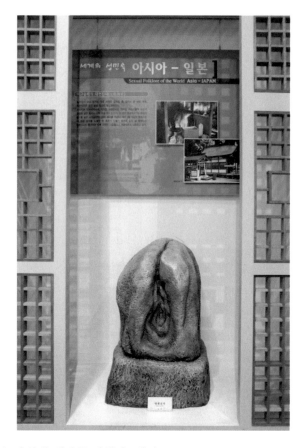

일본의 여근 숭배물.

있다. 이곳의 풍년제에서는 여성의 성기를 닮은 바위에 제사를 지낸다. 매년 3월 15일에 행해지는데, 여성 성기를 심볼로 한 축제가 드물기 때문에 같이 행해지는 전현신사의 풍년제와 함께 지역민뿐만 아니라 관광객에게도 사랑받고 있다.

고대 일본에서 가장 사랑받았고, 숭배물이 가장 많은 것은 남성 성기이다. 일본인들은 길가나 밭에서 붉게 칠한 남성 성기를 상징하는 나무나 돌기둥을 세워놓고 풍요와 다산을 기원하였다. 민간에서 행해진 이러한 성기숭배가 종교와 만나 발전하면서 신사는 자연스럽게 성기숭배의 메카가 되었다. 일본 아이치 현 코마키에 있는 전현신사田縣神社는 남근 숭배 신사 중의 하나이다. 매년 거행되는 풍년제에는 아이들이 공물을 바치고 성적인 건강과 가족의 증가를

인도의 요니와 링가.

기원하였다. 또한 사람들은 신사 뒤에 자리하고 있는 진보굴珍寶窟을 문지르면서 아내의 안전, 장사의 번성, 금전운, 연애성취, 자식 순산, 부부화합 등을 기원하였다.

인도에서는 힌두교에서 성 숭배신앙이 번창하였다. 특히 시바신을 상징하는 링가는 남근의 모습이다. 그리고 여성의 성을 상징하는 것은 요니이다. 링가에는 돌로 만든 거대한 것에서부터 작은 휴대용까지 여러 가지가 있는데, 대부분은 요니라 불리는 대좌 위에 직립해 있다. 힌두교 신자들은 링가에 꽃을 바치며 기름을 붓는다. 링가와 요니는 남성과 여성, 하늘과 땅이 하나로 합해지는 것을 상징한다. 그래서 카쥬라호에 있는 힌두교 사원 벽면에는 남녀 성애상인 미투나상이 조각되어 있다. 인도에서 성 숭배의 기원은 매우 오래되었다. 인더스 문명의 유적에서 성 숭배 유물이 발견되었다. 인도 힌두교의 성 숭배는 토착신앙이 시바신앙과 연결되어 발전했다고 보인다.

이집트를 비롯한 중동 지역에도 성문화가 화려하게 꽃피었다. 고대 이집트 왕실에서는 일부다처제가 성행했고 근친상간도 행해졌으며, 여자 노예뿐만 아니라 향연에 나타나는 악사, 무희들도 거의 알몸이나 얇은 옷차림으로 일했던 것으로 보인다. 또한 생산이 중시되어 다산의 여신상, 풍요의 여신상, 정력과 생식의 상징인 민Min 신상 등이 숭배되었다.

오세아니아와 아프리카의 성민속은 가장 건강하고 토속적인 모습을 보여준다. 남태평양 군도의 오세아니아 원주민들은 아프리카와 유사한 성풍습을 가지고 있었다. 전쟁, 사냥, 낚시 등을 위하여 이동할 때 성 숭배 의식이 행해졌다.

유럽에서 성 숭배의 시작을 알려주는 가장 오래된 유물은 오스트리아의 빌렌도르프에서 발견된 '빌렌도르프의 비너스'라고 불리우는 여체 조각상이다. 2만~1만 년 전 후기 구석기시대의 유물이다. 조각상은 유방과 복부, 엉덩이 등을 극단적으로 과장하여 강조한다. 11센티미터에 불과한 작은 크기인 이 조각은 생식과 출산, 다산의 상징으로 주술적 숭배 대상이었던 것으로 판단된다. 이와 유사한 것으로 프랑스에서 발굴된 '각배를 든 비너스'가 있다.

고대 유럽에서 가장 성 숭배 문화가 발달한 곳은 그리스이다. 그리스의 항아리인 암포라에는 성과 관련된 그림들이 그려져 있

그리스의 사튀로스

다. 그리고 말과 인간이 결합된 듯한 모습의 사튀로스는 그리스의 공예에서 즐겨 다루는 테마이다. 남근이 달린 사튀로스는 본래는 막강한 충동적 생산성을 인격화한 자연의 정령으로 항상 말의 꼬리와 귀를 달고 있었다. 또한 이따금씩 말굽을 단 모습으로 표현되기도 하였다.

로마시대에 금지된 환락의 피난처는 폼페이였다. 그곳에 벽화가 남아 있다. 폼페이의 이시스 여신은 가장 인기 있는 여신 가운데 하나이다. 이시스 여신은 모성과 풍요, 생업의 여신으로 현재 나폴리 국립박물관에 이시스 신전에서 나온 대리석상이 소장되어 있다.

세계 성민속실의 마지막 방은 휴게실이다. 그곳에는 남근모양의 수석들이 전시되어 있다. 모형이 아닌 실물들이어서 생동감이 돈다. 성민속실을 나와 바

다쪽으로 문을 나서면 엘리베이터가 있다. 이것을 타고 지하층으로 내려가면 바다다. 멀리 애바위가 보이고 바닷속 작은 바위 위에 애타게 총각을 부르는 처녀상이 있다. 맞은 편 언덕에는 풍랑으로 처녀를 데리러 가지는 못하고 이름만 부르는 총각의 안타까운 모습도 있다. 그리고 그곳 바다에는 예전 처녀가 따던 미역이 오늘도 자라고 있다.

봉황산 미륵바위

매향과 미륵불

미륵을 기다리는 마음

민중들은 미륵을 기다리며 살아왔다. 열악한 환경에서 살아온 민중들은 그들이 주인인 새로운 세상이 도래하기를 기원하였다. 아름다운 미래를 꿈꾸며 현재의 고통을 참아내는 민중들은 그들을 구원해줄 메시아로서 미륵을 기다렸다. 이것이 미륵이 민중들 마음의 안식처로 자리한 이유이다.

삼척시 근덕면에는 미륵을 기다리며 향을 묻은 매향터가 있다. 고려시대 삼척에서는 미륵에 받칠 침향을 만들기 위해 매향을 하였다. 매향은 향을 오랫동안 땅에 묻어 침향을 만드는 것이다. 불교에서 침향은 여러 가지 향 가운데 으뜸이었다. 미륵불이 용화세계에서 성불하여 수많은 중생들을 제도할 때 미륵에게 공양할 향을 만들기 위해 매향을 하였다. 매향은 미륵불의 교화를 받아 미륵 정토에서 살겠다는 소원이 담겨진 것이다.

삼척시 남양동 봉황산 기슭에 미륵불이 있다. 삼척의 민중들이 즐겨 찾아가 기도를 올리는 곳이다. 조선 후기 민중들에게 유행한 것이 미륵 신앙이다. 희망의 미래를 가져다 줄 메시아로서 미륵은 민중의 안식처였다. 따라서 집에서 가장 가까운 그래서 언제나 쉽게 찾아갈 수 있는 곳에 미륵불이 있었다.

미래불을 기다리는 미륵신앙

미륵신앙은 미래불未來佛인 미륵보살을 신봉한다. 미륵신앙은 불교 사상의 발전과 함께 미래불인 미륵보살이 나타나서 석가모니 부처가 미처 구제하지 못한 중생들을 남김없이 구제한다는 사상에서 비롯되었다. 미륵신앙은 석가모니가 그의 제자 가운데 한사람인 미륵에게 장차 성불成佛하여 1인자가 될 것이라고 수기授記한 것에 근거한다. 그리고 이를 부연하여 편찬한 미륵삼부경彌勒三部經에 토대를 두고 있다. 미륵삼부경은 『미륵상생경彌勒上生經』, 『미륵하생경彌勒下生經』, 『미륵성불경彌勒成佛經』을 말한다.

미륵보살은 인도 바라나시국의 바라문 가문에서 태어나 석가모니불의 교화를 받으면서 수도하였고, 미래에 성불하리라는 수기를 받은 뒤 도솔천兜率天에 올라가 현재 천인天人을 위해서 설법을 하고 있다고 한다. 그러나 아직은 부처가 되기 이전의 단계이기 때문에 보살이라고 부른다.

미륵보살은 석가모니불이 입멸入滅한 뒤 56억 7천만 년이 되는 때, 즉 인간의 수명이 8만 세가 될 때에 이 사바세계에 다시 태어나서 화림원華林園의 용화수龍華樹 아래에서 성불하며, 용화삼회龍華三會의 설법을 통해서 272억 인을 교화한다는 것이다. 이러한 미륵보살이 도솔천에 머무르다가 다시 태어날 때까지의 기간 동안, 먼 미래를 생각하며 명상에 잠겨 있는 자세가 곧 미륵반가사유상이다.

한국의 미륵신앙은 두 가지 방향 즉 미륵상생上生의 사상과 미륵하생下生의 사상으로 발전하였다. 미륵보살을 믿고 받드는 사람이 오랜 세월을 기다릴 수 없을 때 현재 미륵보살이 살고 있는 도솔천에 태어나고자 하는 것이 미륵상생사상이다. 미륵보살이 좀 더 빨리 지상에 강림하기를 기원하는 것은 미륵하생사상彌勒下生思想이다.

미륵상생사상은 『미륵상생경彌勒上生經』에 기초하는 것으로 도솔천에 왕생하기 위한 덕목을 수행하면 미륵보살처럼 도솔천에 태어난다는 것이다. 그러나 도솔

민중의 안식처 미륵불을 표
현한 미륵반가사유상.

천에 태어난다고 완전한 해방은 아니었다. 즉 도
솔천에서 잘 사는 것이 끝이 나면 지상의 사바세
계에 다시 태어난다는 것이다.

　미륵하생사상은『미륵하생경』에 근거한 것으
로 통속적인 예언의 성격을 띠고 있으며, 구원
론적인 구세주를 의미하였다. 즉 미륵하생사상
은 석가모니의 사바세계가 끝난 뒤 미륵이 이끄
는 용화세계가 시작되는 것을 의미한다. 미륵의
도래와 더불어 시작되는 용화세계의 건설은 민
중이 열망하는 소원이었다. 반면 지배자들은 이
신앙을 저항 세력으로 두려워하였다.

　우리나라에 언제부터 미륵신앙이 들어왔는지
정확하게 알 수는 없다. 고구려에 불교가 처음
도입되면서 미륵신앙도 함께 들어왔다고 생각
된다. 고구려에 불교를 전해준 것은 중국 전진前
秦의 순도順道였다. 그런데 전진의 왕 부견苻堅이
서역으로 사신을 보내서 간절한 마음으로 미륵
불상을 구하였다는 기록이 있다. 이들을 종합해보면 고구려에 불교가 전래된
초기부터 미륵신앙이 전개되었다고 생각된다.

　백제에서는 6세기 이후부터 미륵신앙이 널리 퍼져 있었다. 미륵사의 창건이
나 미륵반가사유상의 조성 등이 그 예이다. 특히 삼국 최대 규모인 익산 미륵
사의 창건은 창건 연기설화가 말해주듯이 왕실의 원찰願刹인 동시에 백제 미륵
신앙의 중심지였다.

　신라에도 미륵신앙은 널리 퍼져 있었다. 신라 최초의 사찰인 흥륜사의 주불
은 미륵불이었다. 특히 화랑도는 미륵신앙과 밀접한 관계를 가지고 있었다. 그
래서 화랑도를 용화향도龍華香徒라고 부르기도 하였다.

통일신라시대에는 불교학의 발달과 함께 미륵사상에 대한 학문적인 논리체계가 만들어졌다. 원효를 비롯한 원측, 의적 등이 미륵신앙의 학문적 체계를 세우는 데 공헌하였다. 『삼국유사』에 기록된 미륵신앙과 관련된 숱한 기록은 당시 미륵신앙이 얼마나 번창하였는지를 단적으로 보여준다.

고려시대의 미륵신앙은 왕실과 민중에 깊이 파고들었다. 정치적, 사회적으로 불안하였던 고려 후기에 민간에는 미륵신앙이 상당히 성행하고 있었다. 이때부터 미륵보살이 하생하여 교화하는 용화회龍華會에 참여하여 향을 공양할 수 있도록 향목을 바닷가에 묻는 매향이 행하여졌다.

소원을 담아 향을 묻다

매향은 향을 묻는 것이다. 내세來世에 미륵불의 세계에 태어날 것을 염원하면서 향을 묻고 비석을 세웠는데 그것이 매향비이다. 현재 한국에서 발견된 매향의 사례는 1309년(충선왕 1)에 세운 고성 삼일포 매향비와 1335년(충숙왕 복위 4)에 세운 정주 매향비, 1378년(우왕 13)에 세운 사천 매향비, 1405년(태종 5)에 세운 암태도 매향비, 1427년(세종 9)에 세운 해미 매향비 등을 비롯하여 16개의 사례를 확인할 수 있다.

향을 오랫동안 땅에 묻어두면 좀 더 단단해지고 굳어져서 물에 넣으면 가라앉게 되기 때문에 침향이라고 한다. 침향은 불교에서 으뜸가는 향이다. 이와 같이 매향은 『미륵하생경』에 근거한 신앙형태로서, 향을 묻는 것을 매개체로하여 발원자가 미륵불과 연결되기를 기원하는 것이다. 즉, 미륵불이 용화세계에서 성불하여 수많은 중생들을 제도할 때 그 나라에 태어나서 미륵불의 교화를 받아 미륵의 정토에서 살겠다는 소원을 담고 있다. 이와 같은 소원을 기록한 것이 매향비이다.

현재까지 발견된 매향비는 모두 바닷물이 유입하는 내만內灣이나 첩입부添入部

삼척 맹방에서 발굴된 침향.

에 위치하고 있는데, 불가에서 전해지는 매향의 최적지가 산곡수山谷水와 해수海水가 만나는 지점이라고 한 데서 비롯되었다고 추정한다. 매향비를 통해볼 때 매향 주도집단으로서 매향 발원자들을 결속시킨 조직체는 보·결계·향도 등이었다. 이들 조직은 승려보다는 일반 민중이 중심이었다. 매향지의 민중들이 피부로 느끼고 있는 현실적 고통과 불안으로부터 구원받는 방법으로 미륵신앙과 접합된 매향을 택하였던 것이다.

특히 이들 매향비는 모두 왜구의 침략이 많았던 14~15세기에 세워졌다. 왜구 침략으로 인한 해변지역의 불안과 민심을 치유하기 위해 매향이 상당수 이루어졌음을 알 수 있다.

조선시대에도 미륵신앙은 하층민을 중심으로 이어져 내려왔다. 특히 조선 후기에는 요승 여환이 미륵신앙을 이용해 역모를 하기도 했다. 이때 적극적으로 호응하였던 사람은 주로 하층민과 노비층이었다. 불안하고 어두운 사회에서 흉년과 질병 등으로 시달리던 민중들에게 이상 사회의 실현을 약속하는 미륵하생신앙은 그들의 희망이며, 구세주였다.

조선 후기 미륵신앙은 민중이 살고 있는 마을 단위로 내려갔다. 민중의 요구에 의해 미륵이 사찰이 아니라 민중의 삶의 현장으로 내려온 것이다. 마을 미륵은 민불의 가장 상징적인 조형물이다. 단순하고 조형적인 측면에서 파격과 단순, 소박미를 확보했을 뿐 아니라, 미륵신앙의 주체와 지향점 자체가 당대의 혁명운동에까지 이어졌다.

삼척에서 이루어진 매향

향은 불교에서 다茶, 화花, 과果, 미米와 함께 다섯 가지 공양물에 속한다. 선인들이 제사를 올릴 때, 향을 태우는 풍속은 창공에 떠도는 영혼을 이끌기 위한 촉매이며 의식이다. 지금도 제사 때 향을 사르고 술잔을 올리는데 거기에 함유된 의미는 상징성을 지녔다.

제상머리에서 향불을 사르고 향불 위로 술잔을 세 번 돌려서 흠향시키니 흙그릇이 땅을 상징한다면 피어오르는 향은 무한한 공간으로 퍼져나가므로 하늘을 상징한다. 하늘과 땅을 통하는 제사의식은 사실상 인간과 만물의 생명에 대한 축복일 수 있다. 그 축원을 하늘에 되돌린다는 뜻을 제사의식을 통하여 확인하는 것이다. 이처럼 향은 상고시대에서부터 우리 한민족에게 전래되며 조상숭배의식에 중요한 물건으로 사용되었다.

미륵의 하생을 기다리며 삼척 사람들은 향나무를 묻었다. 삼척시 근덕면 맹방에 매향을 한 사실은 고성 삼일포 매향비에 기록되어 있다. 고성 삼일포 매향비는 고성 삼일포의 남쪽 호반에 있었다고 하나 비석은 없어지고 비문의 탁본만이 전해지고 있다. 그리고 같은 내용이 허목의 『척주지』와 김종언의 『척주지』에 기록되어 있다. 이들 기록에 의하면 평해平海 해안동海岸洞에 1,000주를 묻고, 삼척 맹방정孟方汀에 250주를 묻고, 강릉 정동正東에 310주를 묻고, 양양 덕산망德山望에 200주를 묻고, 동산현洞山縣 문사정文四汀에 200주를 묻고, 간성 공수진公須津에 110주를 묻고, 흡곡歙谷 지말리知末里에 110주를 묻고, 압계현押戒縣 학포구鶴浦口에 120주를 묻었다.

삼척시 근덕면 맹방은 기록에 나타난 사실 그대로 매향처로 알려져 있다. 맹방이라는 지명도 매향을 한 곳이라는 의미의 매향방埋香芳에서 유래된 것으로 전해진다. 그리고 맹방 주변 해안은 매향을 행한 바닷가라는 뜻에서 매향안埋香岸, 혹은 매향맹방정埋香孟芳汀이라고 한다.

맹방은 한재를 넘어 삼척시내 남쪽에 자리한다. 삼척 시내에서 옛 7번 국도를 따라 남쪽으로 향하면 한재를 만난다. 한재의 정상에 올라서면 발아래는 절벽으로 까마득히 바다가 보이는데 이곳이 바로 원수대元帥臺이다. 한재 정상에서 내려다 보는 바다의 경관은 옛날부터 절경으로 꼽혔다. 바람이 불어 파도가 많은 날은 해안선을 따라 평행선으로 달려오는 파도의 모습이 백사장을 따라 줄지어 있는 해송과 어울려 한 폭의 그림을 만들어낸다. 바로 이 긴 백사장의 끝에 자리하고 있는 산이 덕봉산德峯山으로 매향을 한 곳이다.

덕봉산은 태백산맥에서 흘러 내려온 마읍천이 동해바다와 만나는 곳에 자리하고 있다. 덕봉산은 해변에 독립하여 우뚝 솟구쳐 있기 때문에 옛 지명은 덕산도德山島였다.

전설에 의하면 삼형제 산이 양양으로부터 떠내려 왔는데 첫째는 삼척 근덕의 덕봉산이 되고, 둘째는 삼척 원덕읍의 해망산海望山이 되고, 셋째는 울진의 비래봉飛來峯이 되었다고 한다. 혹은 산의 모양이 물더멍(물독의 삼척 방언)과 흡사하다고 하여 더멍산이라고 하다가 한자로 덕번산德蕃山으로 바뀌었다가 덕봉산이 되었다고 한다.

덕봉산 꼭대기는 회선대會仙臺라 하고, 그곳에 작은 우물이 있어 가뭄이 들 때마다 기우제를 지냈다. 덕봉산에는 대나무와 관련된 전설이 하나 전한다. 덕봉산에서 자라는 대나무 가운데 하나가 자명죽自鳴竹으로 밤마다 스스로 소리를 내어 울었다. 1572년(선조 5)에 맹방에 사는 홍견이라는 사람이 이 소문을 듣고 자명죽을 얻기 위해 덕봉산 산신령에게 7일간을 빌었다.

마침내 대나무 한 그루에 줄기 다섯 개가 자라는 자명죽을 찾아냈다. 홍견은 이 자명죽을 가지고 화살을 만들어서 무과에 응시하여 급제하였다. 이처럼 매향을 한 덕봉산은 삼척사람들이 신성시하는 곳이다.

맹방에는 매향방구택埋香坊舊宅이 있었다. 이곳은 삼척현위 조신주가 맹방 덕봉산 부근에 매향을 한 후에 인간세계를 구원한다는 용화회주, 즉 미륵을 기다렸던 곳이다. 그런데 매향방구택에는 후에 삼척 남양 홍씨의 종택이 들어섰다. 남양 홍씨 삼척 입향조인 홍준이 고려 말 정국의 혼란을 피해 1388년(우왕 14)

한재에서 바라본 해안선과 덕봉산. 긴 백사장 끝에 자리한 산봉오리가 매향을 한 덕봉산이다.

에 맹방으로 이주하여 이곳에 살았다.

맹방으로 이주한 홍준이 매향방구택 자리에 종택을 짓고 살게 된 것은 그가 구해준 스님의 예언 때문이었다. 홍준이 어느 날 남루한 옷차림의 스님이 갈 곳이 없어 꽁꽁 얼어붙은 얼음 위에 병들어 누워 있는 것을 보고 측은히 여겨 집으로 데려와 간호하여 완치시켜주었다. 스님은 이에 깊이 감사하면서 지팡이로 구산龜山고개를 가리키며 '이후 집안의 무덤은 반드시 저곳에 쓰라'고 하였다. 그리고 집터로 매향방구택 자리를 가리키며 '이곳에 집을 지으라'고 하였다. 이에 홍준은 스님의 지시대로 구산에 집안의 무덤을 쓰고 종택을 지었다. 스님이 집을 짓고 살도록 가르쳐준 곳이 바로 800년 전 미륵불이 인간 세상에 내려와 중생들을 구제해주기를 기원하던 곳이었다.

지금 매향방구택 터에는 교수당敎授堂이 자리하고 있다. 1970년대 초반 남양

교수당. 교수당은 덕봉산 부
근에 매향을 한 후 미륵이 오
기를 기다리던 매향방 구택
자리에 있다.

홍씨가 대대로 살았던 고택과 후손들이 지은 해운정은 없어지고, 남양 홍씨 삼
척 입향조 홍준을 기리기 위한 건물인 교수당이 자리하고 있다. 홍준이 춘주^春
^州의 유학교수^{儒學敎授}를 지낸 것에서 건물의 이름이 유래되었다.

　현재의 건물은 1976년에 지어진 것으로 정면 4칸, 측면 2칸으로 전체 8칸
규모의 단층 팔작지붕 건물이다. 이 건물은 진입이 독특하여 계자난간으로 둘
러막혀 정면으로는 진입할 수 없고 양 측면의 일부를 열어놓아 측면 진입을 유
도하고 있다. 건물의 정면이 짝수이고, 측면으로 출입하도록 한 것은 흔하지
않은 형식이다.

　교수당은 맹방의 넓은 들판 한가운데 자리하고 있으면서도 소나무와 대나무
숲으로 둘러싸여서 산을 등지고 숲속에 있는 듯한 느낌이다. 집 앞에는 초당동
굴에서 흘러나온 맑은 물이 모여서 만든 소한천^{昭美川}이 흐르고, 너머에는 태백

산맥에서 뻗어 내린 산줄기가 동해로 가다가 멈추어서 만든 거북 모양의 구산이 자리하고 있어서 집터의 기운을 더하고 있다.

교수당 누각 위에 오르면 바다에서 올라오는 해무海霧 속에 아련히 펼쳐진 전경이 용화회주인 미륵을 기다릴 만한 곳임을 알 수 있다. 특히 최근에 당시에 매향한 향나무가 침향이 되어 발견됨으로써 미륵이 침향을 흠향하기 위해 금방이라도 내려올 듯하다.

민중을 닮은 삼척의 미륵불

국립민속박물관 앞뜰에 있는 삼척 미륵 모형.

조선시대 민중들에게 미륵은 그들을 고통으로부터 해방시켜줄 수 있는 메시아였다. 미륵은 민중들이 의지할 수 있는 가장 가까운 존재였기 때문에 민중들이 사는 마을로 내려왔다. 부처를 찾아서 절을 찾아가기보다는 마을 가까이에 있는 돌이나 석인상石人像을 미륵으로 모시고 그들의 소망을 빌었다. 그래서 조선시대 미륵은 절보다는 마을의 민중 속에 있으면서 마을 미륵이 되었다. 마을 미륵은 오랜 민속신앙인 성황당, 장승과 함께 민중 신앙의 중심이다.

삼척시 남양동에 있는 세 기의 미륵은 우리나라 미륵상을 대표한다. 일반적으로 마을 미륵은 단순하고, 투박하며, 파격적인 형상을 가지고 있어서 친근감을 준다. 민중들은 꾸미지 않은 순박한 민중 자신의 모습으로 미륵상을 만들었다. 삼척의 미륵상은 우리나라 마을 미륵의 특성을 갖추고 있을 뿐만 아니라 정제미와 소박한 맛이 더해져서 우리나라 마을 미륵의 대표 주자가 되었다. 서울 국립민속박물관의 앞뜰에는 삼척 미륵상의 복제품이 우리나라 미륵신앙의 상징적 조형물로 전시되어 있다.

　삼척시내 봉황산 기슭에 있는 세 기의 미륵은 조선 후기에 삼척부사에 의해 불상이 아닌 살기殺氣를 누르기 위한 석인상으로 만들어졌다. 미륵이 만들어진 내력은 김종언이 쓴 삼척군지인 『척주지』에 정확하게 기록되어 있다.

　삼척시내에는 세 개의 산이 있다. 삼척의 진산鎭山으로 북쪽에 갈야산이 있고, 삼척의 안산으로 남쪽에 남산이 있다. 그리고 시내 한가운데 봉황산이 있다.

　봉황산은 동쪽에 있는 광진산에서 지맥이 남쪽으로 내려오다가 높게 솟은 산으로 그 모양이 코끼리 같다고 하여 코끼리산이라고도 부른다. 봉황산은 그 석벽石壁이 험하고 기이奇異하여 호악虎岳이라고도 불렀다. 봉황산의 동쪽은 낭떠러지로 되어 있어서 벼락바위라고 부르고, 서쪽 또한 낭떠러지로 되어 있다. 산의 북쪽에는 삼척시내를 휘감고 돌아갔던 오십천이 만들어낸 크고 깊은 소

민중들에게 희망을 주는 미륵으로 재탄생한 세 기의 석인상.

가 있었다. 이 소를 봉황담이라고 하였는데, 봉황산의 한 자락이 이 소로 들어가고 있어서 멀리서 보면 코끼리가 코를 뻗어서 이 소의 물을 먹는 형상이다.

삼척부사 이규헌李奎憲이 1835년에 석벽이 험하고 기이하여 호악인 봉황산의 살기를 억누르기 위해 세 기의 석인상石人像을 산꼭대기에 만들어 세웠다. 이후 1857년에 읍인邑人들이 지금의 위치로 옮겨서 읍의 살기를 진압하고 마을의 안전을 가져오고자 하였다. 그래서 지금도 석인들이 모두 봉황산을 바라보고 앉아 있다.

삼척의 민중들은 삼척부사가 살기殺氣를 진압하기 위해 만든 석인상을 미륵으로 모시기 시작하였다. 처음 삼척부사가 만든 의도와는 달리 석인은 백성들에게 희망을 주는 마을 미륵으로 재탄생한 것이다. 이곳의 지명도 미륵바위가 되었다. 특히 이곳은 1962년 남산 절단 공사로 오십천의 수로가 변경되기 전까지 삼척시내를 휘감아 돌던 오십천이 만들어낸 사대광장이 있던 곳이다. 사대광장은 삼척의 민속놀이인 기줄다리기 등이 행해지던 민중의 광장이었기 때문에 미륵바위는 더욱 민중들과 가까이에 있었다.

미륵은 민중을 지키고, 민중은 미륵을 지키고

삼척의 미륵불에게 두 번의 위기가 있었다. 첫 번째 위기는 한국전쟁 중에 일어났다. 『삼척시지三陟市誌』에 전설 같은 이야기가 전한다. 전쟁터에서 싸우다 다친 병사들이 이곳으로 피난을 왔다. 그런데 이들은 너무 지루하여 흥미 있는 일을 찾다가 한사람이 '이 미륵을 강으로 집어넣으면 어떨까?'라고 말했다. 이 말을 들은 병사들은 장남삼아 여러 명이 달려들어 미륵을 강물 속에 밀어넣었다. 이때 맑은 하늘에서 번개와 천둥이 쳐서 병사들은 놀라 모두 도망가고 말았다.

미륵이 강물에 빠진 후부터 한 방울의 비도 오지 않았다. 강물이 마르고 곡

삼척시민들이 지켜낸 미륵바
위 소공원.

식들은 여물기도 전에 말라죽고, 동물들도 물을 못 먹어 죽어가고 있었다. 아
무리 샘을 찾아 다녀도 샘은 보이지 않고 먼지만 푸석푸석 하늘을 뒤덮었으며,
논과 밭은 거북이 등처럼 갈라졌다.

그러던 어느 날, 촌장의 꿈에 미륵불이 나타나 '이 재앙은 내가 물에 빠졌기
때문에 내가 내린 재앙이다'라고 말하였다. 촌장은 '이 재앙을 극복할 방법이
없습니까?' 하고 물으니 미륵불은 '행동과 마음이 선한 사람 50명을 뽑아 나를
건지면 된다'고 하였다. 촌장은 '고맙습니다'라고 말하고 잠에서 깨어났다.

촌장은 이 일을 동네 어른들과 의논하였다. 행동과 마음이 착한 사람 50여
명이 다 모아지자 새끼줄을 정성껏 만들어 모든 사람들이 힘을 모아 당겨 미륵
불을 건져 올렸다. 순간 번개와 천둥이 치며 비가 쏟아졌다. 이에 촌장은 동네
사람들과 함께 미륵을 다시 코끼리 산에 안치하였다. 이 당시 물에 빠진 미륵

을 건지는 데 동원되었던 분들이 지금도 그 당시의 상황을 증언하고 있어 진실성을 더한다.

미륵불의 두 번째 위기는 2000년대에 들어와서 일어났다. 삼척시에서 도시계획의 일환으로 도로를 개설하기 위해 미륵불이 안치된 미륵바위를 절단하고자 하였다. 미륵바위가 시내 방향으로 뻗어 나와 있기 때문에 직선도로를 개설하기 위해서는 미륵바위를 절단할 수밖에 없었다. 이에 삼척시민들이 모두 미륵바위를 보존하기 위한 운동에 동참하였다.

미륵바위를 절단하는 것은 정서적으로 삼척의 정기를 꺾는 것이라는 의식이 강하게 부각되면서 미륵바위는 그 자리에 그 모습 그대로 보존되게 되었다. 삼척시는 도로를 우회시키고, 메워져 그 모습을 찾을 수 없는 옛 소 자리에 연못을 만들어서 작은공원을 조성하였다. 개발의 논리에 밀려 많은 문화유산이 훼손되던 과거와는 많이 달라진 모습이다.

미륵을 지켜낸 것은 언제나 민중이었다. 삼척의 미륵은 박제된 문화재로서 존재하는 것이 아니라 삼척 시민들의 가슴속에 있으면서 새로운 세계에 대한 희망을 주고 있기 때문이다. 삼척인과 함께 해왔기 때문에 미륵의 모습도 삼척인을 닮아 투박하지만 순수한 모습으로 오늘도 삼척을 묵묵히 지키고 있다. 미륵이 도래할 희망의 그날까지.

참고문헌

이해준, 「埋香信仰과 그 主導集團의 性格」, 『金哲俊博士華甲紀念史學論叢』, 1983.
주강현, 「조선후기 마을공동체 문화와 민속미술」, 『한국미술의 자생성』, 한길아트, 1991.
주강현, 『마을로 간 미륵』, 대원정사, 1995.
김대성·윤열수 , 『한국의 성석』, 푸른솔, 1997.
이종철·김종대·황보명, 『性, 숭배와 금기의 문화』, 대원사, 1997.
이태호, 『미술로 본 한국의 에로티시즘』 여성신문사, 1998.
채웅석, 「여말선초 향촌사회의 변화와 埋香활동」, 『歷史學報』 173집, 2002.
土居邦彦, 「埋香碑文의 基礎檢討」, 『지방사와 지방문화』 6권 1호, 2003.
김태수 , 『성기숭배 민속과 예술의 현장』, 삼척시립박물관, 2005.

6
–
자연

自
然

환선굴.

환선굴과 돌리네

영겁의 시간과 물이 만들어낸 신비

삼척은 동굴의 도시이다. 삼척에는 55개의 동굴이 있다. 특히 삼척시 신기면 대이리에는 환선굴을 비롯한 관음굴, 대금굴, 사다리바위바람굴, 양터목세굴, 덕밭세굴, 큰재세굴 등 여섯 개의 동굴이 있어서 대이리 동굴지대라고 불리고 있다. 삼척시 근덕면 초당에는 초당굴이 있고, 그 굴과 연결된 소한굴이 있다. 이 가운데 환선굴과 대금굴이 일반에게 공개되어 지하세계의 신비하고 화려한 모습을 보여준다.

우리나라의 자연동굴은 생성과정에 따라 석회암동굴, 용암동굴, 해식동굴 등으로 나뉜다. 석회암동굴은 석회암에 남은 물과 시간의 흔적이다. 석회암동굴은 석회암이 지하수나 빗물에 의해 조금씩 깎이거나 녹아서 만들어진 동굴이다. 용암동굴은 마그마가 지상에 남긴 통로이다. 용암동굴은 화산암으로 이루어진 지역에 발달하는데, 지하에 있던 마그마가 화산활동과 함께 지표로 분출하여 용암으로 흘러내리면서 형성된 것이다. 해식동굴은 파도와 바위의 싸움으로 생긴 동굴이다. 해식동굴은 해안선을 따라서 있는 절벽이 오랜 세월동안 파도에 깎이면서 만들어진다.

우리나라의 동굴은 대부분 석회암동굴이다. 석회암동굴이 많은 이유는 우리나라에 석회암층이 많기 때문이다. 북한의 경우 황해도와 평안도지역, 남한의 경우 문경·단양·제천·영월·평창·정선·삼척·강릉으로 이어지는 지역에 고생대 캄브리아기에서 오르도비스기 사이(5억 7천만 년 전~4억 3천8백만 년 전)의 석회암층이 대규모로 분포되어 있다. 이들 지역을 따라서 석회동굴이 밀집되어 있다.

강원도 땅의 역사

강원도는 한반도에서 고생대를 대표하는 곳이다. 특히 삼척을 비롯한 강원도 남부 지역은 고생대 지층이 겹겹이 쌓여 있다. 이들 지층에서 고생대의 화석이 집중적으로 발견되고 있어서 당시의 환경을 알 수 있다. 강원도에서 발견된 삼엽충 화석은 강원도가 고생대 기간 중 1억 3천만 년 동안 바다에 잠겨 있었음을 말해준다. 삼엽충은 따뜻하고 수심이 깊지 않은 연안의 바다에 살았다. 따라서 지금의 강원도가 당시에는 따뜻하고 얕은 바다였음을 알 수 있다.

 석회암은 따뜻한 바닷속에서 번성했던 조개류나 산호의 몸을 보호하는 껍데기나 골격 등이 바다에 퇴적되어 만들어진 암석이다. 강원도를 비롯한 우리나라에서 발견되는 석회암은 지금으로부터 약 4~5억 년 전인 고생대 캄브리아기에서 오르도비스기 동안에 퇴적된 것이다. 이것이 지구의 지각변동으로 인하여 이동하고 솟아올라서 오늘날 삼척을 비롯한 강원도 남부지방 산악지대에 분포하게 된 것이다. 강원도 삼척을 중심으로 한 석회석은 삼척을 우리나라 시멘트 산업의 메카로 만들었다.

 카르스트 지형은 석회암이 물의 화학적인 작용으로 용해되어 생긴 지형을 말한다. 석회암은 빗물이나 지하수에 쉽게 녹기 때문에 석회암이 넓게 분포된 지역에서는 독특한 형태의 지형을 볼 수 있다. 카르스트라는 용어는 험한 바위산이라는 뜻의 유고슬라비아어로서 아드리아 해안의 석회암 지대가 있는 지방의 이름이다. 카르스트지형은 지역마다 암질, 지하수위, 지질구조, 기후 등이 다르기 때문에 형태가 매우 다양하다.

 카르스트 지형은 크게 지상의 지형과 지하의 지형으로 구분된다. 지상에 있

환선굴 카르스트 지형과 덕
항산.

는 카르스트 지형은 카렌·돌리네·라피에 등이 있다. 이 가운데 대표적인 것은
돌리네doline이다. 돌리네는 석회암 지역에서 지표면이 원형 또는 타원형으로
움푹 파인 지형을 말한다. 그리고 지하에 있는 카르스트 지형은 석회동굴이다.
석회동굴 안에는 종유석과 석순 그리고 석주가 발달한다. 또한 석회암이 물에
녹은 후 남은 석회 성분이 석영 입자, 점토 등과 섞여 산화작용을 받으면 붉은
색의 테라로사 토양이 된다.

물과 시간이 만든 석회동굴

석회암동굴은 물과 시간이 빚어낸 놀라운 예술작품이다. 물은 꾸준하고 솜씨

좋은 동굴의 조형자로 거대한 지하궁궐을 만들 뿐만 아니라 종유석, 석순, 석화, 베이컨 등으로 이 궁궐을 장식하는 극히 섬세한 일까지도 한다. 석회암은 탄산칼슘을 주성분으로 하는 암석이다. 이 석회암은 이산화탄소가 조금이라도 녹아 있는 지하수가 지하를 향해 침투하는 동안 녹아서 땅속에 빈 공간을 만든다.

그 뒤 강물이 지표를 침식해 지하수면이 내려가면 땅속의 빈 공간은 지하의 동굴로 남게 된다. 지표에서 석회암을 녹여 내려온 물속의 이산화탄소는 대부분 가스가 되어 동굴 안 공기 속으로 달아나고 그 결과 물속의 석회암 성분은 과포화상태가 돼 순수한 화학적 성분인 탄산칼슘만 광물의 결정으로 침전하게 된다.

침전물은 물이 동굴 천장에서 물방울로 떨어지면 빨대 같은 관이 되어 종유석으로 자라게 되고, 바닥에 떨어진 물방울은 죽순처럼 자라 석순을 만든다. 또 이물이 벽을 따라 흐르게 되면 종유벽이나 베이컨을 만들어낸다. 그리고 이 결정이 자유롭게 자라게 되면 눈꽃 같은 석화가 되고, 물방울이 얕은 웅덩이 안에서 자라게 되면 동굴진주를 빚어낸다.

동굴생성물은 동굴의 환경변화에 따라서 다른 것들이 나타난다. 동굴생성물 형성에 영향을 미치는 동굴 환경은 생성물이 자라는 위치, 물의 공급량과 흘러내리는 속도, 온도, 습도, 이산화탄소의 농도, 동굴 안에 부는 바람의 방향이나 속도, 동굴 주위 석회암에 나타나는 절리의 방향과 수, 동굴의 진화단계 등이다. 같은 종류의 동굴생성물일지라도 동굴 내부의 아주 미미한 변화로 인해 그 형태가 여러 가지로 나타날 수 있다.

동굴생성물은 그 형성과정에 따라 다양한 모습으로 나타난다. 천정이나 벽면에서 떨어지거나 흐르는 물로 형성되는 것은 종유관, 종유석, 석순, 석주, 커튼, 동굴진주 등이다. 석순은 물을 먹고 위로 자라고, 종유석은 물을 따라 아래로 자란다. 흐르는 물로 형성되는 동굴생성물은 유석流石이다. 그리고 벽면에서 스며 나오는 물로 형성되는 동굴생성물은 곡석, 석화, 동굴산호, 월유, 동굴풍

선, 동굴기포 등이며, 동굴 바닥에서 흐르는 물이나 고인 물 내에서 형성되는 동굴생성물은 계단식 논과 같은 모양의 휴석休石, 부유방해석 등이다.

동굴 속은 외부와는 다른 특이한 환경을 가지고 있다. 동굴 속은 빛이 없는 완벽한 암흑의 세계이며, 습도가 매우 높고 일년 내내 기온과 수온 습도의 변화가 거의 없는 곳이다. 그리고 비가 내리지 않고 햇볕이 들지 않아 식물이 자랄 수 없고 산소량도 적다. 따라서 동굴 속의 생물은 일반적인 먹이 사슬이 전혀 적용되지 않으며, 눈들이 퇴화하고 그 대신 물체를 감지할 수 있는 더듬이가 발달하였다.

동굴 생물의 대표적인 것은 박쥐이다. 박쥐는 표유동물로 낮에는 동굴 같은 곳에서 자다가 저녁이 되면 밖으로 나와서 수많은 해충을 잡아먹는 야행성동물이다. 박쥐는 항상 동굴에 거꾸로 매달려 있다. 박쥐는 놀랍게도 힘을 전혀 들이지 않고도 매달릴 수 있는 발 구조를 가졌기 때문에 불필요한 에너지의 소모를 최대한으로 줄여서 오랫동안 매달리는 게 가능하다.

그리고 박쥐가 어둠 속에서도 자유롭게 날아다닐 수 있는 것은 초음파를 내어 음파가 반사되어 오는 것을 느껴서 주위의 사물들을 구별할 수 있는 능력을 가지고 있기 때문이다.

동굴 백화점, 대이리 동굴지대

환선굴이 있는 삼척시 신기면 대이리는 우리나라의 대표적인 동굴 밀집지역이다. 이곳 대이리에는 환선굴을 비롯한 관음굴, 사다리바위바람굴, 양터목세굴, 덕밭세굴, 큰재세굴 등 여섯 개의 동굴이 있어서 대이리 동굴지대라고 부른다. 이 지역의 동굴은 고생대 캄브리아기에 형성된 것으로 5억 년 정도의 나이를 먹었는데, 일찍이 천연기념물 제178호로 지정, 보호하고 있다.

대이리 동굴지대의 동굴의 형태는 경사 복합굴과 수직굴로 대별된다. 관음굴과 환선굴은 경사 복합굴이다. 동굴의 규모는 관음굴이 1.2킬로미터이며, 환선굴이 6.2킬로미터이다. 두 동굴은 모두 성장과 확대를 계속하고 있으나 윤회단계에 있어서는 다소의 차이를 나타내고 있다. 관음굴이 청년기~장년기의 석회동굴 지형의 특성을 보이는 데 비해, 환선굴의 주굴과 지굴 중에는 동굴의 노화와 회춘이 병행해서 일어나는 만장년기의 특성을 띠는 것도 있다. 산능선이나 급경사면을 따라 분포하고 있는 큰재세굴, 덕밭세굴, 양터목세굴과 사다리바위바람굴 등은 수직동굴이다. 대이리에 분포되어 있는 수직굴은 윤회단계가 짧고 동굴의 생성초기를 통해 성장을 중지한 사굴死窟이다.

대이리 동굴지대의 동굴 가운데 일반인에게 공개된 것은 환선굴이며, 개방되지는 않았으나 가장 아름답다고 평가받는 것은 관음굴이다. 환선굴은 1966년에 천연기념물로 지정된 이후로 몇 차례 조사가 이루어져서 보고서가 나왔다. 해발고도 820미터 지점에 동굴입구가 위치하며, 폭 14미터, 높이 10미터인 아취형의 동굴 입구를 통해서 많은 양의 동굴수가 흘러나오고 있다. 이 물은 오십천으로 흘러 동해로 들어간다. 환선굴의 총길이는 6.2킬로미터로 우리나라 석회암동굴 가운데 가장 길다. 하지만 현재 일반인에게 개방된 길이는 1.6킬로미터에 불과하다.

동굴 안을 들어서면 남굴, 서굴, 서북굴, 북굴로 갈라지는데, 남굴과 북굴은 얼마 가지 않아 막히지만 서굴과 북굴은 끝을 알 수 없다. 내부를 대충 둘러보는 데만 1시간 30분이 족히 걸리는 웅장한 규모이다. 뿐만 아니라, 석회암동굴이 보여줄 수 있는 모든 것을 갖추고 있어서 전문가들 사이에서는 '동굴백화점'이라고 불린다.

환선굴 가는 길

환선굴이 있는 삼척의 대이리 마을은 전형적인 산골마을이다. 촛대봉을 비롯

환선굴 설화 속의 신선이 된 스님의 이야기가 전하는 산 신각.

한 몇 개의 봉오리가 큰 귀를 닮았다고 해서 '대이리大耳里'라고 이름지었다. 마을 안에 너와집과 굴피집이 남아 있는 첩첩산중의 화전마을이었다. 주차장에서 내려 환선굴로 올라가다 보면 소나무를 켜서 만든 너와집과 굴참나무 껍질을 벗겨 지붕을 이은 굴피집이 있다. 한집은 관광객을 상대로 식당을 운영하고 있지만, 안쪽에 있는 집은 옛 모습 그대로 살아가고 있는 집이다. 집 안에는 코쿨, 설피, 주루막 등 옛 화전민들의 생활양식과 습속을 그대로 엿볼 수 있다.

주차장에서 동굴 입구까지는 1.3킬로미터의 오르막길이다. 만만치 않은 거리지만 눈앞에 펼쳐진 경치는 숨막히는 고통을 보상해주고도 남는다. 백두대간의 준령이 양팔처럼 감싸 안아서 어머니의 품 안처럼 둥근 골짜기에 동굴 속 석순 같은 산들이 가득하다. 봄비를 맞고 금방 솟아난 우후죽순처럼 산들이 자신들의 모습으로 솟아올라 있다. 저 멀리 주봉인 덕항산이 어머니처럼 내려다

보고 있는 골짜기 안에는 한가운데 촛대봉을 중심으로 향로봉, 금강봉, 미륵봉, 설패바위, 사다리 바위, 문바위 등의 바위산들이 어머니 품안에 옹기종기 모인 아이들처럼 키높이를 재며 서 있다. 이것을 보고 중국을 가본 사람은 계림桂林 같다고 하고, 베트남을 여행한 사람은 하롱베이下龍灣를 닮았다고 할 것이다. 이들 모두 탑카르스트 지형이다. 탑카르스트 지형은 석회암이 물의 화학적인 작용으로 용해되어 생긴 바위산을 말한다. 중국의 계림이 강물 속에 있는 탑카르스트이고, 베트남의 하롱베이가 바다속에 있는 탑카르스트라면, 대이리 마을은 산 속에 있는 탑카르스트인 것이다.

환선굴로 올라가다 보면 신선교神仙橋라는 이름의 구름다리를 만난다. 그 다리 위에 올라서면 오른쪽으로 거대한 폭포가 있고, 다리 건너편에는 바위더미가 앞을 막아선다. 그리고 그 바위틈 사이에 작은 상자만한 파란 색깔의 산신각이 지어져 있으며, 산신당 앞에는 수백 년은 족히 되어 보이는 엄나무가 바위를 떠 바치듯이 서 있다. 이곳에 환선굴 유래와 관련한 전설이 있다.

환선굴의 옛 이름은 큰 굴이라는 의미의 '한굴'이었으나 나중에 선녀가 환생했다는 전설에 따라 환선굴로 바뀌었다. 먼 옛날 대이리 마을의 촛대바위 근처에 폭포와 소沼가 있어 아름다운 한 여인이 나타나 멱을 감곤 하였다. 어느 날 마을 사람들이 쫓아가자 지금의 환선굴 부근에서 천둥번개와 함께 커다란 바위더미들이 쏟아져 나오고 여인은 자취를 감추었다. 사람들은 이 여인을 선녀가 환생하였다 하여 바위가 쏟아져 나온 곳을 환선굴幻仙窟이라 하고, 바위가 쏟아진 곳에 산신각을 짓고 제를 올려 마을의 평안을 기원하게 되었다. 여인이 사라진 후 촛대바위 근처의 폭포는 물이 마르고 환선굴에서 물이 넘쳐 나와 선녀폭포를 이루었다고 한다.

또 다른 전설도 있다. 먼 옛날 한 스님이 도를 닦기 위해 환선굴로 들어갔으나 되돌아 나오는 것을 본 사람은 아무도 없었다. 사람들은 이 스님 또한 신선으로 환생하였다고 하였다. 스님이 짚고 왔던 지팡이를 산신당 앞에 꽂아 두었는데 진입로 중턱의 엄나무가 바로 그것이라고 전해진다. 그리고 환선굴 내에

환선굴 입구. 환선굴은 여성의 상징으로 삼척의 어머니다.

는 스님이 기거하던 온돌 터와 아궁이가 그대로 남아 있다고 한다.

구름다리의 이름이 신선교라고 하고, 폭포를 선녀폭포로 한 것이 바로 이러한 전설들을 반영한 것이다. 그리고 다리를 건너면 환선굴에서 쏟아져 나왔다는 바위더미가 있는데, 전설을 반영이라도 하듯 큰 돌들과 진흙이 섞여서 굳어 있다. 주변이 모두 석회암인 것과는 대조적으로 퇴적암인데 그리 오래되지 않은 듯 금방이라도 진흙 속의 돌들이 두두둑 떨어질 것 같다. 그리고 지금도 마을 사람들은 산신각에서 제사를 지내고 있다.

하얗게 부서지면서 선녀폭포라는 거대한 폭포를 만들어내는 이 물은 환선굴에서 흘러 나오는 동굴수이다. 동굴에서 흘러나온 물이라고는 믿기지 않을 만큼 거대한 양의 물이 어떻게 환선굴에서 흘러나올 수 있을까? 이 같은 의문은 또 다른 전설 같은 이야기를 만들어 전해주고 있다.

아랫마을에 삽살개가 한 마리 있었는데 어느 날 갑자기 사라졌다. 아무리 찾아도 보이지 않아 안타까워하고 있었는데, 산너머 마을인 하장면 조탄리(현 태백시 사조동) 마을의 땅속에서 개짖는 소리가 났다. 확인해 본 결과 도장안이라고 불리우는 웅덩이 옆 구멍 속에 삽살개가 있어서 구출했다. 그런데 삽살개의 목에 스님들이 소지하는 백팔염주가 걸려 있어서 사람들은 오래 전 환선굴에서 사라진 스님의 염주라 하여 크게 놀랐다. 그 후 삽살개는 주인 방에 걸어두었던 염주를 물고 다시 사라졌고, 며칠 후 환선굴에서 나오는 폭포수 밑에서 개의 시체가 떠내려왔으나 염주는 찾을 길이 없었다고 전해진다.

신선교에서 시작된 299개의 철계단을 무심한 마음으로 걸어서 오르면 환선굴이 입을 크게 벌리고 우리를 맞이한다. 동굴 입구에 서면 올라올 때 흘렸던 땀이 동굴에서 나오는 시원한 바람으로 금방 마르게 된다. 여유를 가지고 동굴에 들어가기 전에 전망을 보면 촛대봉이 바로 눈앞에 있다.

풍수학자 최창조는 이곳에서 음양의 조화를 읽었다. 환선굴이 음이라면 골짜기 한 가운데 우뚝 솟은 촛대봉은 양이다. 촛대봉을 남성의 상징으로 보고, 환선굴을 여성의 상징으로 보았다. 환선굴의 입구가 크듯이 촛대봉 또한 그에 걸맞게 웅장하다. 이곳이 어머니의 자궁 속으로 들어온 것처럼 편안하게 느껴지는 것은 바로 음양이 조화를 이루고 있는 곳이기 때문이다. 결국 환선굴 자체가 삼척의 거대한 자궁이다.

더욱이 환선굴에서는 엄청난 양의 동굴수가 흘러나오고 있다. 이 동굴수는 숲 속의 암벽을 훌쩍 뛰어내려 하얗게 부서지면서 거대한 폭포를 만들기도 하고, 통방아를 돌리기도 하면서 오십천에 모여 삼척의 젖줄이 된다. 환선굴은 삼척의 어머니인 것이다. 우리는 어머니의 품 안에 안기듯이 거대한 자궁 환선굴 속으로 들어간다.

환선굴 속 신비로운 기행

환선굴은 개방되면서 이름과 이야기를 가지게 되었다. 환선굴에 삼척의 이야기꾼들이 가장 먼저 들어가 이름과 그 이름에 맞는 이야기를 하나씩 붙여주었다. 우리나라 사람들은 자연의 바위 하나, 나무 한 그루에도 이름을 붙여 그들에게 의미와 생명을 부여하였다. 인간도 자연의 일부라고 생각하듯이 자연도 인간과 같은 하나의 인격체로 인식한 것이다.

동굴 속은 신천지新天地이다. 둥글고 긴 터널을 따라 동굴에 들어서면 넓은 신천지를 만난다. 엄청나게 큰 돌기둥이 우산을 펼쳐놓은 것처럼 천장을 받치고 서 있는 신천지 광장은 동굴 밖과는 전혀 다른 새로운 세상이다. 신천지 광장에 서면 광장의 웅장함 만큼이나 큰 물소리에 압도당한다. 엄청나게 많은 양의 물이 동굴 속을 흘러내리기에 물소리는 옆 사람과의 대화가 힘들 정도로 대단하다.

동굴탐험은 광장의 오른쪽으로 오르면서 시작된다. 그곳 벽에 큰 황소가 한 마리 있다. 세계에서 가장 오래된 인간의 그림 알타미라 동굴의 소 모습 같기도 하고, 자식에 대한 그리움에 울부짖는 이중섭의 소 같기도 하다. 알타미라 동굴벽화나 이중섭의 소를 인간이 그렸다면, 이 소는 오랜 세월 동안 자연이 그려낸 것이다.

그 포효하는 모습은 인간의 무분별한 접근에 자연이 보내는 경고의 메시지로 느껴진다. 그 벽을 따라 가면 가지굴이 있다. 그 굴 안에는 만물상이 있다. 만물상 지역은 환선굴 내에서 가장 아름다운 곳으로 유석·종유석·석순·석주·동굴산호·휴석 등 여러 가지 동굴생성물들이 자라고 있다. 그리고 이 지역은 바닥의 퇴적물 내에 유기질이 풍부하여 노래기·알락꼽 등 많은 동굴 동물들이 서식하고 있기도 하다.

미녀상美女像은 백색의 유석이 자란 후에 황색의 유석이 그 위를 덮으면서 자란 것이다. 그 모습은 볼륨감 있는 미인이 많은 사람들의 시선 때문에 수줍어서 차마 앞으로 보지 못하고 벽을 보고 돌아서 있는 모습이다. 바로 아래에는 그 미인이 목욕했을 것 같은 환선폭포가 있다. 환선교라는 다리 위에서 폭포를 바라보면 바위절벽 한 가운데 느닷없이 동그란 굴이 하나 있고, 그 굴속에서 진주처럼 맑은 폭포수가 흐른다. 굴을 지나고 또 굴을 지나서 마침내 모습을

드러낸 물이 만들어낸 작은 소沼가 있다. 물이 있는지 없는지 모를 정도로 물이
맑아 바닥에 있는 돌들이 모두 속살을 드러내고 있다.

삼라만상森羅萬象은 비록 그 크기는 작지만 자세히 살펴보면 세상만사 모두가
그 속에 들어 있는 듯하다. 벽면의 틈으로부터 물이 흘러내리면서 유석이 성장
하였다. 그리고 그 유석 위에 작은 규모의 휴석이 있고, 그 휴석 속에는 아름다
운 동굴팝콘이 자라고 있다.

오련폭포五連瀑布는 잔잔하고 천천히 흐르는 예쁜 폭포이다. 크지는 않아도 굽
이치고 구르고 비켜가는 모습은 영락없는 폭포의 모습이다. 이곳에서는 개울
바닥을 흐르는 물보다는 오히려 천장에서 떨어지는 물줄기가 폭포라는 것을
실감난다. 오련폭포 위에서 비가 쏟아지듯이 하늘에서 물줄기가 폭포처럼 떨
어진다. 그래서 오련폭포를 가로질러 건너는 다리 위에는 지붕이 있다.

폭포 다리를 건너면 앞에 작은 두 개의 가지굴이 나타난다. 오른쪽 가지굴은 용식공으로 지하수에 의해 운반되어 온 토사들이 쌓여 있다. 이 작은 굴 안에는 관박쥐와 붉은 박쥐가 동면하며 서식하고 있어, 관람객들은 이들의 동면을 위해 소리를 죽여 조용히 지나가야 한다. 그리고 좌측 벽면에는 흰색의 월유 moonmilk가 소규모 발달하고 있다. 왼쪽 가지굴에는 지하수에 의해 유석이 형성되어 있다. 그런데 이 유석의 색깔이 흑색과 백색 두 가지이다. 그래서 이것을 '흑백유석'이라고 이름 붙였다.

계곡을 따라 오르면 천장에서 떨어진 돌들이 가득하다. 돌들이 떨어진 천장을 쳐다보면 용식공의 굽이치는 모습이 장관이다. 용식공은 석회암을 녹이는 지하수가 소용돌이 형태로 유입되면서 마치 종을 엎어놓은 형태로 발달한 것이다. 천장에서 돌이 떨어져 내리는 것을 낙반이라고 하는데 이것은 동굴이 확장되는 한 방법이다. 그런데 낙반은 동굴생성의 마지막 단계이다. 이 때문에 환선굴의 성격을 장·만년기라고 하는 것이다.

희망봉은 동굴을 막아선 작은 언덕이다. 언덕으로 올라가는 철계단을 오르면 그 끝이 희망봉으로 양쪽이 내려다 보인다. 희망봉에서 오른쪽으로 난 길을 따라 들어가면 바위틈새가 있다. 몸을 옆으로 하여 겨우 틈새를 비집고 들어서면 그곳이 '꿈의 궁전'이다. 작은 동굴 속에 위에서 떨어진 물들이 모여서 만들어낸 작은 호수가 있다. 호수의 물은 언제나 일정하다. 위에서 떨어지는 양 만큼을 암석 내 틈새를 통해서 따른 곳으로 보내기 때문이다.

그리고 사방의 벽면은 비단천을 내린 듯 유석벽면을 따라 흘러내리는 물에 의해 대규모의 유석이 폭포를 이루며 성장하고 있다. 해파리 모양의 유석들이 층층이 자리하고 그 위에 회백색의 넓은 유석이 덮고 있다. 숱한 해파리들이 회백색의 이불을 덮고 있는 형상이다. 유석 아래에는 종유석이 자라고 작은 구멍 소에는 종유관이 발견된다. 그리고 왼쪽 천장에는 암석 내에 발달한 틈새로 흐르는 물이 만들어낸 베이컨시이트가 궁전에 커텐을 내리듯이 자리하고 있다. 동화 속의 아름다운 공주와 왕자가 사는 그야말로 '꿈의 궁전'이다.

희망봉 꼭대기에는 도깨비 방망이라는 이름의 거대 종유석이 있다. 천정으로부터 공급되는 물의 양이 많아서 대형 종유석이 성장한 것이다. 현재는 물이 흘러내리는 부분은 종유석이 깎여서 홈이 형성되었다. 사람들에 따라서 그 이름을 다르게 부르기도 한다. 여의봉이라고 하기도 하고 개불알이라고 하기도 한다. 사람들의 생각이 다른 만큼 보이는 것도 다르게 보이는 것이다.

도깨비 방망이를 타고 흘러내린 물을 먹고 바닥에는 석순이 자란다. 철계단을 내려서면 도깨비 방망이를 타고 내려온 물이 만들어낸 대머리형 석순을 만들었다. 떨어지는 물의 양이 많아서 석순이 높이 자라지 못하고 옆으로 퍼져 자라게 된 것이다. 물이 직접 떨어지는 곳은 물의 낙하속도가 매우

도깨비 방망이와 대머리 석순.

크기 때문에 흰색의 반들반들한 표면을 형성하고 있는데 마치 대머리처럼 보인다.

하늘에서 떨어지는 소망폭포 밑을 통과하여 24탕 계곡을 오른쪽으로 하고 올라가면 넓은 광장이 끝나는 곳에 작고 좁은 동굴이 있다. 이 굴 안에 생명의 샘이 있다. 생명의 샘으로 들어가는 양쪽 벽면은 동굴산호 밭이다. 이곳이 환선굴 내에서 동굴산호가 가장 아름답게 발달한 곳이다. 동굴산호가 혹모양, 버섯모양 등으로 다양하게 분포한다.

사랑의 맹세는 이 동굴의 입구에 서서 왔던 쪽으로 돌아서 위를 쳐다보면 천정에 옆으로 누운 하트모양의 구멍을 말한다. 뒤에서 조명을 비추기 때문에 검은 벽과 대조되어 선명하게 그 형태를 드러낸다. 이곳에서 사랑과 우정을 맹세

하면 영원히 그 사랑과 우정이 변하지 않는다고 한다.

생명의 샘은 개방된 환선굴에서 가장 깊은 곳이다. 신비롭게도 어머니의 자궁처럼 생긴 유석에서 물이 흘러나온다. 그래서 '생명의 샘'이라는 이름을 가지게 되었다. 용식공으로부터 흘러내리는 물에 의해 작은 규모의 골짜기가 형성되었다. 그 주변 벽면에는 동굴산호가 성장하고 있는데, 황토색과 담회색의 산호들이다. 이제 가장 깊은 곳에서 생명이 태어나듯이 우리는 다시 왔던 길을 돌아나와야 한다.

오른쪽으로 꺾어 돌면 깊은 공포의 계곡 위에 두 개의 출렁다리가 있다. 첫 번째 다리가 지옥교이다. 인간은 누구나 죄를 짓는다. 여기 지옥의 계곡 위에 있는 지옥교를 지나면서 참회하고 모든 죄악을 씻으라고 한다. 출렁다리 아래는 어지러울 정도로 까마득하다. 건너는 아이들이 두려움에 괴성을 지른다. 그 옆 벽면에는 오백나한이 죄많은 중생을 구제하기 위해 자리하고 있다.

다음은 참회의 다리이다. 다리를 건너다 발아래를 내려다 보면 까마득한 곳에 수심을 알 수 없는 호수가 보인다. 저절로 다리가 후들후들 떨린다. 자신도 모르게 참회를 하게 된다. 다리의 한가운데 위험이라는 표지판 앞에 서서 오른쪽 벽면을 보면 세계적으로 희귀한 버섯형 유석이 자라고 있다. 지옥소 천정으로부터 떨어진 물이 벽면을 타고 흘러내리면서 유석이 자란다. 그 유석의 양쪽에 영지버섯형 유석이 성장하였다. 이 영지버섯형 유석은 국내의 다른 동굴에서는 발견하기 힘든 희귀한 형태의 동굴생성물로 학술적 가치가 매우 높은 것으로 평가받고 있다.

피안의 세계로 명명되어진 곳은 무지개다리를 건너 천당계곡에 있다. 이곳은 경사가 낮은 바닥에 동굴수가 흐르면서 작은 논모양의 휴석과 휴석소가 잘 발달되어 있다. 휴석소는 논모양의 휴석에 물이 고인 것을 말한다. 이곳에는 동굴 개발을 위해 탐사를 했을 때 많은 사람들의 낙서가 있었던 곳이다. 그 내용을 보면 한국전쟁 때 사람들이 들어와 기도를 했던 곳으로 여겨진다. 아마도 천정이 낮고 바닥이 휴석으로 편편하여 사람들이 모여 앉아 기도하기 좋았기

양쪽 벽면에 동굴산호가 발달한 생명의 샘.

때문으로 생각된다. 더 이상 관광객은 들어갈 수 없지만 동굴은 계속 연결되어 있다. 밖에서는 보이지 않지만 동굴 속에는 흑색의 동굴산호와 곡석, 그리고 작은 호수가 발견되었다. 특히 곡석은 동굴생성물 중 가장 경이로운 것이다.

피안의 세계에서 철계단을 타고 아래로 내려서면 옥좌대를 만난다. 임금이 앉는 자리라고 해서 옥좌대로 명명된 평정 석순은 환선굴을 대표하는 것이다. 옥좌대라는 이름의 평정석순은 동굴천정으로부터 여러 개의 물방울이 한꺼번에 떨어짐에 따라 생성되었다. 평정석순 상단부의 물방울이 떨어지는 지점에서는 작은 규모의 휴석들이 다각형 모양으로 발달하고 있다. 그리고 이 물이 석순의 측면으로 흘러내리면서 계단식 논모양의 휴석이 발달하였다. 그리고 그 속에는 동굴팝콘이 자란다. 둥글게 비정형의 원을 그리며 만들어진 하얀 백색의 옥좌대는 세계적으로 희귀한 동굴생성물로 환선굴의 자랑이며 상징이다.

참회의 다리.

옥좌대 앞은 통일광장이다. 그곳에는 서울, 평양과 삼척이 표시된 한반도 지도가 있다. 이 광장에서 지도의 제주도 방향으로 가면 마리아상이 있다. 상류로부터 흘러내리는 동굴수에 의해 작은 호수가 만들어져 있다. 그 호수 위에 새모양을 하고 있는 백색의 커튼형 종유석이 있으며, 그 위에 마리아상 석순이 자라고 있다. 그 모습은 학 위에 마리아가 타고 서 있는 모습이다. 특히 작은 호수의 물에 비친 마리아상의 모습은 더욱 신비롭다. 이곳에는 한 가지의 소원을 들어준다는 이야기가 전해진다.

통일광장 지도의 동해바다 쪽에는 만마지기의 논두렁이 있다. 도깨비 방망이에서 떨어진 물이 단계적으로 여러 가지 동굴생성물을 만들고 나서 동해바다로 들어와 거대 평정석순과 휴석을 대규모로 만들었다. 새마을운동으로 경지정리가 되기 전의 우리 고향마을의 들판을 보고 있는 듯하다. 논두렁이 자연

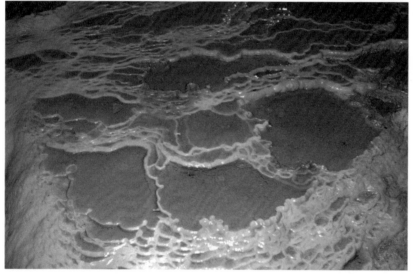

옥좌대(위)와 논 만마지기(아래).

스럽게 만들어낸 곡선이 참으로 아름답다.

전망대에서 내려다보는 은하계곡에는 틈새를 비집고 폭포가 흐른다. 은하교 다리 위에서 보면 그 폭포가 바로 은하수이다. 내려오면서 천장을 보면 감실 속에 관세음보살상이 중생을 내려다보고 있다. 환선굴에는 종교를 초월해서

수도승의 흔적 모형(위)과 만리장성(아래).

마리아상과 보살상이 공존하고 있는 것이다.

　다시 신천지 광장이 시작되는 곳에 수도승의 주거지가 있다. 환선굴로 들어와 신선이 되었다는 그 스님이 기거한 터라고 한다. 여기에는 온돌의 흔적과 아궁이 흔적이 있고 약초를 빻던 돌절구 등의 유물도 남아 있다. 그래서 수도승이 수도하는 모습을 재현해놓았다. 많은 사람들이 합장하고 소원을 비는데 그 앞에는 여지없이 스님보다 더 큰 시주함이 자리하고 있다.

만리장성은 동굴의 상류나 용식공으로부터 오랜 시간 동안 퇴적물이 동굴 안으로 유입되어 동굴바닥에 쌓였는데, 그 후 동굴바닥으로 유입된 지하수의 침식작용으로 계곡이 형성된 것이다. 동굴 한가운데 자리하고 있는 만리장성은 그 이름에 걸맞게 길이가 127미터에 이른다. 만리장성의 양쪽 측면은 계속 바닥을 흐르는 지하수에 의해 침식되어 급경사를 이루고 있으며, 윗면은 편편하면서 퇴적물이 건조된 건열구조가 잘 나타나 있다. 퇴적물의 높이가 이 동굴의 입구보다 높은 것은 아직도 풀기 어려운 수수께끼이다. 이러한 퇴적층은 다른 동굴에서는 보기 힘든 희귀한 경관이다. 한편 만리장성 위쪽 편편한 곳에 삼각뿔 모양의 퇴적물이 보이는데, 일본 관광객들이 와서는 일본의 후지산 같다며 좋아했다. 세상 만물은 자신의 눈으로 보는 것임을 실감나게 한다. 만리장성의 가장 안쪽 끝부분에는 용머리형상의 석순이 있었는데, 지금은 잘려나가고 없다.

환선굴의 신천지에 대한 긴 여정은 1시간 30분 정도의 시간이 소요된다. 속세와는 다른 피안에 세계를 다녀온 여정은 둥근 환선굴 입구를 통해 바깥 세상을 보면서 다시 자신의 자리로 돌아오게 된다. 그러나 동굴을 빠져 나오는 자신의 모습은 동굴을 들어설 때의 그 모습은 아니다. 인간으로 들어가서 신선이 되어 나오는 자신을 발견하게 된다.

베일 속의 관음굴

관음굴은 환선굴로 가는 길 좌측 산기슭에 있다. 수십 년 전 마을 주민들에 의해 처음 발견되어 세상에 알려졌으나 험준한 산 속에 자리하고 있을 뿐만 아니라 동굴의 구조도 탐사하기가 매우 위험하여서 한동안 사람들의 발길이 닿지 않았다.

관음굴은 현재 우리나라에 알려진 400여 개의 석회동굴 가운데 가장 아름답고 화려한 경관을 자랑하는 동굴 중의 동굴이다. 전체 길이는 1,600미터 정도이며, 입구에서 끝까지 눈이 휘둥그레질 정도로 아름답고 신비로운 모습을 가지고 있어서 동굴 전체가 보물창고라고 할 수 있다.

일반인에게 공개되지 않는 동굴이지만 1973년 박정희 대통령 부인 육영수 여사가 위험을 무릅쓰고 직접 관람했을 정도로 그 아름다움은 널리 알려져 있다.

관음굴은 입구에서 울퉁불퉁한 지하수로를 따라 10미터 정도 들어가면 '공포의 연못'이라고 불리는 물웅덩이가 나타난다. 이곳의 깊이는 얕은 곳은 가슴 정도 되나 깊은 곳은 3미터에 이른다. 이곳은 수면에서 천정까지의 높이가 불과 50~60센티미터 밖

웅장한 관음굴의 모습.

에 되지 않기 때문에 고무보트에 납작 엎드려서 건너야 한다. 이 공포의 연못은 동굴 입구에 있으면서 사람들의 출입을 막아 관음굴을 지켜온 수문장과 같은 역할을 하였다.

공포의 연못 일원은 편심종유석偏心鐘乳石, 입상유석笠狀流石, 촛대형의 석주石柱, 커튼, 방패 등으로 뒤덮고 있어서 자연이 만들어낸 아름다움의 극치를 만나게 된다. 특히 종유폭포라고 불리우는 유석은 일대 장관을 이룬다. 이 같은 동굴호는 관음굴 안에 다섯 개나 더 있다. 그러나 관음굴은 일반인에게 공개되지 않았다. 동굴의 개발은 파괴의 시작이다. 많은 관광객의 출입은 동굴의 기상을

변화시키고, 그들이 버린 폐기물은 생물에 해독을 끼친다.

특히 관음굴의 경우에는 동굴 속의 2차 생성물이 다습한 환경 때문에 매우 훼손되기 쉬운 상태에 있기에 보존을 위해서 일반인에게 개방하지 않는 것이 최선의 방법이라는 결론을 내렸다.

다행히 우리는 관음굴을 보고 싶은 아쉬움을 사진이나 영상으로 달랠 수 있다. 삼척 동굴엑스포 타운에 있는 영상관에서 관음굴의 그 환상적인 모습을 아이맥스 영화로 제작하여 매일 상영한다. 대형 스크린의 웅장하고 우람찬 화면은 신비한 관음굴을 실제 들어가서 보는 것 같은 감동을 준다.

또 하나의 개방 동굴 대금굴

대이리 대금굴이 일반인에게 최근 개방되었다. 대금굴은 환선굴이 있는 대이리 동굴군 지대 덕항산 자락 하부를 따라 형성된 V자형 협곡지대에 위치해 있

대금굴 조감도.

대금호.

다. 대금굴은 지하 동굴 속에 다량의 동굴수 배출로 소하천을 이루고 이끼폭포가 형성되어 한 폭의 풍경화 같은 경관을 형성하고 있다.

대금굴이 소재해 있는 골짜기는 물골이다. 물골이라는 지명에 대해 마을에는 작은 전설이 전해지고 있다. 대이리 마을에 전해지는 전설에 의하면 200~300년 전 계곡에서 천둥 번개와 엄청난 굉음이 나면서 우측에 있는 바위산이 갈라지고 하천으로 흐르던 물이 갑자기 사라진 후 몇 개월이 지나서야 하천의 물이 흘렀다고 한다. 그래서 이 골짜기를 물골이라고 하였다. 대금굴은 삼척시가 지난 2000년 동굴 추가 개방을 목적으로 3년여의 끈질긴 노력 끝에 2003년 발견한 동굴이다. 그 이름이 처음에는 물골에 위치해 있기 때문에 골짜기의 이름을 따서 물골동굴이라 하였다. 이후 개방을 앞두고 명칭을 공모하여 대금굴로 확정하였다.

　대금굴은 현재까지 조사된 길이는 1,610미터이다. 1, 2, 3, 4 구역의 주굴이 각각 255, 100, 145, 230미터로 총 주굴의 길이는 약 730미터이다. 또한 지굴의 길이는 약 880미터이므로 총길이는 1,610미터이다. 그러나 막장이 호수로 막혀 있기 때문에 대금굴의 총 연장은 정확하게 추정하기 어렵다. 특히 동굴학자들 사이에서는 대금굴이 환선굴과 연결되어 있을 가능성을 제기하고 있다.

　대금굴은 수평통로와 수직통로가 모두 발달하고 있으며, 동굴 내에는 네 개의 폭포와 다양한 동굴생성물이 성장하고 있는 문화재적, 학술적 가치가 높은 동굴이다. 대금굴은 현재 동굴 내에 많은 동굴수가 흐르고 있으며, 동굴생성물이 활발하게 성장하고 있는 활굴이다. 동굴 내부에는 대규모의 폭포가 발달해 있어서 동굴의 진화와 동굴수의 관계 연구에 좋은 학술자료를 제공한다.

　대금굴 내에는 종유관, 종유석, 석순, 석주, 커튼, 베이컨사이트, 동굴 산호,

휴석, 유석, 곡석, 동굴진주, 동굴방패, 석화, 부유방해석, 동굴피솔라이트 등 다양한 동굴생성물이 발견된다. 이 가운데 특히 주목할 것은 국내에 있는 다른 동굴에서는 발견되지 않는 막대기형 석순, 다양한 규모의 휴석, 대형의 동굴 진주와 동굴피솔라이트이다.

대금굴의 개방으로 삼척은 명실상부한 동굴도시로서 자리매김하게 되었다. 국내 최고의 경관과 학술적 가치를 가지는 관음굴과 초당굴, 그리고 동양 최대의 석회동굴로 일반인에게 개방되어 많은 사람들의 사랑을 받고 있는 환선굴 등이 모두 삼척의 상징이다. 대금굴이 일반인에게 개방됨으로써 삼척은 세계적인 동굴도시가 되었다.

땅위의 석회암 동굴 – 돌리네

지하에서 카르스트 지형의 대표적인 것이 동굴이라면 지상에서는 돌리네^{doline} 이다. 돌리네는 석회암 지역에서 지표면이 원형 또는 타원형으로 움푹 파인 지형을 말한다. 즉 돌리네는 지하에 동굴이 형성되어 지표를 흐르던 물이 지하로 빠져나가면서 커다란 웅덩이와 같은 형태의 지형이 형성된 것이다. 돌리네 가운데는 주로 물이 잘 빠지는 구멍이 있다. 위에서 보면 대체로 원형 또는 타원형이고 접시처럼 오목하게 생겨서 깊이가 아주 얕은 것은 구별하기가 어려운 경우도 있다.

돌리네는 형성원인에 따라 용식 돌리네와 함몰 돌리네로 나뉜다. 용식 돌리네는 토양층 밑의 석회암이 물의 화학적인 작용으로 용해되면서 서서히 파인 것이다. 돌리네 중앙의 배수구가 점토로 막히면 물이 빠져나가지 못해 호수가 형성되는데 이것을 돌리네호라고 한다. 함몰 돌리네는 지하에 형성된 빈 구멍으로 지표가 꺼져 내리면서 생긴 것이다. 대개 지름은 10~1000미터, 깊이는 2~100미터이며, 돌리네가 결합한 복합 돌리네는 우발레라고 한다. 우리나라

에는 황해도 신막 및 대평 부근에는 각각 261개와 254개의 돌리네가 있다. 그
리고 강원도 삼척, 정선, 평창 임계를 비롯하여 평안남도 덕천, 충청북도 단양
등지에서 집중적으로 분포되어 있다. 이러한 돌리네는 흔히 농경지 곧 밭으로
이용되는데, 이렇게 생긴 돌리네를 단양에서는 못밭池田, 삼척에서는 움밭溝田이
라고 한다.

우발레uvale는 인접한 몇 개의 돌리네가 용식이 진전됨에 따라 서로 붙어서
생긴 일종의 연합 돌리네이다. 그 형태는 불규칙한데, 일반적으로 좁고 긴 형
태를 한 것이 많다. 삼척의 근덕면 노곡동에는 우발레가 있으면서 마을 이름이
우발리인 곳이 있다.

폴리예polije는 유고슬라비아어로 농사짓는 들판이라는 뜻이다. 폴리예는 카
르스트 지형에서 용식작용과 구조운동이 함께 일어나서 생긴 거대한 용식 분
지를 말한다. 우리나라의 대표적인 폴리예는 삼척의 여삼리에 있다.

라피에Lapie는 돌리네의 오목 지형과 반대되는 볼록 지형이다. 즉 용식에 저

여삼리는 마을 자체가 우리나라를 대표하는 돌리네이다.

항하여 끝까지 남아 있는 볼록 지형을 말한다. 석회암으로 된 경사진 사면에 붉은색의 흙인 테라로사가 한없이 덮여 있는데, 용식에 저항하는 흰 석회암들이 붉은 흙 사이에 남아서 마치 수천 마리의 양떼들이 풀을 뜯고 있는 것 같은 모습을 한 지형을 라피에라고 한다.

삼척의 돌리네지형

삼척에 널리 분포되어 있는 돌리네는 이미 조선 후기 실학자 이중환이 지리서 『택리지擇里志』에서도 지적하고 있다.' 죽서루 아래 절벽 밑에는 보이지 않는 구멍 즉 공망혈空亡穴이 있어서 오십천 물줄기가 그 위를 지나면 낙숫물 지듯하고, 남은 물은 오십천 죽서루 앞 석벽을 지나 동해로 나간다. 옛날에 이곳에서 뱃놀이를 하던 사람들이 잘못하여 공망혈 속으로 빨려 들어갔는데, 어디로 갔는

지 모른다.'

이중환이 지적한 공망혈은 돌리네에 고인 물이 흘러 들어가는 지하동굴을 말한다. 이들 돌리네에 비가 와서 물이 고이면 가운데 구멍을 통해서 땅 밑으로 흘러서 오십천으로 모였다. 따라서 삼척의 땅속은 스펀지처럼 뻥뻥 뚫린 구멍들이 가득할 것으로 생각된다.

우리나라의 대표적인 카르스트 지형은 삼척시 여삼리이다. 여삼리에는 카르스트 지형의 모든 것이 있다. 용식 오목 지형인 돌리네, 볼록 지형인 라피에, 동굴 지형인 석회암동굴 등 카르스트 지형의 모든 것을 모여 있는 곳이다. 특히 여삼리에는 크고 작은 돌리네가 구조운동으로 거대한 용식분지를 이룬 폴리예 다섯 개가 있다. 여삼리에는 이들 폴리예를 중심으로 입시터, 샛말, 큰마을, 창밭골, 쐐골 등 다섯 개의 자연부락으로 형성되어 있다. 여삼리의 옛 지명인 '여심女深'도 이 돌리네를 두고 한 말인 것으로 추정된다. 그리고 여삼리에 있는 돌리네는 접시형, 깔때기형을 비롯한 돌리네의 모든 유형을 보여준다.

여삼리 돌리네는 마을 입구 여삼치 고갯길에서 시작된다. 급경사의 굽이 굽이를 돌아 여삼치 정상에 올라서면 오른쪽에 돌리네가 자리하고 있다. 마치 화산의 작은 분화구 같은 이 돌리네는 깊이가 약 30미터 둘레가 약 500미터이다. 우리나라에서 가장 크고 완벽하게 생긴 돌리네이다. 이 돌리네는 접시형 돌리네이다. 가운데 바닥은 밭으로 되어 있다. 비가 억수같이 퍼부어대도 물이 고이지 않는데, 이것은 지하에 동굴이 있다는 이야기다. 돌리네로 들어간 지표수는 지하로 스며들어 석회암을 계속 녹이고 있을 것이다. 그리고 실핏줄 같은 그 물줄기는 지하 어딘가를 통해서 바다로 흘러갈 것이다.

고개를 내려서면 바로 옆에 도랑형 돌리네가 자리잡고 있다. 여러 개의 작은 돌리네가 도랑 모양으로 이어져 있는데다 바닥에 바위가 여러 개 있어서 마치 개울 같다. 땅이 꺼지면서 주위에 있던 바위들이 바닥으로 굴러 내린 것이다. 바위들을 중심으로 키 작은 관목과 덩굴식물들이 엉켜서 자라고 있다. 그러나 물은 보이지 않는다. 길 오른쪽에는 마을 회관이 있다. 마을회관 앞에는 돌에 새겨진 여삼리라는 표지판이 있고 아래에 마을의 유래를 적고 있다. '넷심이라 하여 웅덩이처럼 소형분지가 네 개소가 있어 옛 이름은 여심이라고 불러왔는데 지금은 여삼리가 되었다. 입시터, 샛말, 큰말, 창밭골, 쇄골 등 다섯 개 자연부락으로 형성되어 있다'고 기록하였다.

마을회관에서 서쪽으로 200미터 떨어진 여삼1리 마을 곧, 샛말은 봉촌이라고도 하는데 골짜기 자체가 돌리네이다. 돌리네에 모인 물이 빠져 들어가는 곳은 무성한 숲 속에 감추어져 있는데, 입구에 출입금지 팻말이 붙어 있다. 땅속으로 엄청난 깊이의 지하 수직동굴이 있는 것으로 학계에 보고된 전형적인 깔대기형 돌리네이다. 여삼리에서 돌리네가 완만한 형태로 발달한 토양지대는 밭 등의 경작지로 활용되고 있으나 깊이가 깊은 돌리네는 현재 계속 용식으로 지반이 침하되기 때문에 경작지로 활용되기보다는 나무를 심어놓거나 휴면상태로 토지를 두는 경우가 많다.

그 길을 따라 계속가면 작은 둑을 사이에 두고 큰말이 있는데 여러 집이 옹기종기 모여서 밭농사를 지으면 살아가고 있다. 옛날부터 이곳 여삼리는 장뇌농사를 주업으로 하였다. 낯선 사람이 동네 안에 들어서면 개짖는 소리가 요란한 것도 장뇌삼을 지키기 위한 것이다. 그리고 흐르메기라고도 부르는 쇄골은 이곳에서 남쪽으로 난 작은 시멘트 포장길을 따라 고개를 넘어서 있다. 지금은 한 집만이 사는 오지 속의 오지이다. 고개 위에 작은 연못 같은 돌리네가 있고, 고개를 넘어서면 깊은 계곡을 따라 돌리네가 형성되어 있다.

삼척 시내의 돌리네

삼척 시내에도 돌리네가 많다. 죽서루 아래를 흐르는 오십천의 양쪽에 돌리네가 분포되어 있다. 오십천의 오른쪽인 성남동과 건지동에 15개 이상의 돌리네가 있다. 동굴 엑스포를 위해 오십천을 가로질러 새로 만든 엑스포 다리를 건

너 바로 언덕 위로 오르는 비탈진 길을 올라서면 언덕 위는 온통 붉은 테라로
사 흙으로 덮힌 돌리네가 밭을 이룬다. 아스팔트 포장된 일방통행의 좁은 길을
따라가면 길 좌우에 사발 모양의 지형이 펼쳐져 있다. 모두 밭으로 경작하고
있는데, 그 밭 옆에는 농막이 있고, 드문드문 그늘을 만들어주는 나무들이 서
있다. 다른 곳에서는 볼 수 없는 색다른 풍경이다. 그 가운데 가장 큰 돌리네의
한가운데에는 물이 빠져나가는 동굴이 있다. 지금은 많이 메워지기는 했지만
밭일하는 할아버지의 이야기에 의하면 여름이면 찬바람이 에어컨처럼 쏟아져
나온다고 한다. 작은 돌리네는 지금도 비가 많이 오면 가운데가 패이면서 무너
져 내리고 있다. 이곳 돌리네에서 빠진 물은 죽서루 앞 오십천으로 동굴을 통
해 흘러간다.

　건지동의 돌리네는 성남동 돌리네의 서쪽에 있다. 능선을 기준으로 마을을
구분하고 있지만 성남동과 같은 지역이다. 건지동은 동네 이름부터 돌리네와
관련이 있다. 현재 건지동의 한자표현은 '건지동乾芝洞'이지만 아마도 원래 건지

동의 한자식 표기는 '물이 없는 마른 연못'이라는 의미의 건지동乾池洞이었을 것이다. 이곳에는 네 개의 돌리네가 있었으나 최근 도로를 내면서 두 개의 돌리네가 훼손되었다. 훼손된 돌리네 속에는 테라로사의 붉은 흙을 닮은 빨간 콘크리트 건물이 들어서 있다. 그러나 그 건물의 남쪽에는 아직도 두 개의 돌리네가 밭으로 경작되면서 그대로 남아 있다. 특히 바로 남쪽 근산 방향에 있는 돌리네는 전형적인 깔대기형으로 가운데 동굴이 있다.

삼척시 마달동은 마을 자체가 돌리네 속에 형성되어 있다. 삼척 시내에서 마달동으로 가는 길은 삼척에서 동해로 넘어 다니던 옛길이다. 고개를 올라서면 왼쪽에 갈야산을 타고 내려온 골짜기에 첫 번째 돌리네가 있다. 고개를 넘으면 돌리네들이 모여서 큰 골짜기를 형성하고 있다. 빨간색의 테라로사 흙으로 덮힌 밭의 경사면에는 흙 사이사이로 모습을 드러낸 회백색의 석회암들이 드문드문 보인다. 가장 낮은 지역인 마달동 아파트 서쪽에는 연못처럼 물이 고여 있다. 그리고 아파트의 서북쪽 지역에 두 개의 돌리네가 더 있다. 이곳은 넓은 밭을 형성하고 있는데, 한가운데 구멍이 있다. 그리고 그 옆에는 이 돌리네 골짜기 전체의 물이 빠져 들어가는 구멍이 있는데 그 구멍은 점차 주변 흙들이 내려 앉아서 커지고 있다.

미인폭포

미인폭포

임 향한 마음과 검정고무신

땅을 변화시키는 것은 물이다. 물이 땅을 변화시키는 것은 주로 퇴적작용과 침식작용이다. 물은 흙을 옮겨다 쌓기도 하고, 쌓여진 흙을 깎기도 한다. 물이 땅을 침식시켜서 만들어낸 대표적인 조화는 협곡이다. 협곡이라고 하면 우리는 흔히 미국 콜로라도 강이 만들어낸 거대한 조각품 그랜드캐니언을 떠올린다. 총길이가 450킬로미터로 천리가 넘고 깊이가 1500미터로 설악산 높이와 비견되는 그랜드캐니언에는 40억 년 전부터 3억년 전 사이에 형성된 온갖 암석층들이 기묘한 모양으로 남아 있다. 이들은 그동안 지구에서 일어난 지질의 변화 즉 지구의 역사를 그대로 보여주고 있다.

우리나라에도 그랜드캐니언이 있다. 규모에서는 미국의 그랜드캐니언과 비교가 되지 않지만 꼭 같은 과정을 거쳐 만들어진 협곡이 삼척에 있다. 삼척시 도계읍 심포리 남쪽 오십천 상류 미인폭포에서 서쪽으로 뻗은 협곡이 바로 그곳이다. 이 협곡은 오랜 세월 강물에 깎여나가 깊은 골짜기로 파였다는 형성과정이 그랜드캐니언과 같다. 뿐만 아니라 전체적인 색조가 붉은색이라는 점까지도 그랜드캐니언과 꼭 같다. 협곡을 구성하고 있는 퇴적암들이 강물 속에 쌓인 것이 아니라 건조한 기후조건으로 공기 중에 노출된 채 퇴적되어 산화했기 때문이다. 그래서 이 협곡을 '한국판 그랜드캐니언'이라 부른다.

미인을 닮은 폭포

한국판 그랜드캐니언이라는 협곡을 만든 미인폭포는 삼척시 도계읍 심포리에 있다. 이곳은 삼척의 젖줄인 오십천의 최상류이다. 우보산 계곡에서 발원한 물이 구사리에서 심포리로 흘러내려 높이 50척, 면적 50평의 기암괴석으로 형성되어 있는 곳이 미인폭포이다. 미인폭포라는 이름은 흘러내리는 모습이 미인의 허리 같다고 하여 지어진 것이다.

물이 협곡을 만들었다면 이곳에 사는 사람들은 미인폭포와 관련된 전설을 만들었다. 옛날부터 이곳에는 1백 년을 주기로 미인이 출생한다고 한다. 아주 오래 옛날, 폭포 옆 높은 터에 사는 한 미인이 재혼할 낭군을 찾았다. 그러나 사별한 남편만한 사람이 없어 재혼을 할 수 없었다. 사별한 남편을 그리워하다가 자신의 신세를 비관하여 미인은 폭포에서 떨어져 죽었다. 이후 미인이 떨어져 죽은 폭포라 하여 미인폭포라는 이름이 붙여지게 되었다. 미인의 한이 서린 곳이어서 그런지 전설에 의하면 묵은 해 마지막 날 일몰 전과 새해 첫날 일출 전에 이 미인폭포에 따뜻한 바람이 불면 풍년이요, 찬바람이 불면 흉작이 든다고 한다.

미인폭포가 있는 도계는 태백산맥 속에 있다. 삼척의 젖줄 오십천의 오십굽이가 만들어낸 골짜기 협곡을 타고 태백산맥 속으로 들어가면 그 골짜기의 끝자락에 도계가 있다. 한때는 우리나라 석탄 생산의 중심지로 길가는 개도 돈을 물고 다닌다고 할 만큼 풍요로운 곳이었다. 하지만 석탄생산이 중단된 지금 경제적인 이유로 많은 사람들이 이곳을 떠났다. 검은 풍요의 도시가 작고 아담한 산골 도시로 바뀌었다. 미인폭포로 가는 길은 도계에서 오십천을 버리고 산을 올라야 한다.

오십천 물줄기를 막고 선 산을 오르는 길이 통리재이다. 통리재는 가파른 길이다. 기차도 단숨에 올라가기 힘들어 오르락 내리락을 반복하면서 지그재그로 올라간다. 이것이 우리나라 유일의 스위치 백이다. 통리재를 오르면 왼쪽으

미인폭포는 협곡 사이에 있
다. 그리고 오른쪽에 큰 비가
올 때만 흐르는 작은 폭포가
있다.

로 미인폭포와 붉은 계곡이 푸른 숲과 대조를 이루면서 자리하고 있다. 기차가
스위치 백을 하면서 물러서는 골짜기가 바로 미인폭포가 있는 골짜기의 입구
이다. 기차가 뒤로 가는 그 길을 따라 눈길을 올려다 보면 미인폭포가 있다.

통리재는 태백시와 삼척시의 경계선이다. 통리재 정상에서 왼쪽으로 꺾어서
500미터 정도 가면 '미인폭포, 혜성사 입구'라는 표지판이 보인다. 그곳에서
좌회전하여 숲길로 들어서면 혜성사慧聖寺의 작은 주차장이 있다.

미인폭포로 가는 길은 다른 지역과는 달리 차에서 내려 올라가는 것이 아니
라 오히려 아래로 내려가야 한다. 앞서 통리재를 오르면서 올라올 만큼 이미
올라왔기 때문이다. 산죽이 가득한 오솔길을 따라 내려서면 경사가 급해지면
서 스위치 백 기찻길처럼 지그재그로 길이 나 있다. 발아래 나무들 사이로 나
뭇잎 색깔을 닮은 푸른색의 절집 지붕이 먼저 보인다. 길은 예쁜 나무다리를

건너 절집의 뒷 편으로 연결되어 있다.

혜성사는 절벽 낭떠러지에 소나무가 붙어서 자라듯 그렇게 급경사의 절벽에 자리하고 있다. 뒷문을 들어서면 책보자기 만한 마당을 가진 요사가 있다. 작은 마당과 어울리는 나지막한 높이의 'ㄷ'자 모양의 마당에 들어서면 마치 안방에 들어선 것처럼 포근하다. 바위 틈새로 난 작은 돌계단을 오르면 대웅전이 있다. 바위를 등지고 서 있는 대웅전 부처님은 미인폭포를 향해 은은한 미소를 보내고 계신다. 대웅전 앞도 역시 급경사여서 시야가 탁 트인다. 나뭇잎 사이로 미인폭포의 소리가 먼저 들려오고 풍경너머로 태백산맥의 굽이치는 능선이 아득하게 시야에 들어온다. 대웅전을 돌아서 바위틈 사이의 돌계단을 오르면 조금 높은 곳에 삼성각이 있다. 그리고 그 앞에는 종각도 있다. 작은 절이라 하더라도 있을 것은 다 있다. 그 크기가 이곳 분위기에 맞게 작을 뿐이다. 혜성사는 특이하게도 현판이 모두 한글로 되어 있다. '대웅전', '삼성각' 등 모든 현판을 한글로 한 것은 절집을 좀 더 대중 가까이하고자 하는 주지스님의 배려인 듯하다.

미인폭포는 먼저 소리부터 보여준다. 혜성사 마당을 지나 반대편 문을 나서면 미인폭포의 모습보다 웅장한 소리가 먼저 객을 맞이한다. 한줄기로 내려오던 물이 계곡 가운데 있는 둥근 돌을 사이에 두고 둘로 갈라졌다가 뛰어내리면서 다시 하나로 합해진다. 갈라져 떨어져 있는 모습이 연인 두 사람이라면 아래로 내려와 합쳐진 모습은 하나가 된 부부 모습이다. 하늘색을 닮은 푸른 물이 계곡을 떨어지면서 흰색으로 변한다. 떨어지는 물이 돌에 부딪히고 바람에 날려서 구름이 계곡을 타고 내려오는 듯하다. 구름 색깔로 떨어지는 물줄기가 햇살을 받아 반짝이며 새롭고 돋아나는 새순에게 물을 주는 모습은 어머니의 모습이다. 미인폭포는 어느새 새로운 생명을 주는 어머니가 된다.

미인폭포가 쏟아지는 계곡에 내려서면 그곳은 어머니의 품처럼 아늑하다. 높은 절벽으로 둘러싸인 이곳은 속세와는 단절된 깊은 우물 속 같다. 앞을 보면 붉은 바위 절벽이 병풍처럼 막아서고, 돌아보면 연둣빛 나무들이 가득하다.

작지만 포근한 혜성사 대웅전.

고개를 들어 하늘을 보면 손바닥만한 푸른 하늘이 지붕처럼 덮고 있고, 떨어지는 폭포의 물줄기는 하늘과 땅을 연결하는 흰 구름다리처럼 위에서 아래로 걸쳐져 있다. 그래도 폭포를 뛰어 내린 물은 병풍처럼 둘러싼 절벽의 틈새를 비집고 나가 오십천 강물이 되어 삼척을 적신다.

미인폭포는 푸른 하늘과 결혼했다. 그리고 오른쪽에 예쁜 딸 폭포를 만들었다. 이 딸 폭포는 수줍음이 많은 탓일까? 가까이에서는 볼 수가 없다. 비가 많이 내린 다음날 통리재를 올라가다가 보면 멀리 미인폭포가 보이고 그 오른쪽에 날씬한 모습의 한줄기 폭포가 미인폭포와 나란히 흐른다. 가까이 가서는 이곳으로 올라갈 수 있는 길이 없기 때문에 볼 수가 없다. 다만, 미인폭포로 가다가 딸 폭포에서 흘러 내려온 계곡물을 만날 수 있을 뿐이다.

물은 한국판 그랜드캐니언을 만들고

미인폭포를 뛰어 내린 물은 바위를 깎아 협곡을 만들었다. 혜성사에서 계곡으로 내려서면 깎아지른 듯한 절벽이 맞은편에 보인다. 자세히 보면 시루떡처럼 층층이 져 있음을 알 수 있다. 쌀가루를 넣고 떡고물 뿌리고 쌀가루 넣고 떡고물 뿌리고, 이렇게 세월은 땅 위에 시루떡을 찐 것이다. 이 시루떡 가운데를 뚝 잘라놓은 것이 미인폭포 물줄기이다.

절까지 내려오는 남쪽 벼랑도 맞은편 절벽과 같은 붉은색 퇴적암이지만, 크고 작은 나무들에 덮여 있어 쉽사리 분간하기는 어렵다. 그러나 북쪽면은 꼭대기 부근 외에는 식생이 전혀 자라지 않고 있어 흐르는 물에 깎인 조각면이 270미터의 높이로 드러난다. 멀리서 보기엔 붉은 색조의 바위절벽이지만 가까이서 살펴보면 이 절벽은 암석의 입자가 굵은 자갈로 된 역암과 모래로 이뤄진 사암, 고운 진흙이 굳은 이암이 몇 겹으로 차곡차곡 쌓여 있다. 마치 높게 포개놓은 시루떡처럼 보인다.

역암층은 두 가지 모양으로 나타나 이들이 퇴적될 당시의 기후를 말해준다. 그것은 자갈 굵기가 고른 역암과 크고 작은 자갈이 마구 뒤섞인 역암을 통해 알 수 있다. 입자가 고른 것은 강물이 계속 흐를 때 실려온 것이며, 마구 뒤섞여 있는 암석층은 홍수와 같은 큰물이 졌을 때 떠내려와 굳은 것이다. 이들이 퇴적될 당시엔 이 지역이 강물이 흐르다 말다 한 비교적 건조한 기후였음을 알려준다.

중생대 백악기(1억 4천 4백만 년~6천 5백만 년)에 만들어진 퇴적암 지역이면서도 화석이 발견되지 않는 것은 건조하고 산화되기 쉬운 지형적 특성 때문이다. 그런데 백악기에 퇴적된 이 암석층이 300미터 가까이 깊게 깎여나간 것은 무엇 때문일까?

지층의 단단한 정도의 차이와 활발한 단층작용 때문이다. 우리나라의 대표적인 무연탄 산지인 삼척·태백 지역은 남한에서 유일한 고생대 지층이다. 그런데 미인폭포 일대는 고생대 지층의 틈새에 형성된 퇴적암 지층으로 중생대에 형성된 것이다. 중생대 퇴적암 지층은 고생대 지층에 비해 상대적으로 덜 단단하기 때문에 풍화와 침식에 약하다. 미인폭포 일대는 고생대 지층 틈새에 자리한 중생대 지층이기 때문에 주변 다른 지층보다 쉽게 강물에 침식돼 깎여 나갈 수밖에 없다.

　활발한 단층 작용도 미인폭포 형성에 한 요인이 되었다. 퇴적이 이루어진 이후 6천 5백만 년 전부터 2천 6백만 년 전 사이, 즉 신생대 제3기에 이 지역에서 단층작용이 활발하게 이루어졌다. 때문에 단층선을 따라서 흐르는 오십천의 침식작용도 활기를 띠어 계곡이 더욱 깊어지는 과정을 밟았다. 아울러 이곳은 강의 낙폭이 큰 오십천 최상부에 위치하고 있어 강이 상류 쪽으로 깎여 들어가는 이른바 두부침식을 받기 쉬웠다는 것도 원인으로 작용하였다.

미인폭포 협곡 절벽. 붉은 이 협곡이 한국판 그랜드캐니언 이다.

협곡 아래에 내려서면 물은 지금도 바위를 깎으면서 협곡을 깊게 파고 있다. 부드러운 물이 강한 바위를 깎아내고 있는 것이다. 물은 흙과 모래와 자갈을 옮겨와서 저 높은 절벽을 쌓아 올리고, 이제는 그것을 칼로 자르듯이 깎아내고 있다.

물에 의해서 깎여 내려온 바위가 계곡 바닥에 자신들만의 모습으로 뒹굴고 있다. 크고 작은 돌들이 박혀 있는 붉은색의 바위이다. 그 바위 밑에는 소원성취를 비는 촛불이 폭포의 우렁참에도 아랑곳하지 않고 꿋꿋이 피어오르고 있다. 그것은 자연의 위대함을 아는 연약한 인간의 겸허한 마음이다.

태백산맥의 하얀 나그네

미인폭포 위에는 미인을 기다리는 태백산맥의 하얀 나그네가 있다. 미인폭포 물을 길어다 먹으며 태백산맥 깊은 산 속에서 홀로 살아가는 정남주 할아버지가 그분이다. 그가 살고 있는 곳은 미인폭포 바로 위로, 편지 봉투에 쓰인 주소는 '강원도 삼척시 도계읍 심포리 5반 높은 터'이다. 그의 집은 높은 터에서 알 수 있듯이 하늘아래 일번지라는 표현이 가장 어울리는 높은 산 위에 있다.

미인폭포를 지나 다시 500미터를 가면 왼쪽으로 난 시멘트 포장길이 있다. 이곳에 서서 북쪽 산을 건너다 보면 산 위에 빨간 지붕의 작은 집이 외롭게 자리하고 있다. 이곳에 홀로 정남주 할아버지가 산다. 산길을 따라 미인폭포로 흐르는 개울 건너고, 가파른 산길을 오르면 꼭대기에 정남주 할아버지의 집이 있다. 루사 태풍으로 옛집은 무너지고 그 옆에 새로 집을 지었다. 새집의 댓돌에는 그의 별명인 검정고무신 대신 푸른색 컬러고무신이 나란히 있다.

정남주는 혼자 살지 않는다. 집안에는 30마리가 넘는 고양이가 함께 살고 있다. 예전에는 염소와 닭들도 있었으나 이들은 모두 자신의 수명을 다한 후에 저 세상으로 떠나갔다. 지금은 고양이만 남았는데 이들을 위한 방은 자신이 거

태백산맥의 하얀 나그네 정남
주 할아버지의 집과 비탈밭.

처하는 방보다 더 정성스럽다. 창고로 사용하는 건너방에는 쌀은 한 포대뿐인
데 고양이 사료는 10포대 가까이 쌓아놓았다. 그에게 고양이는 고양이가 아니
다. 자신과 꼭 같은 가족인 것이다.

정남주의 가족은 집 앞의 밭에도 가득하다. 6월이면 요염한 꽃을 피워내는
작약이, 서 있기 조차 힘든 비탈밭에는 감자가 자란다. 텃밭에는 곰취를 비롯
한 부추와 미나리 등 채소가 가득하고 뒤뜰에는 돗나물로 도배를 했다. 혼자
사는 사람이 기르기는 많은 양이다. 그러나 이것은 팔기 위한 것이 아니다. 정
남주는 이들 채소조차도 한 가족으로 인식한다. 그래서 그것을 시장에 내다 파
는 경우는 거의 없다.

정남주의 별명은 '태백산맥의 검정고무신'이다. 그는 산을 잘 떠나지 않는
다. 그러나 가끔씩 약초 등을 들고 시장을 갈 때에도 검정고무신을 신고 다녔

다. 그래서 시장의 장사꾼들 사이에 '태백산 검정고무신'이라는 별명을 얻게 되었다. 그가 검정고무신을 고집하는 이유는 다른 신발보다 질기기 때문이기도 하지만 거제도 피난민 수용소에서 방위군에 들어가 발을 다쳤기 때문이다. 그에게 이때의 상처가 평생을 따라 다니듯이 항상 검정고무신을 신고 다닐 수밖에 없었다. 그의 청춘을 앗아간 전쟁의 상처는 아직도 아물지 않고 검정고무신 속에 남아 평생의 업으로 따라다니고 있다.

전쟁으로 뒤바뀐 운명

정남주는 1930년 함경남도 혜산의 압록강변 삼덕리에서 태어났다. 삼덕리라는 마을 이름은 인심 좋고, 물 맑고, 산이 푸르다는 세가지가 덕德스럽다고 하여 붙여졌다. 3형제 가운데 둘째 아들로 태어났는데, 3형제의 어머니가 모두 다른 불행을 안고 있었다. 형님을 낳은 어머니는 일찍 돌아가시고, 아버지는 정남주를 낳은 어머니와 재혼을 하였다. 그런데 아버지는 어머니를 두고 이화여전을 나와 여자고등학교 교사인 새어머니와 다시 혼인을 함으로써 정남주의 생모와는 이혼을 하였다. 따라서 정남주는 어머니와 아버지의 사랑을 받지 못하고 '칸트'처럼 규칙적인 생활을 하는 아주 엄격한 할아버지와 매우 인자하시고 현명하신 할머니의 손에 의해서 성장하였다. 부모의 애정을 받지 못하고 자랐기에 그의 성격은 내성적으로 바뀌었다.

할머니마저 돌아가시고 형수 밑에서 청소년기를 보냈다. 왕복 40여 리를 걸어서 어렵게 중학교와 고등학교를 마쳤다. 그리고 사범학교에서 4개월간의 단기교육을 받고 자기가 다니던 고향의 초등학교 교사로 발령을 받았다. 그리고 이곳에서 그는 평생 잊지 못할 첫사랑 유증옥兪曾玉 선생님을 만났다. 사동리가 고향인 유선생님도 역시 여고를 졸업하고 사범학교의 단기교육을 거쳐 첫 발령을 이 학교로 온 것이다.

청춘을 앗아간 전쟁의 상처를 보듬어준 정남주 할아버지의 검정고무신.

그녀를 보는 순간 그녀는 그의 가슴속에 영원히 지워지지 않는 미인이 되었다. 까만 치마에 하얀 저고리, 그리고 양쪽으로 땋은 제비꼬리 모양의 머리를 가진 그녀의 첫인상은 어디선가 본 듯한 아주 부드러운 느낌을 주었다. 더욱이 그녀가 자신의 집에서 하숙까지 하게 됨으로써 두 사람은 더욱 가까워 질 수밖에 없었다. 어느 날 그녀는 일을 하는 그의 곁에 다가와서 말없이 앉아서 이슬을 먹은 듯한 눈빛으로 그를 바라보는 것으로 사랑을 고백하였다. 그녀의 눈빛은 말로 하는 사랑고백보다도 더 분명하고 진실했다. 그는 50여 년이 지난 지금까지도 그녀가 보낸 사랑의 눈빛을 소중하게 간직하고 있다.

그러나 한국전쟁은 이들을 갈라놓고 고운 사랑을 한으로 바꾸어버렸다. 끊임없는 폭격으로 인해 학교는 휴교를 하였다. 그리고 유엔군이 들어왔다가 다시 중공군의 개입으로 후퇴를 하였다. 그는 잠시 다녀온다는 생각으로 후퇴하는 유엔군을 따라 단신으로 피난을 하였다. 그것이 마지막이었다. 꿈에도 생각하지 못한 일이었다. 가족의 소식 한 장 없이 객지에서 외로운 나그네로 떠돌아야 하는 외로운 신세가 될 줄 누가 알았겠는가. 그는 오늘도 과거 한국전쟁의 가장 큰 피해자로 현재를 살아가고 있다.

1950년 12월 24일 흥남 부두를 출발하여 남한으로 내려오면서 그의 시련은 시작되었다. 남한으로 내려온 이후의 삶은 유랑으로 이어진 고행 그 자체였다. 거제도 피난민 수용소에 있다가 방위군으로 입대하였다. 주먹밥 하나로 견디며, 하루가 걸리든 이틀이 걸리든 목적지까지 도착하도록 하는 방위군의 모진 훈련을 받던 그는 결국 발목을 다치게 되었다. 이 상처를 제대로 치료를 하지 못해서 뼛속까지 들어가 골수염을 앓게 되었다. 홀홀 단신으로 남하하여 병까지 얻은 그는 그 후 십년간 청춘의 좋은 시절을 투병생활로 보냈다. 아픈 몸을 이끌고 마산, 통영, 광주, 여수 등지의 도립병원과 구호병원, 상이군경 요양소 등에서 젊은 시절을 허비하였다.

1960년 서른한 살의 나이로 병원을 퇴원한 그는 마산에서 정착을 시도하였다. 병원에서 개인적으로 가르침을 준 제자의 장모를 양어머니로 삼고, 병원 퇴원시 받은 생업자금으로 닭과 돼지 사육부터 시작하였다. 하지만 시세의 부진으로 적자를 면치 못하였다. 5·16 쿠데타 이후 건설단에 자원하여 병역을 마친 그는 무슨 일이든 닥치는 대로 했다. 학원강사, 해삼장사, 공장에서 날품팔이, 길바닥에서 노점상 등 생계를 위해서 할 수 있는 일은 무엇이든 했다.

그러다 37세가 되던 해, 그는 한 건설회사 부사장의 도움으로 건설회사에 정착하였다. '37세가 되면 은인이 나타나 너를 도와줄 것이니 낙심하지 말고 기다리라'는 양어머니의 예언처럼 건설회사 부사장이 자신이 머물고 있는 집에 숙소를 정한 것을 계기로 건설회사에 취업할 수 있었다. 이후 전국 건설현장을 돌아다니며 십장과 경비를 하면서 비교적 안정된 생활을 할 수 있었다.

남해에서의 간척공사를 끝으로 그 건설회사에서 십년 세월을 마감했을 때 그는 47세의 독신으로 남았다. 그는 그 당시 심정을 다음과 같이 기록했다.

직장생활을 오래도록 하였으나 내 앞의 문제보다는 딱한 사람의 사정부터 돌보아주다 보니 또다시 내 앞에는 아무것도 남은 것이 없게 되었다.

돌이킬 수 없는 세월과 내 청춘만 흘러보내게 되었구나.

그러나 나는 누구에게도 이 애달픈 사연을 말하지 않고 조용히 내 길을 찾아가리라.

영원한 미인

몸이 몹시 아팠던 그는 병원에서도 고치지 못하는 병을 치료하기 위해 태백산 속에 있는 무당을 찾아가 굿을 하였다. 굿을 한 지 3일째 되는 날 새벽, 무당은 아무에게도 이야기하지 않았던 그의 첫사랑 유증옥 선생님에 대한 이야기를 쏟아내기 시작하였다. 유증옥 선생님이 그를 찾아서 휴전선을 넘어오다가 총에 맞아 죽었다는 것이다. 그리고 그 사실을 전해주지 못하다가 무당의 입을 빌어서 그에게 전해준다고 하였다. 충격이었다. 가슴 가득히 간직하고 있었던 희망이 한꺼번에 무너져 내렸다. 북한에 있는 고향 생각이 더욱 절실하였다. 그는 조금이라도 고향이 가까운 태백산맥으로 들어가기로 결심하였다.

그는 1977년 고향이 가깝고 그에게 유증옥 선생님 이야기를 전해준 태백산맥 속으로 들어갔다. 흘러간 청춘과 온갖 슬픔을 뒤로하고 언제나처럼 홀홀 단신의 몸으로 태백산맥의 한줄기인 죽암산에 자리를 잡았다. 그러나 그는 혼자가 아니었다. 유증옥 선생님과 자신을 키워준 할머니를 모시고 매일 대화를 하면서 산속 생활을 시작하였다. 약초재배와 양봉을 시작하였다. 검정고무신을 신은 그가 약초를 들고 가끔 시장을 찾아가면서 장사꾼들에게 알려지기 시작하여 사람들 사이에서 검정고무신으로 불리게 된 것도 이때였다. 그러나 기후 때문에 약초재배와 양봉은 실패했고, 척박한 땅에서의 고된 삶은 계속되었다. 중간에 포기하고 산을 내려가려고 한 적도 없지 않았다. 그때마다 하늘에서 그를 잡기라도 하듯 떠나려는 날 아침마다 구름 사이로 햇살이 쏟아져 내렸다. 결국 지금까지 40년 가까운 세월 동안 운명처럼 이곳을 지키며 살아가고 있다. 아는 사람이라고는 한 사람도 없는 대도시를 전전하는 것보다는 자신의 일이 있는 이곳이 좋았기 때문이었다.

정남주의 『태백산맥의 하얀 나그네』.

자신이 걸어온 지난날들을 글로 쓰기 시작하였다. 사진이 사람의 외모를 비춘 거울이라면 글은 사람의 속 내면을 비춘 거울이라는 생각으로 진실되고 솔직한 글을 쓰고 있다. 할 일이 있다고 느끼는 순간 모든 슬픔과 고통도 잊을 수 있기에 오직 글을 쓰는 일에 자신의 모든 정열을 쏟아내고 있다. 그렇게 쓴 글은 옛날 나무 괘짝에 가득하다. 이 가운데 일부를 지난 1991년 2권의 책으로 엮어 내었다. 그것이 바로 『태백산맥의 하얀 나그네』이다.

그의 방에는 작은 제단이 마련되어 있다. 새벽이면 일어나 정한수를 떠다놓고 염주를 들고 주문을 백팔 번 외우기 시작한다. 제단 위에는 일곱개의 정한수가 있다. 부처님과 옥황상제님, 태백산 산신령, 성황당신, 농사짓는 땅의 신, 주변에 있는 나무신. 그리고 자신을 키워준 할머니와 사랑하는 영원한 미인 유증옥 선생님을 위한 정한수이다. 그는 매일 이들과 대화를 나눈다. 다른 사람들은 이것을 믿지 않겠지만 그는 언제나 이들과 대화를 한다. 그래서 조용한 새벽이면 일어나 제일 먼저 정한수를 떠놓고 기도를 한다. 그의 제단 위에는 정한수 이외에 사탕이 한 봉지 있다. 그리고 내의도 한 벌 있다.

그가 제단을 마련하고 의식을 올리기 시작한 것은 무당의 몸을 빌어 그를 찾아 온 첫사랑 유증옥 선생님의 고백을 듣고부터 였다. 가슴 깊이 사랑했던 영원한 미인이 지금도 자신의 곁에 말없이 앉아 이슬 머금은 눈빛으로 바라보고 있는 듯하다. 전쟁으로 인해 돌이킬 수 없는 긴 이별을 하였지만 두 사람은 이별하지 않았다. 서로 얼굴을 마주 보는 것보다 더 깊은 가슴속에 서로를 간직하였다.

사랑은 글이 되고

　그는 「추억」이라는 글에서 그녀와 다시 만나 사랑을 나눌 수 있기를 기다리며 아름다운 사랑이야기를 잔잔하게 적고 있다.

　나에게도 한때는 연분홍 치마저고리에 나실 나실한 머리 드린 꽃잎처럼 어여쁜 여인이 있었다오.

　나에게도 때로는 잊으려 하여도 잊을 길 없는 잔디 푸른 고향언덕에서 천진난만한 아동들에게 자연의 신비와 생명의 존엄성을 깨쳐주던 교양 있는 여성이 있었다오.

　지금도 내 마음속엔 한 떨기 박꽃처럼 환한 그의 얼굴이 내일의 푸른 꿈을 키워주며 때로는 남몰래 이 자 가슴속에 슬프도록 울릴 때가 있지요.

　너무나 욕심 없어 미워할 정도로 남의 수고 덜어주며 무엇이나 시킴 보다 손수 행하던 애정 어린 태도였기에 서로 손목 한번 잡아본 일 없는 사이지만 마음만은 직녀와 견우의 사랑보다도 더 드높게 가졌지요.

　맑은 가을 하늘의 푸르름 보다도, 호수의 그윽함보다도, 더 그윽하게 다함없는 마음씨로 지내왔기에 삼십여년이 지난 오늘날에도 바로 어제 일만 같이 느껴지지요.

　태고의 신비를 간직한 듯한 맑은 눈매와 학처럼 고고한 성품에 하이얀 저고리의 옷깃은 내 마음까지 시원하게 하였군요.

　(중략)

　세상을 둘러볼진대 단 한 번뿐인 인생을 아무렇게나 지내는 인생들이 그 얼마나 많은가요.

그런 인생에 비한다면 나란 인생은 비록 고달프게 애절한 정한을 안고 쓸쓸히 혼자 지내기는 하였어도 뜻만은 백설처럼 순결하게 지니고 아련히 정겨운 일생이 되도록 노력하고 있으니 이것이 나란 인생이 세상 태어난 보람이 아닐까요.

그는 오늘도 글을 쓴다. 이제 글을 쓴다는 행위는 그의 삶 자체가 되어버렸다. 그는 지금까지 많은 글을 써왔다. 인생론과 일기에서부터 시와 소설 그리고 어린이 교육론까지 다양하다. 최근 들어와서는 '회상'이라는 제목으로 자신의 과거를 모아 자서전을 정리하고 있다. 그의 글에 대한 열정은 소박하지만 집요하다. 험난했던 그의 인생살이는 하고 싶은 얘기를 많게 만들었다. 한 구절 한 구절에 그의 인생이 묻어 있기에 그의 글은 세련되지는 않았지만 진실되고 솔직하다. 그의 글을 만나고 그를 직접 대면하면 그의 모습과 그의 글은 하나임을 금방 알 수 있다. 오늘도 그는 진실된 삶을 살듯이 진실된 글을 쓰고 있다.

추억의 기찻길, 하이원 추추파크

하이원 추추파크는 우리나라 최장, 최고, 최초의 철도 체험형 리조트이다. 국내 유일의 산악철도와 영동선을 활용한 기차테마파크로 지그재그 철도를 달리는 스위치백트레인, 스위스의 산악열차인 인클라인트레인, 국내 최고 속도의 짜릿한 레일바이크, 이색 미니트레인 외 30동의 숙박시설로 이루어져 있다. 국내 유일의 철도 체험형 기차 테마 리조트인 하이원 추추파크는 남녀노소 누구나 추억과 낭만을 느끼며 즐길 수 있는 공간이다.

하이원 추추파크가 건설된 계기는 우리나라 유일의 스위치백 철길을 대신하여 솔안터널이 개통된 것이다. 스위치백 철길은 급경사길을 오르기 위해서 기차가 앞으로 갔다가 뒤로 갔다가 하는 전진과 후진을 반복하는 것을 말한다.

나한정역 커피가게.

도계역에서 태백 통리역까지는 경사가 아주 가파르기 때문에 열차가 한번에 오르거나 내려가지 못하였다. 그래서 통리역과 도계역 중간 지점에 흥전역과 나한정역을 설치하고 스위치백을 하게 된 것이다.

솔안터널은 기존 스위치백 형식으로 되어 있는 심포리역~흥전역~나한정역 구간을 대신할 루프식 터널이다. 백두대간을 관통하는 16.7km의 터널로 국내에서 두 번째로 긴 최장거리 터널이다. 솔안터널의 개통으로 영동선 열차는 5회 증편되었고 30퍼밀 이상 급구배 역시 24.5퍼밀로 크게 낮아져 노반 안정성을 확보하였다. 또한 기존 동백산역~도계역 구간 터널 16곳이 하나로 합쳐지게 되는 효과를 가져오게 되었다. 솔안터널 개통으로 폐선이 된 도계읍 심포리 일대의 구 영동선 폐선철로를 강원랜드와 한국철도시설공단이 공동출자하여 철도테마와 지역자원을 중심으로 한 리조트를 건설한 것이다.

하이원 추추파크의 본래 명칭은 하이원스위치백리조트였으나 발음의 어려움과 난해한 용어로 이해도가 낮고 홍보에도 어려움이 있었다. 그래서 사전적

하이원 추추파크 전경.

인 의미로 기차를 가리키는 아동어인 칙칙폭폭의 영어 '추추choo-choo'에서 착
안해 반복적인 어감, 쉬운 단어의 표현으로 기억하고 발음하기가 쉽고, 친근감
있는 이름으로 기차를 부각시키는 지금과 같은 명칭으로 바꾸었다

2012년 6월 솔안터널 개통과 함께 역사 속으로 사라진 지그재그 철로에는
증기기관차형 관광열차를 운행하고 있다. 그리고 즉 스위치백 구간에는 국내
에서 가장 빠른 시속 25km의 레일바이크가 운행되고 있으며, 2억만년 전 고
생대에 형성된 '한국의 그랜드캐니언'이라 불리는 심포협곡에는 트레킹 코스가
만들어 졌다. 고단한 광부들의 삶은 추억속으로 사라지고 현대인의 힐링장소
로 미인폭포와 도계가 부각되고 있다.

참고문헌

원종관 외, 『大耳里 洞窟群 學術調査報告書』, 삼척군, 1987.

정남주, 『태백산맥의 하얀 나그네』, 삼성서적, 1991.

최영선, 『자연사기행』, 한겨레신문사, 1995.

서무송, 『韓國의 石灰巖地形』, 푸른길, 1996.

김재일, 『생태기행』, 당대, 2000.

석동일, 『동굴의 비밀』, 예림당, 2002.

우경식, 『동굴』, 지성사, 2002.

우경식, 『동굴─물과시간이 빚어낸 신비의 세계』, 지성사, 2002.

고요한 아침의 땅
삼척

1판 1쇄 2006년 11월 7일
3판 1쇄 2015년 11월 16일

지은이 차장섭

펴낸곳 역사공간
　　　　　주　소 : 서울특별시 마포구 동교로 142 – 11 플러스빌딩 3층
　　　　　전　화 : 02 – 725 – 8806, 070 – 7825 – 9900~9908
　　　　　팩　스 : 02 – 725 – 8801
　　　　　블로그 : http://blog.naver.com/jgonggan
　　　　　이메일 : jhs8807@hanmail.net
　　　　　등　록 : 2003년 7월 22일 제6-510호

ISBN 979-11-5707-066-4 03900 ● **가격 20,000원**